W0062127

Über dieses Buch:

Wir alle sprechen Lateinisch, täglich, ohne es vielleicht zu bemerken. Und was für das lateinische Erbe in der deutschen Sprache gilt, trifft auch für das Französische oder Englische zu. Vor allem im Vokabular von Wissenschaft, Technik, Politik und Handel spielen die aus lateinischen Wortstämmen abgeleiteten Begriffe eine unentbehrliche Rolle. Latein ist Weltsprache, ohne Latein wäre die Kommunikation in den wichtigsten Bereichen modernen Lebens nicht denkbar. Diese Bedeutung wird noch unterstrichen durch den Siegeszug der lateinischen Schrift, deren Einflußbereich sich neuerdings bis auf Asien ausdehnt.

Unter diesem Aspekt schildert der Autor umfassend und zugleich übersichtlich knapp den Aufstieg der lateinischen Sprache vom Hirtendialekt zum Weltidiom. Ihre Geschichte, Struktur und Wirkung wird ebenso dokumentiert wie ihr Einfluß auf die Romania, die englische und die deutsche Sprache. Besonders jedoch von ihrem Nutzen für den Menschen unserer Zeit ist die Rede, sei es im Bereich der Medizin, des Rechts, der Astronautik oder der Werbung. Dieses lehrreiche, humorvolle und unterhaltsam geschriebene Buch ist — unter anderem — auch als temperamentvolle Verteidigung des bei vielen so wenig beliebten Schulfachs Latein zu lesen.

Der Autor

Oberstudienrat Dr. phil. Carl Vossen ist 1915 in Düsseldorf geboren. 1933 Abitur am Comenius-Gymnasium (Sprachenfolge Latein, Französisch, Griechisch, Englisch), nach kurzem juristischem Studium kaufmännische Lehre bei Krupp Eisen Export, Düsseldorf; als Soldat bzw. Kriegsgefangener in Frankreich, England und Kanada. 1946 bis 1950 Studium (Englisch, Latein, Geographie) an der Universität Bonn. Seit 1953 als Sprachlehrer am Schloßgymnasium in Düsseldorf-Benrath.

Veröffentlichungen über den Wandel des Aeneasbildes im Spiegel der englischen Literatur und Beiträge zur Geschichte Düsseldorfs.

Carl Vossen

Mutter Latein und ihre Töchter

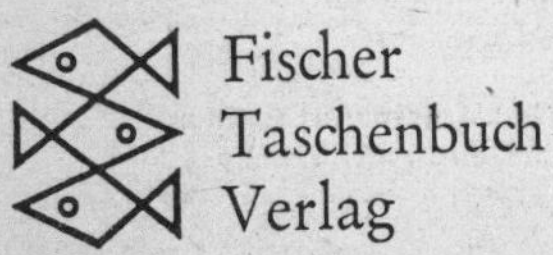

Fischer Taschenbuch Verlag

Fischer Taschenbuch Verlag
Juni 1972
Für das Taschenbuch redigierte Fassung

Umschlagentwurf: Jan Buchholz / Reni Hinsch

Fischer Taschenbuch Verlag GmbH, Frankfurt am Main
1. und 2. Auflage beim Schwann Verlag, Düsseldorf

Gesamtherstellung: Hanseatische Druckanstalt GmbH, Hamburg
Printed in Germany
ISBN 3 436 01548 2

Inhalt

Vorwort

Dieses Buch hat sich zur Aufgabe gemacht, den Aufstieg der lateinischen Sprache vom Hirtendialekt zur Weltsprache zu verfolgen. Darüber hinaus möchte diese sprachkundliche Weltreise eine Antwort geben auf die Frage, inwieweit die Erlernung dieser schon so oft totgesagten Sprache auch heute noch sinnvoll und nützlich ist.
Unübersehbar ist die Zahl der Abhandlungen, die der Bedeutung, Geschichte und Struktur des Lateins sowie seiner Tochtersprachen gewidmet sind. Doch man vermißte bisher eine populärwissenschaftliche Übersicht, die nicht nur den Philologen anzusprechen vermag. Und auch die Leser, die Latein nur als Jäger- oder Anglersprache kennen, sollen bei der Ausbeute nicht leer ausgehen.
Im übrigen bedarf das Buch keiner besonderen Empfehlung mehr, da es seit seinem Erscheinen 1968 als Hardcover bereits mehrere Auflagen erlebt und ein weites Echo gefunden hat, das in zahlreichen positiven Besprechungen und Zuschriften zum Ausdruck kommt.
Viele von uns haben fünf oder gar neun Jahre lang – nolens volens, d. h. mehr oder weniger willig – Lateinunterricht genossen. Man sah die römische Szene erfüllt von Schlachtgetümmel, Heroen, Tugenden und Lastern – darüber aber schwebte oft das Damoklesschwert grammatischer Übungen, unerbittlicher Klassenarbeiten und damit verbundener Unlust. Dieser enge Horizont der Schulstube verwehrte uns – trotz manchem Bemühen unserer Lehrer – sowohl den Einblick in das Gefüge des Römischen Imperiums als auch den Ausblick auf die Zeit abendländischer Kultureinheit, die ohne das einigende Band und Organ der lateinischen Sprache gar nicht denkbar wäre.
Doch soll auch vom Nutzen des Lateinischen für Menschen unserer Zeit die Rede sein. Ist uns z. B. in der Schulzeit die besondere Bedeutung des lateinischen Erbes für das wissenschaftliche Vokabular unseres Jahrhunderts und für die bessere Kenntnis der englischen oder französischen Sprache deutlich geworden? Heute jedenfalls, da wir Abstand gewonnen haben und für viele Zusammenhänge aufgeschlossener geworden sind, sollte uns daran gelegen sein, die uns entgangenen oder vorenthaltenen Früchte des Lateinunterrichts noch nachträglich zu ernten.
Das Inhaltsverzeichnis gibt Aufschluß darüber, wie vielseitig

und fruchtbar das Lateinische in die verschiedensten Bereiche unseres Lebens ausstrahlt. In diesem Kraftfeld sind die großen geistigen und religiösen Ströme einer zweieinhalbtausendjährigen Menschheitsgeschichte wirksam: Griechentum, Römertum und Christentum. Auch im 20. Jahrhundert hat die Latinitas nichts von ihrer schöpferischen Kraft eingebüßt. Mehr denn je bewähren sich Vokabeln lateinischer Abstammung als internationale Münze und tragen so zur Annäherung der Völker bei. Man denke nur an Ausdrücke wie *Radio, Navigation, Trans-Europa-Express, Computer, Astronauten.* Noch wesentlicher aber dürften die sprachlichen Ausprägungen des Römertums sein, die in Ideen und Haltungen wie *Humanität, Pietät, Religion, Republik* unverändert lebendig geblieben sind.
Darauf bezog sich auch Bundeskanzler Brandt, als er sich anläßlich der Verleihung der Ehrendoktorwürde in Oxford in lateinischer Sprache bedankte und einleitend bemerkte: »Ich möchte mich der Sprache bedienen, in der zu uns jene Kulturen redeten, auf die sowohl die englische wie die deutsche zurückgehen, ja, auf der die ganze europäische Kultur beruht.«
Diese den Nationalsprachen übergeordnete kosmopolitische Funktion des Lateinischen erstreckt sich als Sprache und Schrift nicht nur auf Europa, sondern nimmt, wie dieses Buch nachzuweisen sucht, weltweite Bedeutung an. So wählte sich die US-Besatzung von Apollo 13 das Motto *ex luna scientia,* während die Sowjets das von ihnen auf der Rückseite des Mondes entdeckte Meer *mare moscoviense* tauften. In diesem Zusammenhang ist es nicht uninteressant, im Vorwort eines sowjetischen Lateinbuches zu lesen, daß Karl Marx seine Dissertation auf lateinisch schrieb und daß die Kenntnis der lateinischen Sprache unumgänglich für jeden Kulturmenschen sei.
Das Buch geht in mancherlei Hinsicht eigene Wege in dem Bestreben, durch eine volkstümliche Darstellung und auflockernde Kapitel einen möglichst weiten Leserkreis anzusprechen. Andererseits wird auf wissenschaftliche Zuverlässigkeit Wert gelegt. Das Rückgrat der Arbeit bilden deshalb die Forschungsergebnisse und Formulierungen namhafter Linguisten, ohne deren Beiträge dieses Buch des tragenden Fundamentes beraubt wäre.
Es ist unmöglich, an dieser Stelle allen Autoren zu danken, deren Veröffentlichungen der wissenschaftlichen Begründung dieser populären Sprachgeschichte dienlich waren. Der Leser findet jedoch im Literaturverzeichnis die entsprechenden Hinweise. Auch im Text wird jeweils auf die Quellen verwiesen, und zwar sowohl bei Zitaten wie auch bei nicht wörtlichen, sinngemäßen Entlehnungen. Dabei benennt jeweils die erste

Zahl in der Klammer Autor und Verlag entsprechend der Numerierung im Literaturverzeichnis, während die Zahl hinter dem Komma auf die Seite der betreffenden Veröffentlichung verweist.

C. V.

Vom Hirtendialekt zur Weltsprache

Vom Ursprung und von den Anfängen der lateinischen Sprache

»Sieben – fünf – drei – Rom kroch aus dem Ei«, so lernten wir als Sextaner. Und wir hörten von Romulus und Remus, vom Palatin und Aventin und dem tragischen Brudermord, der am Anfang dieser welthistorischen Städtegründung steht. So jedenfalls berichtet die Fama. Und sicher hat auch diese Sage ihren historischen Kern.

Sehr wahrscheinlich hat nämlich auf dem Palatin, mit dem die Gründungssage untrennbar verknüpft ist, das Urdorf der latinischen Hirten gestanden. Diese Hirten waren vermutlich aus den Albaner Bergen gekommen, um sich auf dem Palatin niederzulassen, weil von hier aus die in der Nähe befindliche Furt im Tiber gut überwacht und verteidigt werden konnte (85, 148).

Auf welchen Stammbaum weist die Sprache dieser Hirten um Romulus zurück? »Vieles spricht dafür, daß das Latein aus einem der indogermanischen Dialekte hervorgegangen ist, die im 2. Jahrtausend v. Chr. im mitteleuropäischen und donauländischen Raum gesprochen wurden« (86, 1679). Damals hatte sich die indogermanische »Urnation«, deren Sprache durchaus nicht mehr primitiv war, bereits aufgespalten. Die sogenannte westindogermanische Gruppe (im Unterschied zu der ostindogermanischen) bildete eine Zeitlang eine Einheit, bis sie sich durch Abwanderung weiter aufteilte. Die indogermanischen Stämme, die um 1200 v. Chr. in die Apenninenhalbinsel eindrangen, fassen wir heute unter dem Namen Italiker zusammen. Diese wohnten eine Zeitlang zusammen, bis eine erneute Aufteilung erfolgte, und zwar in die Stämme der Latiner, Osker, Umbrer u. a. Die größte geschichtliche Bedeutung gewannen die Latiner, denn in ihrem Gebiet, in Latium, entwickelte sich die Stadt Rom. »Und erst hier in Latium wird das Latein historisch greifbar« (86, 1679).

Das Latein gehört also zur westlichen Gruppe der indogermanischen Sprache. Es weist gemeinsame Züge mit dem Keltischen, Germanischen und gelegentlich auch Slawischen auf. Wenn sich andererseits zwischen diesen Sprachen, die doch auf *eine* Ursprache zurückgehen, so viele Verschiedenheiten zeigen, so deshalb, weil die einzelnen Zweige des gemeinsamen Stammes durch ihre Wanderungen den engen Zusammenhang untereinander verloren und daher sprachlich eine getrennte Entwicklung durchmachten. Eine ähnliche, wenn auch weniger abweichende Entwicklung sollten später die romanischen Sprachen nehmen, die sich alle der gemeinsamen Mutter Latein rühmen, dennoch aber verschiedene Wege gingen.

Die Sprache des Romulus sah sich zunächst einem Babel konkurrierender Dialekte ausgesetzt. Nicht nur gegenüber dem Griechischen, Etruskischen, Umbrischen und Oskischen mußte sie sich behaupten, sondern auch gegenüber verschiedenen Mundarten in Latium selbst. So sprach man z. B. in Falerii, einige Meilen nördlich von Rom, eine Sprache, die, wie folgende Probe zeigt, von der lateinischen wesentlich abwich: *foied uino pipafo, cra carefo; hodie uinum bibam, cras carebo* (heute werde ich Wein trinken, morgen werde ich keinen haben) (8, 124).

Das Latein war damals auf einen ganz schmalen Bereich des Landes beschränkt, eingeklemmt zwischen Oskisch und Umbrisch. Das Oskische war die Sprache der Samniten und des größten Teils der südlichen Halbinsel, während Umbrisch nordöstlich von Rom gesprochen wurde. *ager emps et termnas . . . sacre stahu.* Das ist Umbrisch; die lateinische Übersetzung läßt auf den ersten Blick eine Verwandtschaft zwischen den beiden Sprachen deutlich werden: *ager emptus et terminatus . . . sacrum sto.* Und hier noch eine deutliche Verwandtschaft zwischen Oskisch: *nep deikum nep fatium putiad* – und Lateinisch: *nec dicere nec fari possit* (8, 105). Wir verfügen nur über einige wenige oskische und umbrische Inschriften. Die aber genügen, um festzustellen, daß Lateinisch, Umbrisch und Oskisch Schwestersprachen waren.

Der Mundart Roms aber sollte schließlich wegen der beherrschenden Lage der Siedlung in der Nähe der Tibermündung und der Aktivität seiner Bewohner der Vorrang zufallen. Die anderen volkstümlichen Dialekte wurden zweitrangig und starben in kurzer Zeit aus. Das Latein ist also der frühzeitig zur Gemeinsprache der Landschaft Latium gewordene Dialekt von Rom.

Inschriften als älteste Sprachdenkmäler

Das älteste erhaltene Latein ist eine linksläufig geschriebene Inschrift (Abb.) auf einer goldenen Fibel aus einem Grabe zu Praeneste, dem heutigen Palestrina, nicht weit von Rom. Der kostbare Fund dürfte nach Anlage und Inhalt des Grabes in die Zeit um 600 v. Chr. zurückweisen. Die Inschrift selbst, die als Widmung in altertümlichen griechischen Buchstaben eingraviert ist, lautet:

Manios med fhefhaked Numasioi
Manius hat mich gemacht für Numasius

Ob es sich bei dieser Inschrift um das erste rein lateinische Sprachdenkmal handelt, ist nicht ganz sicher erwiesen. Wir können jedoch sagen, daß hier das erste Zeugnis lateinischer Schrift vorliegt, welches zeigt, daß schon im 7. Jahrhundert die Anwendung des griechischen Alphabets zum schriftlichen Ausdruck der lateinischen Sprache üblich war.

Wir bemerken auch die im Indogermanischen verbreitete Bildung des Perfekts durch Verdopplung der Stammsilbe. Diese Reduplikation lebt im klassischen Latein weiter, z. B. in den Formen *pepuli, cucurri*.

Mit diesem Fund wetteifert an Alter die Inschrift, die auf dem römischen Forum beim sogenannten Grab des Romulus gefunden wurde. Entziffert werden konnten u. a. *Rex* bzw. *Recei* (2, 93).

Wenn sich die Sprache Roms im Kreise der benachbarten latinischen Stämme schon bald eine deutliche Vormachtstellung verschafft hat, so ist dies, wie oben erwähnt, wohl in erster Linie der beherrschenden Lage dieser Stadtgründung zuzuschreiben, konnte doch von hier aus die für den Handel und die Seefahrt so wichtige Tibermündung kontrolliert werden. Außerdem sollte sich als vorteilhaft erweisen, daß Rom in Mittelitalien gegründet wurde, vom Süden wie vom Norden der Halbinsel etwa gleich weit entfernt.

Nicht minder bedeutsam ist die Tatsache, daß sich hier in Rom Männer zu einer politischen Ordnung zusammenfanden, die den Ehrgeiz und die Kraft besaßen, den großen Mächten, die bis dahin Hauptteile der Apenninenhalbinsel beherrschten, entgegenzutreten.

Zunächst hatten die Männer um Romulus auf dem Palatin eine mauerumwehrte Siedlung, die Roma quadrata, angelegt. Tagsüber aber stiegen sie in die Tiberniederung hinab, um den Benutzern der Furt ihren Tribut abfordern zu können. Später wurden die umliegenden Hügel besetzt, sozusagen als Vororte des Palatins, bis schließlich der ganze Bereich zur Siebenhügelstadt zusammengewachsen war.

Inzwischen war man auch bis zum Meer vorgestoßen; auf der

Bergseite wurden die sabinischen Städtchen unterworfen und die Latiner von Alba, der alten Hauptstadt des Latinerbundes, in den römischen Machtbereich einbezogen. Seit der Vertreibung der Tarquinier aus Rom (um 510) war auch die Macht der Etrusker immer mehr eingedämmt worden, und im 3. Jahrhundert wurde der Kampf gegen das Bergvolk der Samniten und die von König Pyrrhus unterstützten griechischen Kolonialstädte in Unteritalien siegreich beendet.
Damit war der italienische Boden fast ganz römisch geworden. Doch es gab keine Atempause für die Bezwinger Italiens, die nun die Herrschaft der Meere anstrebten und Karthago herausforderten. Sizilien, Korsika und Sardinien wurden hinzugewonnen. Im zweiten Punischen Krieg hallten dann die spanischen Küsten von den Marschtritten der römischen Legionäre wider, und im Jahre 197 v. Chr. entschied sich, daß man fortan auch in »Hispania« Lateinisch sprechen würde. Damit war das Schicksal der damaligen Weltmacht Karthago besiegelt. Rom hatte den westlichen Bereich des Mittelmeerbeckens im Griff, und es war nur eine Frage von Jahren, wann Karthago, lange Zeit Königin der Meere, auch sein Kernland, die nordafrikanischen Besitzungen, einbüßen würde. Wenn die Touristen heute in Tunis und Algerien bedeutende römische Baudenkmäler besichtigen können, so schuf dafür die im Jahre 146 v. Chr. besiegelte Besitzergreifung die Voraussetzungen.
Rom gebot jetzt über weite Küstenbereiche des Mittelmeeres, der Brücke zu allen Ländern der damaligen Welt. Damit war die strategisch so verwundbare Halbinsel, mit dem Mittelpunkt Rom, ringsum abgesichert. Der Eroberungsdrang der neuen Weltmacht, die für Jahrhunderte das Gesicht der westlichen Hemisphäre bestimmen sollte, konnte sich eine Atempause gönnen.

Es ist verständlich, daß Rom in all diesen Jahrhunderten, da seine ganze Kraft militärisch und organisatorisch in Anspruch genommen war, wenig Sinn für die schönen Künste zeigte. Insbesondere wurde von der Schrift offenbar nur ein sehr bescheidener Gebrauch gemacht, so daß sich ein fester Sprachtypus nicht ausbilden konnte. Es fällt auf, wie uneinheitlich im Hinblick auf Rechtschreibung und Grammatik noch die öffentlichen Inschriften des 2. Jahrhunderts v. Chr. sind. Die »Lex Acilia repetundarum« vom Jahre 122 v. Chr. z. B. bietet nebeneinander *arvorsario* und *advorsario, quai* und *quae* usw.
Natürlich war im Zuge der Eroberungen das lateinische Vokabular durch zahlreiche Entlehnungen aus dem Wortschatz der besiegten Stämme und Völker bereichert worden. Es sei

nur hingewiesen auf *persona* (aus dem Etruskischen), *consul* (sabinisch) und andere Wörter, die auch heute noch internationale Münze sind. Insbesondere aber wurde das Griechische die große Lehrmeisterin der lateinischen Sprache. Dieser Verpflichtung verlieh auch der Dichter Horaz Ausdruck: *Graecia capta ferum victorem cepit et artes intulit agresti Latio ...* Das unterworfene Griechenland überwältigte den rauhen Sieger und brachte die Segnungen der Kultur in das unkultivierte Land der Latiner (Epist. II, 1, 156f.).

Und Marouzeau sagt bezeichnend: »Für uns entsteht die lateinische Literatur auf einen Schlag; wie Minerva aus dem Kopf Jupiters entspringt sie eines schönen Tages in voller Rüstung aus dem Kopfe des Griechen. Das erwachsene Rom war noch stumm; Griechenland löste ihm die Zunge« (8, 66).

Die römischen Kolonien waren keine selbständigen Städte, sondern wurden weiterhin von der Hauptstadt aus verwaltet. Feste Straßen verbanden sie mit Rom. Durch die zahlreichen Kolonien verbreitete sich die lateinische Sprache allmählich über ganz Italien. Diese Entwicklung verlief in historischer Zeit mit unterschiedlicher Geschwindigkeit. Jedenfalls hatte das Latein um 146 v. Chr., als sich Rom durch die Zerstörung von Karthago und Korinth als Weltmacht erwies, die Form gefunden, wie wir sie aus den klassischen Texten kennen.

»Bis 90 v. Chr. wurde Latein allerdings nur im Gebiet von Rom und seinen Kolonien gesprochen; als sich dann die übrigen ›Italiker‹ das römische Bürgerrecht erkämpft hatten, eigneten auch sie sich rasch die Sprache Roms an« (86, 1679). Rom war die Metropole Italiens geworden, der Hort der Kultur.

Nachdem sich bereits seit dem 3. Jahrhundert Beamte, Lehrer und Schriftsteller bemüht hatten, Regel und Ordnung in die Willkür der Sprache zu bringen (der Dichter Ennius soll z. B. die Konsonantenverdopplung in die lateinische Orthographie eingeführt haben), gab der Einfluß maßgebender Autoren wie Cicero (106–43 v. Chr.) und Cäsar (100–44 v. Chr.) der klassischen Form der lateinischen Prosa das Gepräge.

Die Ausbildung dieser besonderen Hoch- und Schriftsprache erfolgte nicht mit neugeschaffenen Sprachmitteln, sondern in konservativem Geist und in straffer Sprachdisziplin durch Auslese und Ausbau des Vorhandenen. Vornehme Zurückhaltung, Ordnungssinn und Streben nach Präzision waren die leitenden Prinzipien. So wird aus mehreren Konstruktionsmöglichkeiten eine einzige ausgewählt (Abl. bei *utor*, nicht wie altlateinisch auch Akk.); außerdem werden die Modi in Nebensätzen streng geregelt (86, 1683).

Betrachten wir z. B. eine Grabschrift, die etliche Jahre vor Ciceros Geburt (106 v. Chr.) geschrieben wurde: *heic est sepulcrum hau pulcrum pulcrai feminae ... suom mareitum*

corde deilexit souo = das ist das nicht schöne Grab einer schönen Frau ... ihren Gatten liebte sie von ganzem Herzen; die Sprache ist noch in Bewegung: weder ist *ou* (in »souo«) endgültig zu *u* (in »suom«) geworden noch *ai* (in »pulcrai«) zu *ae* (in »feminae«), noch *ei* (in »heic«, »mareitum«, »deilexit«) zu langem *i* (»hic« usw.) (8, 127).
Vergleichen wir damit das Latein einer anderen Inschrift, die etwa in die Jugendzeit Ciceros fällt: *quosquomque quaestores ex lege plebeiue scito uiatores legere sublegere oportebit* ... = welche Amtsboten auch immer die Quästoren nach Gesetz oder Volksbeschluß werden wählen und nachwählen müssen ...; hier verstoßen nur noch die unkontrahierte Endung von *plebei* und die Form *quom* (= cum) gegen die klassischen Maßstäbe (8, 127).

M. Tullius Cicero

Cicero hat also das Latein, die Sprache des geeinten Italien, für viele Jahrhunderte genormt. Das Prestige der *eloquentia* nimmt ihn sich zum Vorbild. Im übrigen ist die Latinisierung der philosophischen Terminologie Ciceros Verdienst; sie ermöglicht, daß das Abendland tausend Jahre lang weiter philosophiert, nachdem die von Plato gegründete Akademie im Jahre 529 geschlossen worden war (85, 110).
»Die römische Sprache hat in ihren Anfängen nach allen Seiten geschaut und nicht damit gekargt, fremde Anregungen in reicher Zahl zu übernehmen. Mit der Zeit ist sie darin sparsamer geworden und hat all ihre Kraft darangesetzt, die eigene Form zu finden. Als das Römertum sich anschickte, seine geschichtliche Bestimmung zu erfüllen und sein Imperium zu bauen, stand ihm die Sprache als machtvollster und geprägter Ausdruck des eigenen Wesens zur Verfügung« (1).
Um die Zeitwende hört man in Etrurien, Venetien und Kampanien auf, die einheimische Sprache in Inschriften zu verwenden. Bis auf einige Gebiete des Südens (Neapel, Rhegion), in denen sich das Griechische behauptete, sprach damals Italien Lateinisch. Kampftruppen und Garnisonen, Bürger und Soldatenkolonien, die römische Verwaltung und der Verkehr auf den neuen Straßen brachten dann das Latein auch in die Provinzen, so daß im Ausgang des Altertums der Westen des Reiches und die Donaugebiete (Dazien wird 107 unter Trajan römische Provinz) bis auf geringe Reste dem Latein gewonnen waren; im Osten war es vorwiegend Amtssprache.
Bei allen stilbedingten Unterschieden (etwa in der »Silbernen Latinität« vor und um 100 n. Chr.) verwendet die römische Literatur das gleiche Sprachmaterial. Selbst das Lautbild bleibt von Terenz bis Tacitus fast konstant. Auch später bis zur Neugliederung des Reiches unter Diokletian hat sich das Latein stets an der Metropole Rom orientiert. Abweichungen von der Norm der Hauptstadt (und der Schule) hat es immer wieder gegeben, aber nirgends verdichten sich entsprechende Zeugnisse zum Bild eines selbständigen Dialekts. Auch in der gesprochenen Sprache sind lokale Sonderentwicklungen von einiger Tragweite vor Diokletian nicht wahrscheinlich (86, 1679).
Der Grammatiker Varro (116–27 v. Chr.) sagt: »Gut lateinisch sprechen heißt römisch sprechen. Man erkennt den Römer z. B. daran, daß er das *h* nicht ausläßt und daß er das Schluß-*s* spricht. Im übrigen sagt der Römer *optimus* und nicht *optumus*.«

Bei der weiteren Verbreitung der lateinischen Sprache sollte der römische Legionär entscheidende Dienste leisten. Die zahlreichen Kriegsschauplätze (»bella toto in orbe terrarum suscepta« = wie es im Testament des Augustus heißt) erweiterten auch den Einflußbereich der Sprache ständig. So wird das Latein eine mediterrane, ja, es wird eine Sprache der westlichen Welt.

Der politischen Machtausdehnung folgte eine zielbewußte kulturelle Durchdringung, und in den neugewonnenen römischen Provinzen bildeten sich bald Zentren römischer Zivilisation. Schnell und willig nahmen die meisten unterworfenen Völker die lateinische Sprache an als die Sprache einer weltumfassenden, überlegenen Kultur. Schon zu Anfang der Kaiserzeit macht die einst gallische Poebene den Eindruck eines völlig lateinischen Landes. Schnell unterlagen auch die spanischen Landessprachen. Am Ende des 1. nachchristlichen Jahrhunderts war der größte Teil der Iberischen Halbinsel latinisiert.

Im transalpinen Gallien war die alte keltische Sprache schon seit dem 2. Jahrhundert n. Chr. im Aussterben (30, 118), anders als in Britannien, wo sie sich auffallend lange behauptete (vgl. S. 115). Die Römer zwangen ihre Sprache nämlich nicht auf, wenn auch die Kolonisation ihre amtliche Anwendung erforderlich machte. Zunächst breitete sich das Latein im Bereich der Häfen aus und sickerte dann längs der großen Straßen ins Landesinnere ein. So bevölkerte Trajan, als er das ferne Dazien eroberte, das Land mit Hilfe von Kolonisten, die aus allen Teilen des Imperiums kamen und deren gemeinsame Sprache das Latein war. Das genügte, um zu erreichen, daß noch heute an den Ufern der Donau ein Repräsentant des Lateins weiterlebt: das Rumänische, eine Schwestersprache des Französischen und Italienischen. »Selbst in den Städten Nordafrikas (Numidien und Mauretanien) hatte im 3. Jahrhundert die lateinische Sprache ganz und gar die Oberhand. Nur dort, wo die Römer der griechischen Welt begegneten, erwies sich die griechische Sprache als das stärkere kulturelle Element. Im übrigen waren es nur spärliche Reste einstiger freier Völkerschaften, die ihre alte Sprache über das Meer der Romanisierung hinübergerettet haben, z. B. die Basken (ein hispanisch-aquitanischer Volksstamm), die Kelten in Britannien und die Albanesen, die eine Sprache sprechen, die in ihrer alten Substanz (vermischt mit vielen lateinischen Lehnwörtern) vom einstigen Illyrischen abstammt« (39, 19).

So wurde das Latein die gemeinsame Sprache der zahllosen Völker des Imperiums, die sich untereinander sonst nicht verstanden hätten; es ist die Sprache der Verwaltung, der Verträge, des Rechts, der Wissenschaft, des Unterrichts, der Literatur. Dabei stellt die Schule ein wesentliches Element der Verbreitung dar.

»Im Zeitalter Kaiser Trajans (98—117 n. Chr.) hatte das römische Reich seine maximale Ausdehnung erreicht. Seit der Mitte des 3. Jahrhunderts beginnt die rückläufige Bewegung. Es kommt zu Einbrüchen dynamischer Grenzvölker. Alemannische Stämme in Südwestgermanien und der Vorstoß der Goten an der unteren Donau verursachen eine erste Zurückverlegung der Reichsgrenze. Ende des 4. Jahrhunderts bricht durch Erbteilung die Einheit des römischen Kaiserreiches auseinander (395). Die Stadt, die nach Kaiser Konstantin ihren Namen erhalten hat, wird das Zentrum des neuen oströmischen Reiches. Hier war es der griechischen Sprache leicht, über die alte einheitliche Reichssprache zu triumphieren: Sie übernimmt im östlichen Europa die kulturelle Rolle, die in Westeuropa das Latein behielt, wenn auch die Angehörigen dieses Reiches weiterhin in politischer Hinsicht sich als Römer betrachteten« (39, 20). Übrigens nennen die Griechen sich bis zum heutigen Tage »Romäi« (= *Ῥωμαῖοι*); denn der christliche Sprachgebrauch hatte den »Hellenen« zum Synonym für den »Heiden« gemacht.

»Im 5. Jahrhundert kommt es zur politischen Katastrophe. Germanische Völker fluten über die Reichsgrenzen, die nicht mehr zu halten sind. In Gallien, Hispanien und Nordafrika bilden sich neue germanische Reiche. Mit dem Jahre 476 findet durch den Vorstoß der Ostgoten das weströmische Kaisertum seinen endgültigen Untergang. An seine Stelle tritt auch in Italien ein neues Reich unter germanischer Führung: Ravenna wird seine Hauptstadt« (39, 20). Als erster unter den Germanenkönigen veröffentlichte Theoderich I. seine Gesetze in lateinischer Fassung.

»Der politische Zusammenbruch des römischen Imperiums hatte für die Fortdauer der lateinischen Sprache nur begrenzte Folgen. Lediglich an der äußersten Peripherie des Reiches (in Britannien, Belgien, Germanien, Helvetien, nördlicher Balkan) wurde die lateinische Sprache zurückgedrängt oder aufgesogen. Doch im Innern des alten römischen Reiches, wo die germanischen Eroberer sich nicht auf ein kraftspendendes germanisches Hinterland stützen konnten, verfielen die Germanen selbst der fremden Assimilierung: Sie übernahmen rasch die lateinische Sprache der romanischen Volksmassen« (39, 21).

Tausend Jahre Mittellatein

Die Sprache der ausklingenden römischen Antike, das Spätlatein, hat als lebendige Sprache im eigentlichen Sinne des Wortes, d. h. als eine mündlich weitergegebene Sprache der in

der römischen Kultur zusammengeschlossenen westlichen Länder, etwa um 600 zu blühen aufgehört.
Zu diesem Sprachverfall hatte die unerhörte Ausbreitung des Lateins innerhalb weniger Jahrhunderte beigetragen. Je umfangreicher und bunter nämlich das Bündel der Nationen geworden war, in deren Bereich sich die lateinische Schriftsprache zu behaupten hatte, um so mehr geriet deren Eigenart und Einheit in Gefahr, sich zu verwischen (2, 296).
Mit diesem Untergang des Lateins als lebende Sprache ging auch die mehr als tausendjährige *römische* Literaturgeschichte zu Ende, während die *lateinische* Literatur als mittellateinische weiterexistierte.
Bevor wir jedoch diesen neuen Abschnitt der Geschichte der lateinischen Sprache ins Auge fassen, sei noch auf einige Übergangserscheinungen hingewiesen, die für das Verständnis der weiteren Entwicklung von Bedeutung sind.

Mit dem langsamen Auflösungsprozeß der Schriftsprache ging naturgemäß auch eine zunehmende Vernachlässigung der antiken literarischen Gattungen (Epos, Lyrik, Drama) einher. Eine für den lateinischen Bereich neue Form entstand jedoch in den Hymnen (z. B. »Te Deum laudamus«), deren erster großer Dichter der heilige Ambrosius war (um 340–97). In ihnen wurde die in der antiken Dichtung vorherrschende quantitierende Metrik durch Rhythmus und Reim ersetzt. Das besagt: In der antiken Dichtung werden die Wörter im Vers nach der Quantität, d. h. nach der Länge und Kürze der Silben geordnet (quantitierendes Prinzip), was oft der natürlichen Wortbetonung widerspricht (*Ārmă vĭrūmquĕ cănō*). Das neue akzentuierende Prinzip geht jedoch von der natürlichen Betonung der Silben aus (*Aetérne rérum cónditor).*
Diese Poesie, die Ambrosius in die Liturgie der Kirche miteinbezog, bildete die Grundlage für die großartige geistliche und weltliche Lyrik, die sich im Mittelalter entfalten sollte.
523 schrieb Boethius im Gefängnis *De Consolatione Philosophiae.* In diesem Werk, das die Versöhnung antiker Philosophie und Mythologie mit der christlichen Theologie darstellt, erreicht die lateinische Sprache noch einmal einen hohen Grad der Vollkommenheit. So ist denn das Römertum nicht unwürdig und auch nicht kraftlos zu Ende gegangen, nachdem es bereits in Augustinus (354–430) und Hieronymus (347–420) große Denker und Sprachkünstler des frühen Christentums hervorgebracht hatte (Klingner).
»Daß die Götter griechisch redeten und in ihrer seligen Ätherwelt fern von den Sorgen des griechischen Menschen dessen beglückte Sprache zum Ausdruck ihrer Gedanken benutzten, war im Altertum die anspruchsvolle Phantasie der Epikureer

gewesen. Wie ein gerechter Spott auf solche griechische Überhebung erscheint das erhabene Schicksal der lateinischen Sprache, die im letzten Akt ihrer Geschichte ... die Sprache der göttlichen Verkündigung in der Vulgata und in der Liturgie der Messe für die begabtesten Völker des Mittelalters geworden ist« (2, 301).

Wenn auch die damalige lateinische Literatur hauptsächlich von Romanen getragen wurde, so fehlte es in ihr seit dem 6. Jahrhundert doch nicht an Germanen. Diese brachten nicht nur neue Gedanken mit, sondern ließen auch (mit Ausnahme der Angelsachsen) überall, wo sie sich festsetzten, die lateinische Sprache als einziges Verständigungsmittel bestehen. Hier wie auf allen anderen Gebieten assimilierten sie sich. Der Frankenkönig Chlodwig entschied mit seinem Übertritt zur katholischen Kirche (um 496) vollends den Anschluß seines Volkes an die christlich-antike Tradition und damit an das Latein der Bibel und Liturgie. So hat die Völkerwanderung die Wesenszüge des geistigen Lebens im Raum des westlichen Mittelmeers nicht verändert.

Das triumphierende Christentum bereitet nun eine neue Welt vor, ohne jedoch die Brücken zur Vergangenheit abzureißen. Im Gegenteil. Waren es doch Mönche, welche die römische Literatur durch die Wirren der Völkerwanderung hinüberretteten. Geprägt von dem römischen Sinn für Tradition, waren sie der Überzeugung, daß mit der lateinischen Literatur, die ja auch griechisches Geistesgut mit einbegriff, etwas Großes, etwas Einmaliges in die Welt gekommen sei. Ja, sie waren so durchdrungen von dem Wert dieses Erbes, daß seine Weitergabe für sie gleichbedeutend war mit der Verteidigung ihrer menschlichen Würde. Diese Tradition wurde fortgeführt von der namenlosen Zahl all der Mönche, die ein Jahrtausend hindurch die klassischen Autoren durch eifrige Abschrift vervielfältigten: von Monte Cassino über Sankt Gallen, Reichenau, Hersfeld und Tours bis Irland.

Auf welch wundersamen Umwegen wurde doch das Abendland geschaffen, da gerade diese weltabgelegene Insel Hibernia dazu berufen war, wesentliche Bestände lateinischer Zivilisation über die Stürme der Völkerwanderung zu retten. Den irischen Missionaren und Gelehrten ist es zu danken, daß jene Teile des Kontinents, die jahrhundertelang römisch besetzt und in die lateinische Zivilisation einbezogen gewesen waren, nicht wieder in Barbarei versanken. Sie trugen das nur noch flackernde Flämmchen der Bildungstradition sogar über die Grenzen des alten Imperium Romanum hinaus. »So anschaulich hat die Geschichte das Bibelwort: ›spiritus ubi vult spirat‹ – der Geist weht, wo er will – selten illustriert« (4, 204).

Um den fast tausendjährigen Zeitraum der mittelalterlichen Latinität besser überschauen zu können, seien folgende drei Abschnitte unterschieden: 1. Die sogenannte Übergangszeit; 2. Die karolingische Renaissance; 3. Das scholastische Latein. In diesen mehr oder minder deutlich voneinander geschiedenen Entwicklungsstufen spiegeln sich zugleich die großen geistigen Bewegungen der Zeit.

Die Übergangszeit

Voraussetzung und Grundlage der mittelalterlichen Latinität ist das Latein des ausgehenden Altertums mit seinen zwei Hauptschichten: der lebendigen Sprache, dem Vulgärlatein, auf der einen Seite und der spätlateinischen Schrift- und Literatursprache auf der anderen Seite.
Von entscheidender Bedeutung wurde, daß schon Tertullian (um 200) und die Vulgata des Hieronymus (um 400) den Weg für ein auch im literarischen Bereich volkstümliches Latein gebahnt hatten. »Weil nämlich die christliche Lehre zunächst weniger von den Vornehmen und Gebildeten aufgenommen wurde als vielmehr von den einfachen, armen Leuten, mußte man die Sprache des Volkes sprechen, wenn man verstanden werden wollte« (85, 103). Dieses Erfordernis trug sicher wesentlich zur allmählichen Umformung des klassischen Lateins bei. Die Syntax vereinfachte sich, und viele Wörter aus dem Vulgärlatein erschlossen sich den Raum der christlichen Verkündigung; zu ihnen aber gesellten sich auch zahlreiche neue Wortschöpfungen.
Durch diesen Kontakt blieb ein gewisser Zusammenhang zwischen der gesprochenen Umgangssprache und dem literarischen Latein gewahrt. Und auch in der Übergangszeit vom 6. bis 8. Jahrhundert haben diese beiden Strömungen die Verbindung untereinander noch nicht völlig verloren. Das frühe (literarische) Mittellatein weist deshalb noch manche Züge einer lebenden Sprache auf. Das gesprochene Umgangslatein ist zwar, wenn man den klassischen Maßstab anlegt, verderbt, aber es ist Latein. Es gibt vor dem 9. Jahrhundert keinerlei Anzeichen dafür, daß das Volk in der Kirche den an der lateinischen Schriftsprache geschulten Priester nicht mehr versteht. Durch diesen noch spürbaren Zusammenhang zwischen dem Vulgärlatein und der lateinischen Literatursprache wird bis ins 8. Jahrhundert hinein die Einheit der »Romania«, d. h. der aus dem Römischen Imperium entlassenen romanischen Länder, verbürgt (3, 35).

»Infolge der politischen Selbständigkeit und kulturellen Son-

derentwicklung der neuen staatlichen Gebilde auf dem Boden des alten Reiches verstärken sich dann aber immer mehr die schon im Altertum nachweisbaren Tendenzen der sprachlichen Differenzierung. Diese schreitet dann im 8. und 9. Jahrhundert so weit fort, daß aus dem Vulgärlatein schließlich eine Reihe neuer Sprachen hervorgeht: die romanischen Sprachen« (86, 1684). Davon soll später noch ausführlich die Rede sein.
Während das Vulgärlatein im frühen Mittelalter in den neuen Nationalsprachen aufgeht, lebt die spätantike Schriftsprache noch ein volles Jahrtausend über das Ende des Römischen Reiches hinaus im sogenannten Mittellatein weiter. Es entfaltet in diesem Zeitraum neues Leben und einen Reichtum, den die lateinische Sprache nie zuvor besessen hat; es wird zum bevorzugten Träger des geistigen Lebens der westlichen Christenheit, zur Muttersprache der abendländischen Welt (86, 1685).
»Als Sprache ohne Volk wird das Mittellatein getragen von einer geistigen Gemeinschaft, gehalten und immer wieder ausgerichtet durch die Sprache der lateinischen Bibel, der Liturgie, der Bücher des kirchlichen Rechts, der Kirchenväter und durch literarische Werke, nicht zuletzt durch die Schule. Daß das Latein weiterleben und diese einmalige Bedeutung für unsere geistige Welt gewinnen konnte, ist das Verdienst der Kirche, die das Latein zu ihrer Sprache gemacht hatte« (86, 1685).
Ohne das Christentum und eine Kirche, die sich beauftragt weiß, die Welt für die Frohe Botschaft zu gewinnen, ist die mittelalterliche Epoche des Lateins überhaupt nicht denkbar. So ist die Stellung des Lateins im mittelalterlichen Abendland das Ergebnis einer einzigartigen geschichtlichen Wendung, nämlich der Fortführung des Imperium Romanum durch das christlich betonte Imperium Latinum.

Die karolingische Renaissance

»Die geistige Erneuerungsbewegung des 8. und 9. Jahrhunderts, die wir als karolingische Renaissance bezeichnen, bedeutet in sprachlicher Hinsicht eine Reinigung des Lateins von vulgärlateinischen Elementen, eine Ausrichtung nach den Mustern gepflegten Spätlateins, wie es in den Schriften der Kirchenväter gebraucht war, und damit eine Vereinheitlichung des Lateins« (86, 1687). Die karolingische Reform reinigte das Latein von mundartlichen und umgangssprachlichen Eigenarten und brachte die klassischen Autoren wieder zur Geltung. Die das ganze Mittelalter durchziehende antike Strömung brach sich jetzt breitere Bahn. Diese zu den großen Leistungen des Hochmittelalters hinführende Wiederbelebung der Wissenschaften ist weitgehend der Initiative Karls des Großen zu verdanken. Er berief nicht nur Alcuin mit der reichen Tradition der angelsächsischen Schule an seinen Hof, sondern auch Gelehrte und Dichter aus Italien, wo die klassischen Studien seit den letzten Tagen des Römischen Imperiums keine Unterbrechung erfahren hatten. In seinem eigenen Reich fand er Gebildete nur noch unter den Priestern, bei den Laien aber war die Fähigkeit des Lesens und Schreibens weitgehend geschwunden.

Karl der Große, den die mangelnde Bildung seiner Untertanen bedrückte, ging selbst mit gutem Beispiel voran. Einhard berichtet in seiner *Vita Caroli Magni*: »Nec patrio tantum sermone contentus, etiam peregrinis linguis ediscendis operam impendit. In quibus Latinam ita didicit, ut aeque ac patria lingua orare sit solitus« (Er ließ es bei seiner Muttersprache nicht bewenden und verlegte sich auf das Erlernen von Fremdsprachen. Latein beherrschte er wie das Fränkische.)

Damit wurde die mittellateinische Sprache, die in der merowingischen Verwilderung Gefahr lief, in den sich bildenden romanischen Volkssprachen unterzugehen, immer mehr der antiken Norm angenähert und zu einer nach festen Gesetzen gefügten Hochsprache entwickelt. Der Stil besserte und verfeinerte sich. Die Dichtung wurde vornehmlich in den klassischen Formen der Metrik (Hexameter, Pentameter) abgefaßt, wobei Vergil und Ovid Pate standen. Die Themen selbst aber waren christlich orientiert.

»So ist die karolingische Renaissance zugleich eine Wiederaufnahme der antiken Tradition. Die neue Kultur wird römisch-germanisch, ruht aber auf den Schultern der Kirche« (3, 35).

Karl der Große trug die Krone eines neuen, christlichen und abendländischen Reiches. Es umfaßte Völker, die in Sprache und Sitte verschieden waren, aber durch ihren christlichen Glauben und die Sprache der Kirche geeint wurden. Durch Karl den Großen wurde das historische Gebilde erst vollends konstituiert, das E. R. Curtius »lateinisches Mittelalter« nennt: »Ich bezeichne damit den Anteil Roms, seiner Staatsidee, seiner Kirche, seiner Kultur an der Prägung des gesamten Mittelalters als ein viel umfassenderes Phänomen als das Fortleben der lateinischen Sprache und Literatur« (3, 37).

Das scholastische Latein

Die scholastische Wissenschaft prägt die dritte und letzte Phase der Latinität des Mittelalters. Ihre Blütezeit war vom 11. bis zum 14. Jahrhundert, ihr bedeutendster Vertreter Thomas von Aquin († 1274). »Die Scholastik suchte die kirchlichen Glaubenslehren auch durch Vernunftbeweise zu erhärten und in ein einheitliches Gedankengebäude zu bringen« (80, 704). Das scholastische Latein, erwachsen aus dem Bedürfnis, komplizierte geistige Sachverhalte knapp und eindeutig auszudrükken, wird noch heute in einigen kirchlichen Lehranstalten im Unterricht gesprochen und auch in manchen philosophischen und theologischen Lehrbüchern gebraucht.

Die lexikalischen Neuerungen treten in so großer Zahl auf, daß sie den Charakter des Lateins verändern. Die primär wissenschaftliche Richtung des sogenannten scholastischen Lateins führt zu einem Vordringen der nominalen Elemente wie nie zuvor in der Geschichte der lateinischen Sprache (z. B. *individualitas*). Das Streben der wissenschaftlichen Sprache nach Klarheit und Genauigkeit führt auf syntaktischem Gebiet zu starker Beschränkung im Gebrauch der Partizipialkonstruktionen. Der Gebrauch mehrdeutiger Konjunktionen wird eingeschränkt (86, 1688).

»Wohl hat die scholastische Richtung das Latein außerordentlich bereichert, aber diese Bereicherung war einseitig rationaler Art. Je stärker sich das Streben nach letzter Eindeutigkeit in der Sprache durchsetzt, um so mehr verengt es den Gehalt der Worte und die Aussagekraft der Sprache. Konsequent durchgeführt, würde die scholastische Richtung des Lateins zu einer Sprache von bestechender Klarheit und Eindeutigkeit, aber auch von erschreckender Armut und Kälte geführt haben: zu einer Formelsprache, einer mathematischen Sprache, einer unmenschlichen Sprache. Es ist nie soweit gekommen und konnte nie soweit kommen« (86, 1689).

Das mittelalterliche Latein wurzelte in einer rein literarischen Sprachgemeinschaft, war also eine Sprache ohne Volk. Keiner, der im Mittelalter Latein schrieb, hat das Latein als Muttersprache gesprochen. Damit war natürlich die Gefahr einer gewissen Verwilderung gegeben. Denn jeder Schriftsteller schrieb gleichsam sein privates Latein, das er sich in individueller Weise angeeignet hatte.

Neben dem Latein standen im Mittelalter zwar von Anfang an die Nationalsprachen, aber das Latein beherrschte die Literatur von der schlichten Urkunde bis zur theologisch spekulativen Abhandlung. Neben der lateinischen Literatur gab es zunächst nur vereinzelte volkssprachliche Denkmäler. Erst mit der provenzalischen, französischen und deutschen ritterlichen Dichtung zu Beginn des 12. Jahrhunderts erstarkten die Nationalsprachen.

»Das Aufblühen der volkssprachlichen Literaturen seit dem 12. und 13. Jahrhundert bedeutet aber keineswegs ein Versiegen oder Zurücktreten der lateinischen Literatur. Diese Jahrhunderte sind sogar ein Höhepunkt lateinischer Dichtung und

Wissenschaft. Lateinische Sprache und Literatur reichen in dieser Zeit von Mittel- und Südeuropa und dem Norden bis hin nach Island, Skandinavien, Finnland, im Südosten bis nach Palästina« (3, 35). Vielfach wurden sogar volkssprachliche Dichtungen ins Lateinische übersetzt; so übertrug der italienische Jurist Guido delle Colonne einen französischen Troja-Roman für die, welche Latein lesen (*qui grammaticam legunt*). Im übrigen liegt das große Verdienst des Mittellateins darin, daß es die Volkssprachen und -literaturen des mittelalterlichen Abendlandes »nährte und erzog« (7, 12).

Latein als geistiges Band des Mittelalters

Die lateinische Dichtung im Mittelalter erstreckt sich über einen Zeitraum von mehr als acht Jahrhunderten und umfaßt die erlauchtesten Namen des mittelalterlichen Europa, von Venantius Fortunatus, der 536 in Oberitalien geboren wurde und nach 600 als Bischof von Poitiers starb, über die *Carmina Burana* (1. Hälfte 13. Jahrhundert) bis zu Thomas von Aquin. Doch ist Latein im Mittelalter nicht nur geschrieben worden. Bei feierlichen Akten des Staates, der Verwaltung und der Kurie, in Schulen und Universitäten wurde Latein auch gesprochen, wobei auf gute Aussprache Wert gelegt wurde. In den Kirchen wurde Latein gesungen, vor Gebildeten Latein gepredigt. Im zwischenstaatlichen und internationalen Verkehr war Latein Diplomaten- und Gelehrtensprache.

Latein war im Mittelalter zum Ausdrucks- und Verständigungsmittel für ganze Gruppen von Stämmen und Völkerschaften geworden, die ihm innerlich zunächst völlig fremd gegenübergestanden hatten. Aber dank ihrer einmaligen Bildsamkeit vermochte sich die »regina linguarum«, wie sie der schwedische Latinist Einar Löfstedt einmal genannt hat, auch neuartigen Situationen geschmeidig anzupassen.

»Die lateinische Sprache ist es gewesen, die der mittelalterlichen Welt über Nationalitäten und Volkssprachen hinweg ihre geistige Einheit und Gestalt gegeben und bewahrt hat. Als Sprache der Kirche und der hohen Politik, der Wissenschaft und des Völkerrechts, des Gebets und der Poesie kommt ihr ein weit höherer Rang zu als etwa einem bloßen mittelalterlichen Esperanto« (4, 218).

Zu dem Vorwurf, »das Latein des Mittelalters sei schlecht, verderbt, falsch«, aber sagt Walther Bulst: »Man spricht verächtlich von Mönchs- und Küchenlatein. Es genügt, hierauf zu entgegnen, daß die Sprache, worin ein Jahrtausend hindurch das ganze Abendland die höchsten und tiefsten Gedanken der Theologie und Philosophie gedacht und gesagt, worin es den

Wunderbau der Liturgie aufgeführt und alle Inbrunst seines Gemüts ausgedrückt hat, den Anspruch hat, von uns ernst genommen und mit Ehrfurcht vernommen zu werden. Die Sprache der Hymnen Anselms, Meister Eckharts, des Thomas von Aquino und Nicolaus von Cues hat nicht nötig, daß wir sie entschuldigen.«

Das Humanistenlatein der Renaissance

Noch einmal sei betont, daß das mittelalterliche Latein in vielfacher Hinsicht eigene Wege gegangen ist, die häufig vom klassischen Latein abwichen. Wie sollte es auch anders sein bei einer Sprache, die berufen war, Welten zu überbrücken. Welche Fülle und Vielfalt von Ideen hatte doch die lateinische Sprache im Verlaufe des christlichen Jahrtausends zwischen 400 und 1400 verarbeiten müssen. Und auch die Begegnung und Auseinandersetzung mit den zahlreichen germanischen und slawischen Dialekten mußte auf die Idiomatik und die Struktur der Sprache abfärben.

Die italienischen Humanisten, unter ihnen vornehmlich Petrarca, die sich in die Werke der großen römischen Autoren, besonders Ciceros, verliebt hatten, entdeckten mit einem gewissen Behagen den Unterschied zwischen dem zeitgenössischen, von ihnen als barbarisch gekennzeichneten, und dem klassischen Latein. Ähnlich hatte sich schon, wie wir hörten, Karls des Großen Bildungsreform die Überwindung des verwilderten Lateins seiner Zeit zum Ziel gesetzt. Für die Humanisten aber konnte nur die Sprache Ciceros als Muster dienen, und wie Schuljungen waren sie darauf aus, in den Briefen und Büchern der Würdenträger ihrer Zeit »Fehler« aufzuspüren; und sie fanden sie.

Wir haben Ciceros große Verdienste um die Vervollkommnung der lateinischen Sprache an anderer Stelle erwähnt. Auf Grund einer außerordentlichen formalen Begabung hatte er aus dieser noch recht bäuerlichen Sprache ein Instrument gemacht, mit dem man auch die abstrakten Probleme der Philosophie angehen konnte, und dadurch war Europa, solange es sein Denken in lateinische Worte kleidete, Cicero verpflichtet, im Altertum und weit darüber hinaus.

Andererseits darf man wohl von einer engherzigen Beschränkung der Humanisten sprechen, da sie die klassische Latinität Ciceros zur allein gültigen Sprachform erhoben. Sie beseitigten damit zwar die Gefahren und Auswüchse, die der lateinischen Sprache von der scholastischen Richtung her drohten, versetzten zugleich aber dem bis dahin lebendig gebliebenen Mittellatein selbst den Todesstoß. »Er traf eine Sprache, die befähigt war, alles auszusagen; eine Sprache aber auch, die hergegeben hatte, wessen eine Sprache fähig ist«, da sie sich im Laufe eines Jahrtausends den unerhörten Erfordernissen eines wiederholten geistigen Umbruchs in einer rassisch so vielgestaltigen Umgebung geschmeidig angepaßt hatte (86, 1689).

Andererseits gebührt den Humanisten das Verdienst, daß sie der Wertschätzung des Lateins neuen Auftrieb gaben. Für Jahrhunderte wurde die Sprache Ciceros wieder zum Inbegriff humanistischer Bildung. Und es ist erstaunlich, daß in dieser Sprache einer ganz anderen Zeit Descartes, Spinoza und Newton die Entdeckungen des modernen Geistes veröffentlichten.

Wenn sich freilich auch das Humanistenlatein weitgehend an Cicero und Vergil anlehnt, hat es doch einen eigenen Stil entwickelt, der sich durch gefällige Ausdrucksweise und übersichtliche Anordnung auszeichnet. Von Dante und Petrarca entwickelt, wurde es von Erasmus zur vollen Blüte gebracht. Ihm gelang es, die vollendete Form der »Goldenen Latinität« mit der tausendjährigen Erfahrung der mittellateinischen Epoche in Einklang zu bringen.

Das sich vom Mittellatein recht deutlich unterscheidende Latein der Humanisten leitet die neulateinische Epoche ein.

Die neulateinische Epoche

Noch im späten 19. Jahrhundert wurde von den Doktoranden der Universitäten erwartet, daß sie ihre Thesen öffentlich in lateinischer Sprache verteidigten. Selbst heute werden hin und wieder Dissertationen lateinisch geschrieben, Doktordiplome lateinisch abgefaßt usw. Überhaupt spiegelt sich die lange lateinische Tradition an unseren Universitäten in vielen seit Jahrhunderten unveränderten Benennungen wider, z. B. Magnifizenz, Rektor, Senat, Quästor, Aula, Auditorium maximum, Kolloquium, privatissime et gratis, c. t. (cum tempore), Dies academicus, summa cum laude und in dem weniger beliebten Numerus clausus. Auch die Inschriften an vielen Instituten zeugen von dieser Tradition. Wir lesen z. B. MENTE ET MALLEO (mit Geist und Hammer) über dem Geologischen Institut der Universität Bonn und ARTIBUS ET LITTERIS über dem Hauptgebäude der Straßburger Universität, und noch heute nennen die Studenten ihre Universität die »Alma mater« im Sinne von Pflegemutter.

Die Bedeutung des Lateins für die Wissenschaften, den Unterricht, den kirchlichen Bereich und die moderne Werbung wird im übrigen in getrennten Kapiteln ausführlicher behandelt werden. Hier sollen nur einige allgemeine Aspekte der neulateinischen Epoche berührt werden.

Als Diplomatensprache wurde Latein erst im Zeitalter Ludwigs XIV. durch das Französische abgelöst. In diesem Zusammenhang sei an John Milton erinnert, der sich »Latin Secretary to the Council of State« nannte und in dieser Eigenschaft von 1649 bis 1660 die Sache Cromwells in lateinisch abgefaßten Schriften wie *Pro Populo Anglicano Defensio* (1651) verteidigte. Im Ungarischen Parlament war Latein die Verhandlungssprache bis 1840 und in Polen sogar noch länger.

Heute wird Latein an unzähligen Schulen und Universitäten gelehrt, auch in Afrika und Asien. In England und Italien werden sogar noch poetische Stilübungen gepflegt. Bemerkenswert ist in dieser Hinsicht das alljährlich in Rom stattfindende internationale »Certamen Capitolinum«.

Josef Eberle hat in seiner Sammlung moderner lateinischer Gedichte *Viva Camena* (5) dargetan, welch große Kraft dem Menschen und Völker verbindenden Latein innewohnt. »Und ist es nicht wunderbar«, so fragt er in seinem Vorwort, »daß Bürger des Vatikanstaates und Bürger der Sowjetunion in der Pflege der gleichen Idee in dem gleichen Band vereinigt werden konnten?« Unter den Autoren sind zwar einige »berufsmäßige« Lateiner (Kleriker und Philologen), daneben aber sind Ärzte, Rechtsanwälte, Diplomaten, Naturwissenschaftler, Künstler usw. vertreten.

Auf die weltweite Bedeutung des Lateins weist auch die Ausgabe eines *Magnum Lexicon Sinico-Latinum* (Hongkong 1957), und das vielbändige internationale Nachschlagewerk des lateinischen Vokabulars, der in München betreute *Thesaurus Linguae Latinae,* gibt alle Erläuterungen in lateinischer Sprache. Wissenschaftliche Arbeiten in weniger geläufigen Sprachen enthalten häufig lateinische Zusammenfassungen. Schließlich sei noch darauf hingewiesen, daß in vielen Ländern lateinsprachige Zeitschriften erscheinen. Unter ihnen seien erwähnt: ACTA DIVRNA (Trinity School, Croydon), ADHUC (Córdoba), LATINITAS (Vatikanstadt), LITTERAE LATINAE (Wien), PALAESTRA LATINA (Zaragoza), TIRO (Bad Dürkheim), VITA LATINA (Avignon), VOX LATINA (Ottobrunn), (vgl. Lit.-Verz. 90–96).

In Avignon fand ein erster Kongreß zur Förderung lebendigen Lateins »Linguae Latinae viventis« statt, dem weitere in Lyon, Straßburg, Rom und 1970 in Bukarest folgten. Die Bukarester Tagung fand nicht zuletzt wegen der Begrüßungsansprache eines sozialistischen Staatsoberhaupts internationale Beachtung. Ministerpräsident Maurer sagte u. a.: »In unserer Zeit, in der die Fortschritte der Wissenschaft, die Errungenschaften der Technik höchste Bedeutung besitzen, sind die Güter der

Humanität, wie sie sich in der lateinischen Literatur und Kultur darstellen, weiterhin ständig von Bedeutung. Und das nicht allein für die Spezialisten, sondern für alle Menschen, die an den Kulturgütern teilhaben.« (Zitiert nach *Frankfurter Allgemeine Zeitung*, 21. 9. 1970, »Ein Staatschef lobt Latein«.)

Latein — Sprache der Wissenschaft

Durch mehr als eineinhalb Jahrtausend ist Latein die Sprache der abendländischen Wissenschaft gewesen. Es hat nicht nur an der Ausbildung der Terminologie, sondern auch an der Entwicklung der Grundbegriffe fast aller Wissenschaften mitgearbeitet; damit besitzen wir im Lateinischen nicht nur den Schlüssel zur Sprache, sondern auch zur Geschichte der heutigen europäischen Wissenschaften.

Die Wissenschaften, die im westlichen Teil des Römischen Reiches gepflegt wurden, gingen mit dessen Untergang im 5. Jahrhundert keineswegs verloren. Vielmehr wurden sie von den neuen Völkern nicht nur sorgfältig bewahrt, sondern noch durch Jahrhunderte in lateinischer Sprache weiterentwickelt.

Es erscheint heute fast unvorstellbar, daß bis ins 17./18. Jahrhundert hinein als Grundbuch der Naturerkenntnis ein antikes Werk benutzt wurde, nämlich die *Naturalis Historia* des Plinius (23—79 n. Chr.). Dieses Buch genoß eine solche Autorität, daß, wenn man z. B. wissen wollte, wie viele Zähne das Gebiß eines Pferdes aufweist, im Plinius nachgeschaut wurde, nicht aber im Pferdemaul selbst. Nach und nach gingen jedoch unter Vorantritt der neuzeitlichen Astronomie die Naturwissenschaften den Weg eigener Beobachtung; deren Ergebnisse aber wurden nach wie vor in lateinischer Sprache vermittelt. Von den großen geistes- oder naturwissenschaftlichen Werken des 15. bis 18. Jahrhunderts, die lateinisch abgefaßt sind, seien hier die folgenden genannt:

Sir Thomas Morus	Utopia (1516 in Latein, 1531 in Französisch und erst 1551 in Englisch)
Kopernikus	De revolutionibus orbium caelestium libri VI (1542)
Kepler	Mysterium Cosmographicum (1596)
Bacon	Novum Organum (1620)
Galilei	Fisikomathematica (1623)
Friedr. von Spee	Cautio criminalis (1631)
Descartes	Meditationes de prima philosophia (1641)
Comenius	Orbis Pictus (1658 Nürnberg)
Leibniz	De principio individui (1663)
Spinoza	De intellectus emendatione (1677)

Newton	Philosophiae naturalis principia mathematica (1687)
von Linné	Systema Naturae (1735–1760)
Euler	Nova theoria lucis et colorum (1746)
Galvani	De viribus electricitatis in motu musculari commentarius (1791)
A. v. Humboldt	Florae Fribergensis Specimen (1793)
Gauß	Disquisitiones arithmeticae (1801).

Noch das Erste Arzneibuch des Deutschen Reiches, das im Jahre 1872 erschien, war lateinisch abgefaßt.

Nachstehend folgt eine kleine Chronologie neuzeitlicher wissenschaftlicher Fachausdrücke, aus der hervorgeht, wann die einzelnen Termini erstmalig nachzuweisen sind:
axis 1549 – *cerebrum, uterus* 1615 (aus Crookes »The Body of Man«) – *forceps* 1634 – *antenna* 1698 – *nucleus* 1708 – *accumulator* 1877 – *bacillus* 1883 – *vitamin* 1912 – *penicillin* 1929.

(2)

Invitatio. **Einleitung.**

M. Veni, Puer! disce Sapere.	*L.* Komm her / Knab! lerne Weißheit.
P. Quid hoc est, *Sapere?*	*S.* Was ist das / Weißheit?
M. Omnia, quæ *necessaria*, rectè *intelligere*, rectè *agere*, rectè *eloqui*.	*L.* Alles / was nöhtig ist / recht verstehen / recht thun / recht ausreden.
P. Quis me hoc docebit?	*S.* Wer wird mich das lehren?
M. Ego, cum DEO.	*L.* Ich / mit GOtt.
P. Quomodo?	*S.* Welcher gestalt?

M. Du-

(3)

M. Ducam te, per omnia, ostendam tibi omnia; nominabo tibi omnia.	*L.* Ich will dich führen durch alle Dinge / ich will dir zeigen alles / ich will dir benennen alles.
P. En adsum! duc me, in nomine DEI.	*S.* Sehet / hier bin ich! führet mich / in GOttes Namen!
M. Ante omnia, debes discere simplices *Sonos*, ex quibus constat Sermo humanus: quos, Animalia sciunt formare, & tua Lingua scit imitari, & tua Manus potest pingere.	*L.* Vor allen Dingen / must du lernen die schlechten Stimmen / in welchen bestehet die Menschliche Rede: welche / die Thiere wissen abzubilden / und deine Zunge weiß nachzumachen / und deine Hand mahlen kan.
Postea ibimus in *Mundum*, & spectabimus omnia.	Darnach wollen wir wandern in die Welt / und beschauen alle Dinge.
Alphabethum vivum & vocale habes hîc.	Hier hast du ein lebendiges und stimm(bares) Alfabeth.

A 2 Cornix

Johann Amos Comenius (1592–1670) verbesserte den Schulunterricht, besonders in den Sprachen. Unter den von ihm verfaßten Lehrbüchern hat die illustrierte Welt des Orbis sensualium pictus die größte Verbreitung gefunden.
Die obige Reproduktion zeigt die Einleitung nach der 1. Ausgabe von 1658.

Das Präfix *ultra* tritt in der modernen wissenschaftlichen Terminologie um 1873 auf und ist inzwischen zusammen mit seinem Gegenpol *infra* zu einem der meistgebrauchten Begriffe in Chemie, Physik, Elektrizität, Medizin usw. geworden.
Immer wieder haben die Wissenschaftler bei dem Bemühen, neue wissenschaftliche Begriffe zu prägen, auf die lateinische oder die griechische Sprache zurückgegriffen. Das ist bis zum heutigen Tage so geblieben. Es läßt sich kaum ein modernes wissenschaftliches Wort benennen, das nicht der Antike verpflichtet ist.
Mögen die langen wissenschaftlichen Bezeichnungen gelegentlich auch abstoßen, letzten Endes sind sie doch einprägsam, da eindeutig. Sie erklären sich selbst, weil sie von Wurzeln abstammen, die nur übersetzt zu werden brauchen (z. B. extravasal = außerhalb der Blutgefäße).
Das Lateinische wird für die Zwecke wissenschaftlicher Nomenklatur weiterhin in Anspruch genommen werden. Dafür sprechen gewichtige Gründe: Man braucht eine gemeinsame internationale Sprache, und gerade das Latein hat Vorzüge, die es dazu geeigneter machen als andere Sprachen. Es ist einfach zu schreiben, zu lesen und zu sprechen. Es ist keinen wesentlichen Veränderungen mehr unterworfen, und sein Gebrauch bevorzugt und benachteiligt kein einzelnes Volk. Ein weiterer Vorteil der lateinisch-griechischen Fachausdrücke ist, daß sie sich von der Alltagssprache absetzen und damit zum Ausdruck bringen, daß sie zu einem speziellen Gedanken- und Sprachbereich gehören.

Medizin und Pharmazie

In der Medizin sind die anatomischen Bezeichnungen lateinisch. Da diese bis zum Ende des vorigen Jahrhunderts oft eher volkstümlich als wissenschaftlich fundiert waren (man denke nur an Muskel von *musculus* = das Mäuschen), wurde im Jahre 1895 von der Anatomischen Gesellschaft in Basel ein berichtigtes Verzeichnis der anatomischen lateinischen Namen herausgegeben. Die letzte Neufassung (*Nomina anatomica*) erfolgte 1955 in Paris (11, 4/5).
Natürlich gehen auch viele Krankheiten in lateinischem Gewande um. Ob der Patient sie deshalb als harmloser empfindet? Man prüfe sich selbst und rede sich ein, fortan habe z. B. ein Furunkel eine Bagatelle zu sein, weil sich eben nur ein kleiner Dieb dahinter verbirgt, ist doch lat. »furunculus« die Verkleinerungsform von »fur« = der Dieb (sprich Schmarotzer).

»Auch die im Deutschen Arzneibuch und seinen Zusatzbüchern aufgeführten Mittel sind lateinisch benannt. Deshalb müssen medizinisch zur Verwendung kommende Chemikalien und Drogen auf den Standgefäßen in den Apotheken lateinisch bezeichnet werden. Ebenso werden einzelne Bestandteile einer Medizin auf ärztlichen Verordnungen lateinisch ordiniert« (11, 5). Selbst der internationale Drogenhandel bedient sich der lateinischen Sprache; z. B. Flores Tiliae (Lindenblüten); Herba Capilli Veneris (Venushaar); Radix Valeriana (Baldrianwurzel); Semen Lini (Leinsamen).

Die lateinische Nomenklatur des Deutschen Arzneibuches stimmt mit der vieler anderer Länder weitgehend überein. So wird die Weinsäure sowohl im Deutschen wie Sowjetischen, Schweizer und Französischen Arzneibuch als Acidum tartaricum bezeichnet.

Das »lege artis«, das fachgemäß ausgeschriebene ärztliche Rezept, ist lateinisch geschrieben. Es beginnt mit der Abkürzung *Rp*. Das heißt: *Recipe*. Nimm. (»Man nehme!«) Nach dieser Einleitung kommt die eigentliche *ordinatio* oder *praescriptio*, anschließend folgt die *subscriptio*. Praescriptio und subscriptio sind, sofern es sich nicht um Arzneifertigwaren handelt, in lateinischer Fassung zu halten. Die subscriptio zeigt folgendes einheitliches Bild: MDS – *misce, da, signa*. Es folgen evtl. notwendige Hinweise wie: *Da ad vitrum allatum* – gib in ein mitgebrachtes Gefäß – *Da ad usum proprium* – gib zum eigenen Gebrauch.

Durch die Worte »repetatur« oder »iteretur« wird die Wiederholung des Rezeptes ausgedrückt (11, 214/5).

Beispiel für ein Rezept:

Rp.
Ammonii chlorati
Succi Liquiritiae depurati $\overline{\text{aa}}$ 5,0
Aquae destillatae ad 200,0
M D S. 5mal täglich einen Eßlöffel

In der Vorschrift (Praescriptio) wird der Arzneiträger (Constituens vehiculum) gern mengenmäßig begrenzt durch den Zusatz *ad* = bis zu. In unserem Beispiel ist Wasser hinzuzufügen bis zum Gesamtgewicht von 200 Gramm. Werden zwei oder mehrere Wirkstoffe in der gleichen Menge verordnet, so wird die Zahlenangabe nur bei dem zuletzt aufgeführten Stoff angegeben. Der Zahlenangabe vorgestellt wird der Ausdruck *ana partes*, zu gleichen Teilen, abgekürzt $\overline{\text{aa}}$ (ἀνὰ mit acc. ist eine griech. Präposition) (11, 215).

Die nun folgende *signatura* muß in deutscher Sprache angegeben werden. Sie bezweckt zweierlei. Einmal soll sie, vom

Apotheker auf die Signatur des Arzneimittelgefäßes übertragen, dem Patienten anzeigen, wie oft und welche Menge er von der Arznei einzunehmen hat. Zum anderen ist es dem Apotheker bei Verarbeitung von stark wirkenden Arzneistoffen nur auf Grund dieser Angaben möglich, die Innehaltung der Maximaldosis nachzurechnen.
Alle anderen Zahlenangaben (Anzahl von Tropfen, Stückzahl von Pillen, Pulver usw.) erfolgen in römischen Zahlen (z. B. Nr. LX = 60) (11, 215).
Die lateinischen Bezeichnungen der Arzneimittelgruppen sind überwiegend Adjektiva. Unter dem Einfluß des hinzugehörigen, gedachten Ausdruckes *remedia* (Plural von *remedium* = Heilmittel) stehen sie in der neutralen Form des Plurals. Man spricht von der Gruppe der Sedativa (Beruhigungsmittel), Laxativa (Abführmittel) oder Roborantia (Stärkungsmittel – vgl. robust) (11, 217).
Die Pharmazie tritt also weitgehend in lateinischem Gewand auf. Es ist daher verständlich, daß viele fertige Arzneimittel lateinische Bezeichnungen tragen. Stellvertretend für Hunderte sei hier nur eines genannt: *Ferro Vinces* (Mit Eisen wirst du siegen), also ein Mittel zur Behandlung aller Formen des Eisenmangels.
Unter der Überschrift »Apotheken-Latein« erschien in der »Zeitung für Gesunde« (15) regelmäßig eine kleine Lektion, welche Laien die Bedeutung solcher Begriffe wie Infarkt, Insuffizienz von den Bestandteilen des lateinischen Wortes her erläuterte.
Wie sehr die medizinische und pharmazeutische Wissenschaft – abgesehen von der Nomenklatur – auch im Bereich wichtiger Entdeckungen in der lateinischen Ausdrucksweise wurzelt, sei an nur einem Beispiel belegt: der Engländer William Harvey verbreitete die zusammenfassende Darstellung über seine Entdeckung der Blutzirkulation 1628 in lateinischer Sprache. Und im Juli 1967 trafen sich in München zweitausend Hautärzte aus fünfundsiebzig Ländern zum 13. »Congressus internationalis dermatologiae«.

Botanik und Zoologie

Carl von Linné schrieb das Standardwerk der Botanik *Systema Naturae* (1735–1760) in lateinischer Sprache. Wir finden darin auch den Satz: »Nomina si nescis, perit et cognitio rerum« (Wenn du die Namen der Dinge nicht kennst, verliert sich auch deren Erkenntnis). Linné schuf aus griechischem und lateinischem Sprachgut die auch heute noch maßgebende Form der Namengebung in der Botanik und Zoologie. Der *Inter-*

national Code of Botanical Nomenclature von 1966 bringt die neueste Bestandsaufnahme. Eingangs dieses auf der Methode von Linné fußenden Werkes heißt es in Art. 1: Kulturpflanzen sind für die Zivilisation unerläßlich. Deshalb ist es wichtig, über ein bestimmtes, beständiges und international angenommenes System für die Benennung der Kulturpflanzen zu verfügen.
Art. 2: Der Internationale Code der Botanischen Nomenklatur regelt den Gebrauch der botanischen Namen in *lateinischer* Form für Kultur- und Wildpflanzen. Das Pflanzenreich wird danach u. a. in folgende Rangstufen eingeteilt: *divisio* (als oberste Kategorie), *classis, ordo, familia, genus, sectio, series, species, varietas* . . . und *aberratio* als Spielart (14).

In der Botanik sind nicht nur Arten, Gattungen, Familien usw. lateinisch benannt. Auch neue Benennungen einer systematischen Einheit können nur wirksam und gültig veröffentlicht werden, wenn eine Beschreibung in lateinischer Sprache beigegeben ist (11, 4). So heißt es in Art. 36 des oben erwähnten *International Code* . . . ausdrücklich: »In order to be validly published, a name of a new taxon of plants, the bacteria, algae, and all fossils excepted, published on or after 1 Jan. 1935 must be accompanied by a *Latin diagnosis.*« Dank freundlicher Vermittlung von Prof. Potonié können wir nachstehend ein Beispiel für eine derartige Diagnose vorlegen. Sie wurde 1962 von L. A. Kuprianova in einer sowjetischen Fachzeitschrift veröffentlicht, und zwar handelt es sich hier um die Beschreibung neuer Sporen in lateinischer und russischer Sprache.

Сем. *Caprifoliaceae*

16. ***Viburnum parvireticulata*** **Kuprian. sp. nova**

Табл. III, фиг. 8, 9, 10

Holotypus: $\frac{14}{149}$; spec. poll. n° 2.

Pollina tricolporata, ambitu e facie polari trilobata, e facie aequatoriali late elliptica, axis polari 18,7 μ diametro aequatoriali 17 μ colpae profundae longae polos non attingentes; pori paulo conspicui; extinium retiqulatum, 1,7 μ crass., columellae remotae, clavatae; lumina reticuli angulata 2,5—3,5 μ diam.

Пыльцевые зерна трехбороздные, в очертании с полюса трехлопастные, с экватора широко-эллиптические, полярная ось 18,7 μ, экваториальный диаметр — 17 μ; борозды длинные, но не достигающие полюсов, глубоко погруженные; поры слабо заметные, экзина сетчатая, около 1,7 μ толщиной; столбики редкие, головки столбиков булавовидные, сливаясь, образуют прерывистые стенки ячей; ячеи угловатые, 2,5—3,4 μ в диаметре.

Es ist also verständlich, daß auch Studenten der Gartenbauschulen usw. über Lateinkenntnisse verfügen müssen. Die lat.

Benennung der Pflanzen ist im übrigen um so sinnvoller, als manche unserer gängigen Gewächse je nach Region allein im Inland zehn und mehr verschiedene Namen aufweisen. Die in der ganzen Welt anerkannte lat. Bezeichnung aber gibt die Gewähr, daß im internationalen Handel (z. B. Fleurop) und bei wissenschaftlichen Diskussionen Mißverständnisse vermieden werden.

Auch in der zoologischen Systematik sind die wissenschaftlichen Namen der Tiere lateinisch oder latinisiert. Der Buchfink z. B. heißt *Fringilla coelebs*, wobei der Artname (coelebs = Junggeselle) auf die Beobachtung zurückzuführen ist, daß vorwiegend die Männchen bei uns überwintern.
Die Beschreibung eines neuentdeckten, noch nicht eingeordneten Lebewesens kann in lateinischer Sprache erfolgen; es sind aber im Gegensatz zur botanischen Forderung auch Deutsch, Französisch, Italienisch und Russisch zugelassen (11, 4).

Der Zoologe Prof. Dr. Jürgen W. Harms, vormals ordentlicher Prof. an der Universität Jena, betonte als Dekan der Mathematisch-Naturwissenschaftlichen Fakultät anläßlich einer Ansprache im Jahre 1947: »Die Grundeinstellung zu unserer Wissenschaft drücken wir bescheiden mit den Worten Linnés aus: Finis creationis telluris est gloria Dei, ex opere Naturae per hominem solum. Der Zweck der Erschaffung der Welt ist das bewundernde Erkennen Gottes, offenbart in den Werken der Natur und gedeutet allein durch den Menschen« (12, 138).

Die Rechtswissenschaft

Die Jurisprudenz (von *iuris prudentia*) ist in besonderer Weise der römischen Geisteswelt verpflichtet. »Denn die Römer waren das geborene Rechtsvolk, das Gefühl für die iustitia wurde ihr Erbteil unter den Völkern; das Schicksal bestimmte sie zur größten rechtschaffenden Macht des Abendlandes. Wurde die lateinische Sprache so genau, weil sie von Anfang an darum rang, das abstrakte Staats- und Rechtsdenken so knapp, anschaulich, unzweideutig und später auch kunstvoll in klare Worte zu fassen? Oder wurde das Rechtsprechen der Römer so klar, weil sie so erdhaft zu denken und so zutreffend zu sprechen vermochten? *Legem enim brevem esse oportet quo facilius ab imperitis teneatur* (Knapp soll das Gesetz sein, damit es auch der gemeine Mann behält). So duldet die Sprache römischer Gesetze kein Wort zuviel, keines zuwenig, jedes steht am richtigen Platz. Vollends die Juristen der klassischen Rechtswissenschaft erwiesen sich als Sprachschöpfer von hohem Rang. Sie befleißigten sich eines makellosen Lateins, das, soweit dies überhaupt eine Sprache vermag, jeden Doppelsinn ausschloß« (13, 36/7). »Das Corpus Iuris, das Reichsgesetzbuch, in dem der oströmische Kaiser Iustinianus um 534 das gesamte römische Recht zusammenfassen ließ, bedeutet den Abschluß einer etwa tausendjährigen Rechtsentwicklung und zugleich das letzte große Vermächtnis der Römer an die Nachwelt« (89, 138).

Mit der Reichskammergerichtsordnung von 1495 nahm das römische Recht bestimmenden Einfluß auch auf das deutsche Rechtsleben. Die Folge hiervon war, daß der Gebrauch lateinischer Fachausdrücke unter den deutschen Juristen bedeutend zunahm. Wörter wie *Amnestie, appellieren, arrestieren, Dekret, Delinquent, Kaution, Obligation, protestieren, Prozeß, sistieren, zitieren* kamen damals auf. Viele Jahrhunderte hindurch war das römische Recht verbindliche Rechtsquelle im gesamten deutschsprachigen Gebiet. Seit dem 18. Jahrhundert trat dann eine rückläufige Bewegung ein. Als das Bürgerliche Gesetzbuch am 1. Januar 1900 in Kraft trat, galt das Corpus Iuris nur noch in einem kleinen Teil Deutschlands. Das Bürgerliche Gesetzbuch übernahm jedoch viele einzelne römische Rechtsgrundsätze. An zahlreichen juristischen Fakultäten wird noch heute römisches Recht gelesen. In Teilen von Südafrika und in Ceylon ist das Corpus Iuris zum Teil noch in Kraft (89, 138).

Die römische Meisterschaft in der knappen und prägnanten Formulierung hat ihren Niederschlag in Hunderten von Rechtsgrundsätzen gefunden, die auch heute noch unverändert Gültigkeit haben, z. B.:

Actori incumbit onus probandi	Dem Kläger obliegt die Last des Beweises.
Nemo praesumitur malus nisi probetur	Niemand darf ohne Beweis als Übeltäter angesehen werden.
Ultra posse nemo tenetur	Niemand ist verpflichtet, mehr zu leisten, als er kann.
In dubio pro reo	Im Zweifelsfalle (ist) zugunsten des Angeklagten (zu entscheiden).

In Anlehnung daran lautet eine scherzhafte Version:

In dubio pro meo!	Im Zweifelsfalle zu meinen Gunsten!

Kleines Werbelatinum

Lateinische Benennungen und Texte spielen in der modernen Werbung eine bedeutende Rolle. Das gilt besonders für den Automarkt, auf dem Fabrikate wie *Mercedes, Volvo, Dixi,*

Fiat (Abk. von *Fabbrica Italiana Automobili Torino*) sowie die Typen *Consul, Victor, Rekord, Minor, Major, Variant, Transit* usw. wohlbekannt sind. Am nachdrücklichsten aber hat das Fabrikat *AUDI* auf seine lateinische Herkunft hingewiesen. So berichtete das Nachrichtenmagazin *Der Spiegel* am 17. Januar 1966 unter der Überschrift »Werbung und ihre Methoden«:

»Um den Lesern mitzuteilen, daß der *AUDI* der Firma Auto-Union von einem Viertakt-Mitteldruckmotor angetrieben wird, bemühte die Basler Werbeagentur Gerstner, Gredinger & Kutter sogar einen alten Latein-Schulmann. ›Compressoribus medii ordinis motor quaternis ictibus vehiculum propellit‹, hieß das Ergebnis, und da höchstens fünf Prozent der erwachsenen Bundesbürger derlei Texte zu bewältigen vermögen, erregte die Anzeige mehr Aufmerksamkeit als alle *AUDI*-Inserate zuvor.

Mit ihrem kleinen Werbe-Latinum spielte die Agentur zugleich auf die lateinische Herkunft des Markennamens *AUDI* an: Es ist der Imperativ von ›audire‹ und heißt ›horch‹. Der Firmengründer Horch hatte den Namen 1909 auf Anraten seines schulpflichtigen Sohnes gewählt, als er nach seinem Ausscheiden aus den Horch-Werken in Zwickau eine neue Firmenbezeichnung suchte« (21).

»Duorum et septuaginta vi equorum impulsus centena milia passuum – vel CXLVIII chilometra – singulis horis pervolare potest. Atqui olei non nisi octo litra per centum chiliometra consumenda sunt et quattuor partes: Quem plus praestare, consumere minus ergo invenies.«

Der neue *AUDI*, verrät die Anzeige, entwickelt also 72 PS bei einer Höchstgeschwindigkeit von 148 Kilometer in der Stunde. Und er verbraucht nur 8,4 Liter Benzin auf 100 Kilometer. Er leistet also mehr und verbraucht dabei weniger.

Daß die in der Vatikanstadt herausgegebene Vierteljahresschrift *Latinitas* (92) alle Inserate lateinisch bringt, versteht sich von selbst. Man sucht jedoch vergeblich nach Anpreisung von Krippenfiguren oder Rosenkränzen (praesepia vel rosaria); vielmehr werben Großbanken und Autofirmen. Dabei leistet das neulateinische Lexikon des Kardinals Bacci (79) willkommene Hilfe, wenn es darum geht, »Viertaktmotor« (compressorius motor quaternis ictibus) oder andere Fachausdrücke lateinisch wiederzugeben. In diesem Lexikon wird »Garage« übrigens als »tabernaculum automatariis vehiculis adservandis« und »Serenade« als »nocturnus ante puellae fenestram cantus« umschrieben.

Originell ist auch ein lateinisches Gedicht auf den Volkswagen (Automaton populare), das die Zeitschrift *Tiro* (94) veröffentlichte. Die ersten Strophen lauten so:

1. Automaton populare
multis est familiare
in terrarum circulo.

2. Nulli viro in Europa
est carruca haec ignota,
facta in Germania.

3. Trans Oceanum, qui
vivunt, et, qui Nili
lymphas bibunt, norunt
eius commoda.

4. Quae a tergo propulsata
si benzino saturata
omne iter corripit.

(Wallner 23)

Nicht gerade alltäglich ist auch die Werbung einer Arzneimittelfabrik, welche ihre Auto fahrenden Kunden, insbesondere die Ärzte, durch Übersendung eines Schlüsselchens mit der Aufschrift *Sobrius mane* an die Pflicht der Abstinenz erinnert. Damit nicht genug — der Schlüssel zum unfallfreien Fahren wird noch etwas gängiger gemacht durch drei einprägsame Verse:

In curru tuo regendo semper abstine bibendo!	Fährst den Wagen dein, laß das Trinken sein!
Curru vehens vinum vita, ne sis quando parricida!	Wenn du fährst, den Wein verachte, damit du nicht zum Mörder wirst!
Currum vehe expers vini, ut securi sint vicini!	Als Autofahrer meide Wein, damit die Nachbarn sicher sein!

Daß neben der Autoindustrie insbesondere die pharmazeutischen Firmen das Werbe-Latinum beherrschen, sei an einem weiteren Beispiel verdeutlicht:
Vor einigen Jahren übersandte die Firma E. Merck, Darmstadt, den Freunden ihres Hauses den ins Lateinische übertragenen *Struwwelpeter* in mehreren Folgen (Petrulus Hirrutus in sermonem Latinum translatus) (16). Jeder illustrierten Folge war ein Rezept beigegeben, das ein Mittel gegen die Unart der jeweiligen Fabel empfiehlt. Betrachten wir z. B. Kaspar, der seine Suppe nicht essen will (»Abstineo me iusculo! Me iusculo abstineo!«) und schließlich nur noch ein Strich ist.
Doch dieser Kaspar könnte noch heute leben, hätte man damals das richtige Rezept befolgt: »Quis non miratur hoc tantum cibi fastidium? Est autem causa inediae talis non semper mala puerorum pervicacia et contumacia, sed saepe pendet ex naturali corporis incremento. Etiam atque etiam queruntur hac de re parentes anxii venientes in colloquia medicorum.
Paucis guttis ›Multibiontae‹ — quo in remedio insunt vitamina maxime necessaria — ciborum appetentia excitatur et augentur effectus adultivi. Dentur autem cottidie infantibus parvis et minutulis lactantibus ter quinae vel (summum) denae guttae, maioribus ter denae vel (summum) vicenae.«

Diesem Rezept sind folgende Erläuterungen beigegeben:

fastidium Widerwillen, also *cibi fastidium* Eßunlust · *inedia* Nichtessen, Nahrungsverweigerung · *pervicacia* Hartnäckigkeit · *contumacia* Trotz · *pendere ex* abhängen von, zusammenhängen mit · *incrementum* Wachstum · *etiam atque etiam* immer wieder · *queri de* klagen über · *anxius* ängstlich · *colloquia medicorum* Besprechungen mit Ärzten, also »Sprechstunden« · *appetentia* Verlangen · *ciborum appetentia* Eßlust, Appetit · *excitare* anregen · *adultivus* zum Wachsen gehörig · *infantes parvi* Kleinkinder · *minutulus* ganz klein · *lactens* Muttermilch trinkend, also *(infans)minutulus lactens* Säugling · *ter quinae* dreimal je 5 · *summum* höchstens · *denae guttae* je 10 Tropfen · *vicenae* je 20.

Die hier empfohlenen »Multibiontae« sind sprachlich übrigens eine Kombination aus einem lateinischen und griechischen Wort, ähnlich wie die »Automobile«, die mit den »Multibiontae«-Tropfen für Suppenkasper neben der sprachlichen Eigenart auch noch die Eigenschaft gemeinsam haben, daß sie gelegentlich die Gewichtszunahme fördern.

Wir kaufen diese und andere Medikamente in der Sternapotheke, deren Besitzer zur Erinnerung an die Wiederaufrichtung nach den Kriegswirren folgendes Chronogramm anbringen ließ:

offICIna steLLae sIgno egregIa
ChrIstophoro bernarDo De gaLen prInCIpe
epIsCopo InstItVta treCentos annos aegrIs
hVIVs VrbIs CIVIbVs astItIt fatIsqVe propItIIs
posthaC LIbenter assIstet.

Die Übersetzung lautet etwa so: »Die unter dem erlauchten Fürstbischof Christoph Bernard von Galen eingerichtete Sternapotheke stand dreihundert Jahre lang den kranken Mitbürgern dieser Stadt [Münster i. W.] zur Seite und wird bei gnädigem Geschick gern auch fürderhin beistehen.«
Was aber bedeutet »Chronogramm«? Nun, die in dieser Inschrift groß hervorgehobenen Buchstaben sind zugleich römische Zahlzeichen (z. B. I = 1; L = 50). Wenn man diese addiert, ergibt sich die Summe 1958, und in eben diesem Jahr wurde die Apotheke nach den Schäden des Krieges wieder aufgebaut.

Nach diesem Abstecher in die Lektionen des Großen Werbe-Latinums wollen wir uns wieder nach leicht verdaulicher Kost umsehen. So schlendern wir weiter durch die Straßen, vorbei

an repräsentativen Bauten der Versicherungsgesellschaft *Securitas*, vorbei auch an einem *Salvator*-Restaurant, einer *Express*-Reinigung, einem *Hotel Intercontinental* und einer *Rapid*-Sohlerei. Dann öffnet sich uns ein *Super*-Markt, wo vielerlei von A bis Z angeboten wird: *Acculux*-Taschenlampen, *Color*-Agfafilme, *Constructa*-Waschmaschinen, *Dato*- und *Fakt*-Waschmittel, *Facit*-Büromaschinen, *Fenestra*-Fenster, *Flora*-Pflanzenmargarine, *Floreat*-Haken, *Invicta*-Uhren, *Lux*-Zigaretten, *Multimix*-Geräte, *Nivea*-Creme, *Optima*-Cameras, *Praetor*-Computer, *Progress*-Staubsauger, *Quodlibet*-Feuerwerkskörper, *Rex*-Vervielfältiger, *Sedus*-Sitzmöbel, *Servus*-Toilettenpapier, *Sollux*-Lampen, *Tondeo*-Rasierklingen usw. Wen wundert es, daß so viele unserer modernen Produkte lateinische Bezeichnungen tragen, da doch die »Industrie« selbst mit ihren »Maschinen« und »Apparaten« lateinischer Herkunft ist.
In der Werbung spielt übrigens das Praefix *multi* eine immer größere Rolle. Wir begegneten bereits den Multibiontae-Tropfen und Multimix-Geräten. Ein ganz neues Wort dieser Prägung haben in jüngster Zeit (Juni 1968) die Farbenfabriken Bayer AG in ihre weltweite Werbung einbezogen: »Bayer *multinational*: Wir beliefern und beraten unsere Kunden in einhundertdreiundfünfzig Ländern der Erde von der jeweils günstigsten in- oder ausländischen Produktionsstätte aus.«

Wir gehen weiter und erblicken unter den Neuerscheinungen einer Buchhandlung Titel wie »Nostra Pulchra«, »Magna Graecia«, »Homo Faber«, »Homo Viator«, »O Roma Immortalis«. Auch moderne Bildbuchreihen haben lateinische Namen, z. B. »Orbis Terrarum« und »Orbis Pictus«. Und wer zählt all die älteren Buchtitel lateinischer Prägung, wie »Quo vadis?«, »Apologia pro vita sua« (Newman), »Missa sine nomine« (Wiechert), »Via mala« (Knittel), »Plus ultra« (von le Fort), »Vita somnium breve« (R. Huch). Und erst die Zeitschriften, angefangen bei dem heiteren (inzwischen leider verstorbenen) »Simplicissimus« über den »Spectator«, »Discus« und die »Universitas« zu ausgesprochener Fachliteratur wie »Pro Medico«, »Historia«, »Sociologus«, »Philosophia Naturalis«, »Planta Medica« usw. Ein holländischer Verlag nennt sich »Littera scripta manet«, und der S. Fischer Verlag, Frankfurt, gibt eine wissenschaftliche Buchreihe mit dem Titel »Conditio Humana« heraus, in der die Ergebnisse der Wissenschaften vom Menschen dargestellt werden.

In einem Zeitungsstand sehen wir *Civis* ausliegen und die neue Zeitschrift für Unternehmensführung *Plus*. Unter *Immobilien* finden wir über dem ganzseitigen Inserat der *Doma*-

Unternehmensgruppe als Blickfang ein Zitat des römischen Baumeisters Rabinius (um 100 n. Chr.):

EXTRUIMUS DOMOS QUAE TAM SUNT SPECIE PULCHRAE
QUAM USUI COMMODAE — QUASI IPSI IN IIS HABITARE
IN ANIMO HABEREMUS (*Die Welt*, 21. 6. 1969)
Wir bauen Häuser, die schön und komfortabel sind,
so als ob wir selbst in ihnen wohnen möchten.

In Nähe des Zeitungsstandes erblicken wir einen Neubau, der von der Wohnbau-Gesellschaft *Fundamentum* finanziert wird. Ein Stockwerk bezieht *Interim*, »das größte deutsche Unternehmen für zeitweise Beschäftigung«. Und wieder eine Apotheke mit einer riesigen Schaupackung *Dorminoct*, einem Schlafmittel, das schon durch seinen Wohlklang in den Schlaf wiegt.
Schließlich werden wir noch auf eine eingemauerte Steintafel aus der Römerzeit aufmerksam, auf der in großen Buchstaben das Wort *Imi* lesbar ist, darunter zwei große F. »Möglicherweise handelt es sich hier um den Restteil einer Stein-Affiche, mit der ein Handelsmann den römischen Legionären *Imi* als ein erstklassiges (FF) Reinigungsmittel empfahl« (nach »IMI bei den alten Römern« in *Blätter vom Hause*, Werkszeitschrift der Henkel & Cie GmbH, Düsseldorf, Heft 1/1956).
Doch Scherz beiseite — unzweifelhaft ist, daß die alten Römer, deren Sprache ja auch die uns so geläufigen Vokabeln Reklame und Propaganda entnommen sind, gute Werbefachleute waren. Das geht aus zahlreichen Inschriften hervor, die sich über neunzehnhundert und mehr Jahre erhalten haben. Einen klassischen Reklamespruch hat die Inhaberin einer Badeanstalt im alten Pompeji hinterlassen: *Lavatur more urbico et omnis humanitas praestatur* (CIL XIV 4015) — Hier nimmt man Bäder wie in Rom und findet jede Bequemlichkeit (30).
Am Rande sei vermerkt, daß der »Stifterverband für die deutsche Wissenschaft« durch das Motto *Maecenates voco* (Ich rufe Mäzene) wirbt. Daß dieser Appell nicht ungehört verhallt, beweist die Tatsache, daß der Stifterverband im Jahre 1970 der deutschen Wissenschaft fast 30 Millionen DM vermittelte.

Mit Latein durch die Welt

An anderer Stelle wird dargelegt, wie viele lateinische Anklänge ein alter Römer im heutigen London entdecken würde. Doch nicht nur in England, sondern in allen Erdteilen hat die lateinische Sprache sichtbare Zeichen ihrer weltweiten Bedeutung hinterlassen. Wir brauchen nur in der Zeitung zu blättern, z. B. in dem Berliner »Tagesspiegel«. Diese Morgenzeitung stellt übrigens unter ihren Titel den Leitsatz: *Rerum cognoscere causas* (die Hintergründe der Dinge erkennen). Schon der politische Teil ist voller Wendungen, die sich seit römischer Zeit — zumindest in ihrer äußeren Gewandung — nicht im geringsten verändert haben: *Veto, Modus vivendi, Status quo, De-facto-* bzw. *De-jure-Anerkennung, pro forma, Ultima ratio, Persona non grata, Conditio sine qua non, Junktim, Propaganda* usw. All diese Termini stammen aus der Zeit, da Latein noch Diplomatensprache war. Daß die lateinische Sprache aber auch für ganz aktuelle Anlässe und Zusammenhänge laufend aus ihrer unerschöpflichen Vorratskammer Vokabeln beisteuert, beweisen Begriffe wie: *Koexistenz* (von Chruschtschow geprägt), *Inflation, Rezession, Pax Atomica, Konföderation, Expansion, Montanunion, bilaterale Kontakte, Nonproliferation* (*non prolem ferre,* d. h. keine Nachkommenschaft — gemeint sind neue Atommächte — hervorbringen). In diesem Zusammenhang ist auch ein kürzlich ausgestrahlter Rundfunkkommentar unter der Überschrift »Krisenlatein« kennzeichnend.

Viele dieser meist von Politikern geprägten Neuschöpfungen leisten wegen ihrer Kürze und Treffsicherheit zweifellos gute Dienste; es besteht aber auch die Gefahr, daß solche Latinismen mißbraucht werden, um sich zu brüsten bzw. um dem Bürger Sand in die Augen zu streuen. Eine köstliche Parodie auf diese Tendenz brachte folgende Büttenrede des Kölner Karnevalisten Kurt Stichnoth: »Das Finanzvolumen der differenzierten mittelmäßigen öffentlichen Hand manipuliert kontinuierlich stupide die spekulative Konzeption. Diese strukturelle Eskalation stagniert konventionell die konzertierte Aktion, deren funktionsfähige Diskrepanz die inflationäre Talsohle positiv manipuliert. Auf deutsch: Ein Loch ist im Eimer!« (Gürzenich 1968).

Wir setzen unseren Spaziergang durch die Presse fort, ohne übersehen zu haben, daß sowohl »spazieren« (von *spatiari,* eine Strecke zurücklegen) wie auch »Presse« (von *premo, pressi, pressum* drücken, drucken) lateinischer Herkunft sind. Unter den Inseraten (von *inserere* einreihen, einrücken) fällt uns eine lateinisch abgefaßte Geburtsanzeige folgenden Inhalts auf:

> Laeto et grato erga Deum animo propinquos, amicos, notos certiores facimus validam nobis die 29. Julii natam esse filiam. Quam die 15. Augusti ex aqua et Spiritu Sancto regeneratam esse nomenque ei datum

ESTHER MARIAM CARINAM

Francofurti, die 18. Augusti 1967 · B. M. et B. M. Helfrich

(*Frankfurter Allgemeine Zeitung*, 18. August 1967)

Ja, man begegnet gelegentlich sogar Heiratsanzeigen in lateinischer Sprache:

Adolescens modestus (24) desiderat cognitionem puellae lepidae.
Litterae ad: Pressehaus Kassel

(*Hessische Allgemeine*, 25. November 1967) mitgeteilt in *Vox latina* (96)

In der Beilage »Für die Frau« bemerken wir eine Überschrift: »Die feminine Linie in der Mode«. Diese und ähnliche Vokabeln gehören so selbstverständlich zu unserem Wortschatz, daß uns ihre lateinische Abstammung schon gar nicht mehr zum Bewußtsein kommt. Und wer denkt, wenn er die Sportbeilage aufschlägt, daran, daß »Sport« nur ein Kürzel des lateinischen Verbums *disportare* (sich zerstreuen) ist! Unverfälscht lateinisch sind die Vornamen unserer Fußballvereine, die sich *Concordia, Fortuna* oder *Borussia* (lat. Bezeichnung für Preußen) nennen. Im Zusammenhang mit der Bestechungsaffäre in der Bundesliga (Juli 1971) brachte übrigens eine Zeitung eine Karikatur unter der Überschrift *FC Iiustitia.* Sie zeigt den DFB-Richter im Tor des *FC Iiustitia* in dem Bemühen, einen Ball mit der Aufschrift »Bestechung« abzuwehren.
Wir nehmen auch Kenntnis von den Ergebnissen des *Semifinales* (wörtlich »Halbende«) im Handball-Pokalspiel und lesen, daß Emerson und Santana »ex aequo« an die Spitze der Weltrangliste der Tennisspieler gesetzt wurden. Und hier ein Photo von der Tribüne (lat. *tribunal*) des Verdener Turnierplatzes (*Turnier* von lat. *tornare* = abrunden, wenden — *Platz* von lat. *platea* = Straße). Unter dem Richtersitz erkennen wir den Wahlspruch der Pferdestadt: *Gaudemus equis* (Wir haben Freude an Pferden). Bezeichnend ist auch, daß ein Jahrbuch des Sports den Titel trägt: »Meter, Punkte und Sekunden«. Alle drei Maßeinheiten sind nämlich lateinisch-griechischen Ursprungs ebenso wie »Rekord« und viele andere Begriffe aus dem Sportleben. »Meter« geht zurück auf griechisch *métron* = Maß (lat. *metiri* = messen). »Sekunde« kommt von lateinisch *secunda (pars)* zweiter, d. h. (Unter-)Teil der Stunde. »Punkt« leitet sich ab von lateinisch *punctum* = Stich zu *pungo* = steche (eigtl. in die Wachstafel). »Rekord« geht zurück auf lateinisch *recordari* = wieder ins Gedächtnis (*cor* = Herz)

bringen (77). Auch das Motto der Olympischen Spiele: *Altius, citius, fortius* (höher, schneller, mutiger) sei in diesem Zusammenhang erwähnt. Die anläßlich der XX. Olympischen Spiele in München geprägten Zehnmarkstücke zeigen diese Devise auf dem Steg der Münze.

Nach dieser Lektüre (von *legere* lesen) fahren wir zum Bahnhof, um eine Rundreise anzutreten. Ob wir uns als Zubringer eines Busses, eines Taxis oder des eigenen Mercedes' bedienen, ist in diesem Zusammenhang belanglos, da jedes dieser Vehikel lateinischer Abstammung ist. Wir wenden uns an einen Auskunftsbeamten, dessen Mützenband die Aufschrift *Information* trägt. Bei dem internationalen Verkehr auf unseren großen Bahnhöfen scheint das lateinische Wort die bisher übliche *Auskunft* mehr und mehr zu verdrängen. Aus dem gleichen Grund hatte sich auch der Düsseldorfer Stadtrat dafür entschieden, auf den Verkehrsschildern *Centrum* mit *C* zu belassen, da diese Schreibweise international verständlicher ist als die in Deutschland übliche mit *Z*.
Bei der Information erfahren wir, daß wir gen Süden sowohl den FD *Consul*, der zwischen Hamburg und Stuttgart verkehrt, benutzen können, wie auch den FD *Senator*, der Bremerhaven mit Wiesbaden verbindet.
Während der Fahrt durch das Ruhrgebiet passieren wir die Zeche *Hibernia*, die ihr Begründer, der Ire Mulvany, nach dem römischen Namen seines Heimatlandes taufte. In diesem Zusammenhang erinnern wir uns der Anmerkung eines Irlandbuches (22), wonach in dem Shelta, der geheimen Sprache der zigeunerhaft durch das Land ziehenden Tinker, manches lateinische Wort vorkommt.
Bei Düsseldorf sehen wir die *Rhenus*-Reederei, und in Neuß grüßt uns die Leuchtreklame der Schokoladenfabrik *Novesia* — in Anlehnung an *Novaesium*, denn so hieß die Stadt zur Römerzeit. Besonders vielfältig sind die römischen Anklänge in Köln, der alten *Colonia Agrippinensis*. Heute aber bedienen sich namhafte Versicherungsgesellschaften, *Colonia* und *Agrippina*, dieses römischen Aushängeschildes. Von diesem Stolz auf die lateinische Tradition kündete auch das große Spruchband: *Gaude felix Colonia*, das beim Besuch des Präsidenten Kennedy über dem Domplatz flatterte.
Auch in Mainz, dem alten *Mogontiacum*, ist das römische Erbe lebendig. So erinnern wir uns der Gründungsfeier der Johann-Gutenberg-Universität 1946, über der als Geleit die Worte standen *Ut omnes unum sint* (Auf daß alle eins seien — Johannesevangelium). Dieser Sinnspruch ist denn auch die innere Devise dieser fast zu 20 Prozent von Ausländern aus aller Welt besuchten Hochschule geblieben. Schmunzelnd ent-

sinnen wir uns zugleich des Vorlesungsverzeichnisses für das Wintersemester 1949/50, in dem die medizinische Fakultät folgende öffentliche Vorlesung anzeigte: »Sexualität und Fortpflanzung beim Menschen (publice et gratis)« (20, 63).
Mainz ist auch eine wein- und sangesfrohe Stadt. So sitzen wir abends bei einem Schoppen beisammen und erfreuen uns eines volkstümlichen Konzerts mit dem Titel »In vino veritas«, in dem natürlich auch das alte Studentenlied »Gaudeamus igitur« nicht fehlen durfte. Prof. Snell hat zu dieser Hymne übrigens einen humorvollen Kommentar geschrieben: »Mein spaßigstes Erlebnis mit dem Latein hatte ich vor über dreißig Jahren in Moskau, als ich mit einer Gruppe deutscher Studenten dort war. Kommunistische Studenten, die uns eingeladen hatten, sangen uns dic Internationale vor und forderten uns auf, wir sollten auch etwas Internationales singen. Da sangen wir ›Gaudeamus igitur‹ . . .« (31, 67).
Und da wir gerade bei Frau Musica zu Gast sind, sei der Hinweis gestattet, daß sich zahlreiche international bekannte Orchester lateinische Namen zugelegt haben, so die »Capella Coloniensis«. Auch in Polen gibt es ein Orchester, das insbesondere alte Musik pflegt: »Capella Bydgostiensis pro Musica Antiqua«. Übrigens existiert auch eine Schallplattenreihe *Musica mundi*. Schließlich wollen wir in diesem Zusammenhang nicht unerwähnt lassen, daß die UNESCO ein europäisches Liederbuch herausgegeben hat, an dessen Anfang sie bezeichnenderweise ein Lied der *Lingua Latina* gesetzt hat: »Veni Creator Spiritus«.

Wir verlassen nun Deutschland, um uns ein wenig bei unserer schmucken Nachbarin Helvetia umzusehen. Als Reiselektüre wählen wir die Neuerscheinung *Felix Helvetia* (17) sowie ein Büchlein *Die Schweiz in römischer Zeit* (19). Der Autor dieser Schrift ist Theodor Mommsen, der 1851 auf den Lehrstuhl für Römisches Recht in Zürich berufen wurde. Wir erfahren bei dieser Gelegenheit, daß die Namen zahlreicher Schweizer Städte römischen Ursprungs sind: Augst (Colonia Augusta Raurica), Basel (Basilea), Chur (Curia), Genf (Genava), Interlaken (Inter lacus), Koblenz-Aargau (Confluentes), Winterthur (Vitudurum), Zürich (Turicum). Im Hafen von Basel, wo Schiffe vieler Nationen vor Anker liegen, werden wir darauf aufmerksam, daß manche Reeder offenbar Wert darauf legen, den internationalen Charakter der Rheinschiffahrt zu betonen, indem sie ihren Schiffen lateinische Benennungen geben wie *Vita Pugna* (das Leben ein Kampf), *Duce Deo* (mit Gottes Geleit) oder *Filia Rheni* (Rheintochter). Vom nicht eben sauberen Wasser des Rheinhafens bis zum Messegelände ist auch thematisch kein weiter Weg,

denn dort fand (Juni 1971) eine Ausstellung für Umweltschutz statt mit dem Titel *Pro Aqua — pro Vita.*
Besonders interessiert uns der Kanton Graubünden, wo die Rätoromania zu Hause ist (vgl. S. 102). Kurz machen wir in Silvaplana Station, dort, wo die zwei alten Römerstraßen, der Septimer und Julier, noch heute die Spuren der Legionäre ahnen lassen. Wie sehr die Menschen hier noch mit dem römischen Erbe verwachsen sind, betonen zwei Hausinschriften. Die eine findet sich am Giebel eines Barbierladens in der Nähe der einmündenden Julierstraße: *Ille terrarum mihi praeter omnes angulus ridet* (Horaz) — Lacht mir doch kein Fleckchen Erde wie dieses. Nicht weit davon steht eine Casa mit der anderen Inschrift: *Ut sementem feceris ita metes* — Wie man sät, so erntet man.

Ecce, horologium vere Helveticum! Viginti quattuor lapides!!

Bevor wir Silvaplana verlassen, erwerben wir an der Post die neuesten *Pro patria*-Marken. Dabei erfahren wir, daß es auch eine Serie *Pro infirmis* (für die behinderten Mitmenschen) und *Pro natura* gibt, abgesehen von der allen Philatelisten vertrauten Schmuckserie *Pro iuventute.* Weshalb wohl diese Vorliebe der vielsprachigen Schweiz für lateinische Benennungen? Sicher spricht die Tatsache mit, daß der als nationales Dokument verehrte Bundesbrief von 1291, die erste Grundlage des schweizerischen Staates, in Latein abgefaßt ist. Latein ist sozusagen die neutrale Sprache der Schweiz, die weder Deutsch noch Französisch, noch Italienisch, noch Rätoromanisch bevorzugen möchte. Und so tragen die Schweizer Wagen ihr lateinisches Kennzeichen in alle Welt CH — *Confoederatio Helvetica.* Auch auf den 5-Franken-Münzen, die auch Fünf-Libern heißen, findet man diese lateinische Benennung des Landes, dazu in Umschrift auf dem Randsteg: *Dominus providebit* — der Herr wird sorgen.

Auch in Österreich finden sich zahlreiche Erinnerungen an eine mehr als 400jährige, von römischer Kultur geprägte Blütezeit. Schon das Autokennzeichen des Landes: A = *Austria* mag das bezeugen. Und manche Straße (so auch der Reschen- und Brennerpaß) folgt den römischen Spuren von Brigantium (Bregenz) bis nach Vindobona, der Metropole Wien, die schon zu Trajans Zeiten Garnisonsstadt war. Auch die Ära Habsburgischer Heiratspolitik lebt in einem lateinischen Wahlspruch fort: *AEIOU = Austria Erit In Orbe Ultima* (Österreich wird ewig auf dem Erdkreis bestehen).
An Stelle des zunächst vorgesehenen *TEE* (Trans-Europa-Expreß) bringt uns nun ein Ford *Consul* mit dem Zeichen *A* in »das Land, wo die Zitronen blühen« — für uns aber ist es das Land, in dem die *consules, senatores, Caesares* die Weltgeltung der Latinitas begründeten. Am Brenner lesen wir auf einem Grenzstein: *Aquas disiungo — Populos coniungo* (die Wasser scheide ich, die Völker verbinde ich). Wir erfahren, daß der Verschönerungs-Verein von Seis (in den Dolomiten) sich *Pro loco* nennt, und über dem Eingangsportal des Friedhofs von Bozen lesen wir *Resurrecturis* (denen, die auferstehen werden).
E. Hermes (18) berichtet über eine Studienfahrt nach Florenz mit Primanern. Ein Kapitel dieses Berichtes ist überschrieben: Praktisches Erlebnis einer »leibhaftigen« Grammatik. In einer Trattoria in der Altstadt von Florenz kamen die deutschen Primaner mit zwei italienischen Studenten ins »Gespräch«, die weder Deutsch noch Englisch konnten. Bald ergab sich, daß die einzige sprachliche Gemeinsamkeit in einigen lateinischen Schulkenntnissen bestand. Diese aber genügten, um unter Zuhilfenahme vieler Gesten einen wenn auch mühsamen Gedanken- und Erlebnisaustausch zustande zu bringen. Um dies zu verdeutlichen, seien z. B. folgende italienische Verkehrshinweise angeführt: *Apertura porte da usare solo in caso di pericolo — vietato salire — e pericoloso poggiare le mani contro la porta — acqua non potabile — pericolo della morte.* Schon der lateinkundige Quartaner wird diese Hinweise richtig verstehen.
Von Venedig aus, dessen Dogen im 13. Jahrhundert ein »lateinisches Imperium« begründeten, setzen wir mit der »*Regina maris*« nach Ragusa über. Dort finden wir im Ratssaal des Rektorenpalastes die Inschrift: *obliti privatorum — publica curate.* Vergeßt Eure eigenen Interessen — sorgt für das öffentliche Wohl. Das Mittelalter könnte diesen Spruch

geprägt haben, doch ebenso einer der antiken Autoren – etwa Ovid, an den wir in der rumänischen Hafenstadt Constanza erinnert werden. Dort finden wir ein Denkmal zu Ehren des hier im Exil verstorbenen Dichters (43 v. bis 18 n. Chr.) mit den Versen aus seinen Tristien: *Hic ego qui iaceo tenerorum lusor amorum* . . . An eben dieser Stelle wurde im September 1970 im Beisein des rumänischen Staatspräsidenten eine internationale Ovid-Gesellschaft begründet. 43 km südlich von Constanza liegt *Venus*, der neueste Badeort an der rumänischen Schwarzmeerküste. Die Göttin der Schönheit, schaumgeboren in den Wogen des Schwarzen Meeres, hat diesem Seebad ihren Namen verliehen. Vervollständigt wird die Küstengirlande durch die Ortschaften *Neptun*, *Jupiter* und *Saturn*.

Es gibt wohl kaum ein Land in der weiten Welt, wo uns nicht an öffentlichen Gebäuden lateinische Sentenzen begegnen. Auch die Zahl der Wappensprüche geht in die Hunderte. Hier nur einige Beispiele: *Urbs intacta manet* (Waterford in Irland), *Nostri plena laboris* (Royal Dublin Society), *Vigilate* (Jungfern-Inseln), *Parva sub ingenti* (Prince Edward Island – Kanadische Provinz).

Bezeichnend ist auch der lateinische Wappenspruch Kanadas: *A mari usque ad mare* – Von Meer zu Meer. 1967 war ein denkwürdiges Jahr für die kanadische Geschichte – nicht zuletzt auch wegen der Weltausstellung in Montreal. Von ihr wird als bleibendes Denkmal künden »*Habitat* 67«, das gewagteste Wohnbabel, das wohl jemals gebaut wurde.

Werfen wir noch einen Blick nach Asien. Dort würden wir z. B. in der indischen Hauptstadt Neu-Delhi zu unserer Überraschung ein Gandhi-Denkmal mit lateinischer Laudatio finden (86, 1690). Noch staunenswerter aber ist die Hinwendung zur lateinischen Schrift in China, ein Phänomen, das an anderer Stelle (S. 61) näher erläutert wird. *Kanda*, das Studentenviertel von Tokio, nennt sich gerne auch »Quartier Latin« in Anlehnung an den gleichnamigen Bezirk in Paris. Nur wenige Japaner aber wissen, daß auch ihre Lieblingsspeise *Tempura* (in einen leichten Teig getunkte und in schwimmendem Pflanzenöl ausgebackene Krabben und Langusten) einen lateinischen Hintergrund hat. *Tempura* leitet sich nämlich vom lat. *quattuor tempora* ab, den Quatembertagen des christlichen Kirchenjahres. *Tempura* ist also ursprünglich eine von spanischen Missionaren erfundene Fastenspeise.

Für unzählige Asiaten aber hat *ein* lateinisches Wort eine ganz besondere Ausstrahlungskraft gewonnen. Für unsere Lateinschüler ist es nicht mehr als ein Spießgeselle der e-Deponentien; für Millionen hungernder Inder aber wurde es zu einem Symbol der Hoffnung: *Misereor* (Ich erbarme mich) – die segensreiche Hilfsaktion deutscher Katholiken gegen Hunger und Krankheit. Dabei soll nicht unerwähnt bleiben, daß die evangelischen Brüder einen ähnlichen Beitrag leisten durch ihre Spende »Brot für die Welt«. Speziell für Lateinamerika aber tritt das gleichfalls lateinisch benannte Hilfswerk *Adveniat* ein, zu dem die deutschen Katholiken in der Adventszeit aufgerufen werden.

Im Zusammenhang mit solch weltweiten lateinisch benannten Werken der Menschlichkeit sei auch an die kürzlich begründete *UNESCO-Fraternitas* erinnert, sowie an die anläßlich der »Expo 67« erschienenen *UNO*-Marken mit den Symbolen von *pax, iustitia, fraternitas* und *veritas*.

Latein erobert den Weltraum

»Per aspera ad astra« könnte das Motto der Astronauten lauten. Die Mannschaft von Apollo XIII wählte jedoch die konkretere Devise *Ex luna scientia.* In Amerika kam auch die Bezeichnung *Homo spatialis* (von *spatium* der Raum) für den Raummenschen auf. Diese und andere Vokabeln legen die Frage nahe, ob man nicht geradezu von einem Astronauten-Latein sprechen darf. Wir erinnern uns, daß die Amerikaner ihre Raumkapseln *Gemini* (Zwillinge), ihre Raketen *Saturn* und ihre Raumschiffe *Apollo* tauften. Die Sowjets dagegen brachten ihre Sympathie gegenüber der Mondgöttin noch unverhohlener zum Ausdruck, indem sie ihre Raumschiffe *Luna* nannten, während das Mondauto *Lunacord* heißt. Auch die zuletzt entwickelten Raumstationen *Salut* sind lateinisch benannt. Viele weitere Vokabeln der Astronautik sind lateinischen Ursprungs, z. B. *orbit* (Umlaufbahn von *orbis*) oder *lunar excursion module* (eigentlich: Mond-Ausflugs-Einheit = Mondfähre).

Die Italiener haben für die Wendung »auf dem Mond landen« ein neues Verbum erfunden, das sich schnell eingebürgert hat: *allunare* (in Anlehnung an *atterrare* = landen und *ammarare* = auf dem Meer niedergehen).

Der Astronaut Scott eröffnete am 2. August 1971 am Fuß der Landefähre das erste lunare Postamt. Er nannte es *Universum* und entwertete mit einem entsprechenden Stempel eine Raumfahrt-Sondermarke. So scheint das Latein dazu ausersehen, auch im »extra-terrestrischen« Bereich die Funktion der Mittlerin zu übernehmen.

Wie erinnerlich, war das »Mare Tranquillitatis« dazu auserkoren, den Landeplatz für die ersten Menschen auf dem Mond bereitzustellen. Diese althergebrachte lateinische Benennung gab dem Präsidenten Nixon das Stichwort für den Wunsch, daß das »Mare Tranquillitatis« ein gutes Omen sein möge für Friede und Ruhe unter den Völkern. Bemerkenswert ist, daß sich die Sowjets der Tradition der lateinischen Benennung der Mondlandschaft anschließen, da sie eines der von ihnen jüngst entdeckten »Meere« *Mare Moscoviense* tauften.

Wir hörten staunend von den Astronauten, die neben ihren Raumschiffen — nur durch eine Sicherheitsleine gehalten — im Weltall »spazierengingen«. Auch auf dem Mond selbst sind »Spaziergänge« geplant. Man wird sich mit Frau Luna über die Wanderziele gut verständigen können, denn die Topogra-

phie des Mondes ist längst lateinisch geregelt. Wir wissen, daß die kahle und zerklüftete Oberfläche unseres Erdtrabanten unzählige Krater jeder Größe aufweist. Die markantesten unter ihnen erhielten die Namen berühmter Männer. Die großen Wüsten dagegen wurden als Meere lateinisch bezeichnet: *Mare Imbrium, Oceanus Procellarum, Mare Nubium, Mare Humorum, Mare Serenitatis, Mare Tranquillitatis, Mare Fecunditatis.* Folgendes Gespräch ließe sich also anknüpfen:
»Luna Diva, ubi spatiabimur cras? In litore Maris Serenitatis an Oceani Procellarum?« (Göttliche Luna, wohin spazieren wir morgen? Ans Meer der Heiterkeit oder zum Ozean der Stürme?)
Diese Namen gehen bereits ins 17. Jahrhundert zurück. Die Fernrohre waren damals noch sehr unvollkommen. Die Astronomen nahmen nur ausgedehnte dunkle Flächen ohne besondere Kennzeichen wahr. So waren sie der Meinung, es handle sich um gewaltige Wasserflächen, die sie deshalb als Meere und Ozeane unterschieden.

Wie gut sich die lateinische Sprache dem Zeitalter der Raumfahrt bereits angepaßt hat, soll auch durch folgende Pressemeldung unterstrichen werden, die in der Zeitschrift *Vox Latina II*/1966 (96) veröffentlicht wurde:
»Iter ad Lunam. Notum est Sovieticum missile, nomine Luna IX, ultimo Ianuarii die post meridiem ad satellitem terrae iactum esse. Scopum die tertio Februarii mane attigit. Inde prima photographica lunae imago in terram die insequenti pervenit. Mirabile quidem!« Wer wollte also angesichts all dieser Tatsachen noch behaupten, wer Latein lerne, sei »hinter dem Mond«? Wie man sich doch umstellen muß! Denn früher galt der, welcher auf oder gar hinter dem Mond lebte, als äußerst weltfremd. Seitdem es aber dem sowjetrussischen Satelliten »Lunik III« am 4. September 1959 erstmalig gelang, die bis dahin völlig unbekannte Rückseite des Mondes zu photographieren, darf der, welcher »hinter dem Mond« ist, als besonders gut informiert und aufgeschlossen angesehen werden (65, 191)!

Latein als Kirchensprache

Von universaler Ausstrahlungskraft ist das Latein bis zum heutigen Tage innerhalb der römisch-katholischen Kirche geblieben, als Sprache der Liturgie, des Vatikanstaates und der päpstlichen Rundschreiben (Enzykliken), die nach den lateinischen Anfangsworten benannt werden (z. B. »Pacem in Terris«).
Als Wegbereiter des Kirchenlateins ist Tertullian anzusehen, der um 160 als Sohn eines römischen Hauptmanns geboren wurde und einer der bedeutendsten Kirchenväter werden sollte. Ihm gelang es, das Volkslatein auch für die Wiedergabe schwieriger dogmatischer Zusammenhänge geschmeidig zu machen. So ist sein Stil am Vulgärlatein orientiert, weil er Wert darauf legen mußte, die christliche Botschaft in einer dem einfachen Volk verständlichen Sprache darzubieten. Die weitgehende Einbeziehung des Volkslateins entsprach nicht nur der demokratischen Einstellung des frühchristlichen Denkens, sondern diente auch der Erweiterung der Ausdrucksmöglichkeiten, welche die freiere Volkssprache bietet.
Die allmähliche Latinisierung der Christengemeinden des Westens hatte auch zu einer allmählichen Latinisierung der Liturgie geführt. So wurde im Laufe des 4. Jahrhunderts auch die eucharistische Liturgie, welche am längsten der Latinisierung widerstrebt hatte, lateinisch. Die sakrale Sprache der lateinischen Liturgie wurde geschaffen (26). »In ihr verbindet sich die altchristliche Weihe mit biblischer Größe und mit altrömischer gravitas zu einer Neuschöpfung, welche sich im wesentlichen die Jahrhunderte hindurch behauptet hat« (26).
»Der Übergang zu den germanischen Nationalsprachen bzw. den späteren romanischen Sprachen unterblieb, weil die Germanen der Völkerwanderung bei den überrannten Romanen eine höhere Kultur und bereits gefestigte kirchliche Organisationen vorfanden, selbst hingegen keine Literatursprachen besaßen« (27, 202).
Auch aus praktischen Gründen bot sich Latein als Kirchensprache an, weil so der Papst mit allen Geistlichen in einer gemeinsamen Sprache Fühlung behalten hatte. Im übrigen ließ sich hierdurch in sinnfälliger Weise unterstreichen, daß die päpstliche Macht das Erbe der Roma Aeterna – wenn auch in anderen Bereichen – fortzuführen gewillt sei.
Schon früh wurde das kuriale Latein die Sprache der konziliaren und päpstlichen Glaubensverkündigung, also des kirch-

lichen Lehramtes. Es spricht auch in den Paragraphen des kirchlichen Gesetzbuches, des *Corpus iuris canonici.* Es ist eine Sprache, die von den kirchlichen Verwaltungsbeamten in Anlehnung an das Latein der spätrömischen Staatskanzlei entwickelt wurde. Später stand es unter dem Einfluß des scholastischen Lateins, d. h. eines Stils, welcher der nüchternen und präzisen Ausdrucksweise der kirchlichen Ordnung und Dogmatik durchaus entgegenkam. Die größte Eleganz aber verdankt es der Einwirkung des Humanistenlateins; das kann man an den Erlassen der letzten Päpste deutlich verfolgen.

Heute ist die päpstliche Verkündigung nicht mehr ausschließlich auf Enzykliken angewiesen. Vielmehr hat sich der Vatikan mit einer eigenen Sendestation auch Gehör über den Äther verschafft. Und so erlebte die lateinische Sprache in ihrer ehrwürdigen Geschichte einen besonderen Höhepunkt, als sie 1931 ihrem universalen Charakter dadurch Ehre machte, daß sie durch den Mund des Papstes zu Millionen Hörern in aller Welt gelangte. Noch heute verbreitet der Sender der Vatikanstadt seine Nachrichten auf lateinisch, und durchaus nicht nur kirchliche Neuigkeiten, sondern auch aktuelle politische Ereignisse.

Bei aller Anerkennung der Verdienste der lateinischen Sprache auch im kirchlichen Raum wurden aber in den letzten Jahrzehnten immer mehr Stimmen laut, welche zumindest in der Liturgie der Kirche die Muttersprache berücksichtigt wissen wollten. Insbesondere hatte man sich von dem so aufgeschlossenen Papst Johannes XXIII. einen Auftrieb in dieser Richtung erhofft. Deshalb mußten manche Neuerer betroffen sein, als gerade dieser Papst mit seiner Ansprache *Veterum Sapientia* am 22. Februar 1962 (25) im Petersdom ein eindeutiges Bekenntnis zur antiken Tradition ablegte und ausdrücklich anordnete, daß die lateinische Sprache gepflegt und gefördert werden und insbesondere die Sprache der Theologenausbildung bleiben solle. Um dieser Anordnung sichtbaren Nachdruck zu verleihen, verfügte er den Aufbau einer modernen theologischen Universität, in der alle Vorlesungen, Diskussionen usw. ausschließlich in lateinischer Sprache stattfinden sollten. Inzwischen ist dieses sogenannte »Pontificum Athenaeum Salesianum« bei Rom seiner Bestimmung übergeben und mit durchaus modernem Leben erfüllt worden. Die Teilnehmer am internationalen Latinistenkongreß Rom 1966 konnten sich jedenfalls davon überzeugen, in einer wie weltoffenen Atmosphäre hier die Latinitas gepflegt wird. Für Studenten aus aller Welt ist an dieser Stätte das Latein die goldene Brücke zur Wissenschaft und gegenseitigen Verständigung.

Auch das Konzil bekräftigte die Bedeutung des Lateins als der Sprache der Kirche. Mochte die Verständigung wegen der un-

terschiedlichen Aussprache manchmal auf Schwierigkeiten stoßen, so bewährte sich doch die lateinische Sprache als das einigende Band unter den zweitausend Kirchenfürsten aus allen Teilen der Welt. Dennoch kam es zu einer bedeutsamen Reform in der mehr als fünfzehnhundertjährigen Tradition der lateinischen Liturgie. Trotz heftiger Opposition setzte sich die Forderung durch, daß bei der Meßfeier künftig nicht mehr die lateinische, sondern die jeweilige Landessprache im Vordergrund zu stehen habe. Andererseits sagt die Konstitution (Art. 54), es solle Vorsorge getroffen werden, »daß die Christgläubigen die ihnen zukommenden Teile des Meß-Ordinariums, z. B. das Vaterunser, auch lateinisch sprechen oder singen können«. Damit wird betont, daß die Verwendung der Muttersprache die lateinische Sprache keineswegs ausschließen soll. Bei mehreren Messen an den Sonntagen soll vielmehr wenigstens eine Messe in lateinischer Sprache gefeiert werden. Dieses lateinische Hochamt soll weiterhin die besonders feierliche Form der römisch-katholischen Liturgie bleiben.
Papst Paul VI. bezeichnete den teilweisen Verzicht auf das Latein als Opfer der Kirche im Interesse aller ihrer Mitglieder. Aus passiven Zuhörern sollten aktive Gläubige werden. Der Papst selbst las vor fünfzehnhundert Menschen in der Allerheiligenkirche Roms erstmalig eine Messe in italienischer Sprache. Die feierliche Ostermesse auf dem Petersplatz wird jedoch nach wie vor in lateinischer Sprache zelebriert, da bei diesem Anlaß Gläubige aus aller Welt versammelt sind.

Die Konstitution des Konzils hinsichtlich des Gebrauchs der Volkssprache in der Liturgie hat neben Zustimmung auch mancherlei Bedenken in dem gläubigen Kirchenvolk ausgelöst. Diese Befürchtungen tun sich zum Teil mit einer Entschiedenheit kund, welche die grundsätzlichen Gegner des Lateins in Erstaunen setzen mag. Man hatte wohl nicht damit gerechnet, daß sich spontan in vielen Ländern eine Bewegung *Pro lingua Latina* formieren würde. Die wohl bedeutendste gab sich den bezeichnenden Namen »*Una voce*«. Ihr erklärtes Ziel ist die Erhaltung der lateinischen Liturgie auf der ganzen Welt. Ferner heißt es in der Grundsatzerklärung der deutschen »*Una voce*«-Bewegung mit dem Sitz in Berlin: »Das Konzil hat den Gebrauch der Volkssprache zwar gestattet. Es war aber nicht die Absicht des Konzils, die lateinische Liturgiesprache auszuschalten, um die Volkssprachen zum alleinigen Prinzip zu erheben. Die liturgische Praxis nach dem 7. März 1965 zeigt leider in vielen Fällen die einseitige Bevorzugung der Nationalsprache. Gegen diese falsche Auslegung der Konstitution wenden wir uns mit unserer Bewegung.
Wir fordern die sorgfältige Pflege des lateinischen Hochamtes,

das nach den Konzilsbeschlüssen auch weiterhin die Hochform der römisch-katholischen Liturgie ist. Diese Hochform kann aber auf die Dauer nur sinnvoll verwirklicht werden, wenn auch in den übrigen Messen, besonders in den Kinder- und Jugendmessen, die lateinische Kultsprache gepflegt wird.«
Wie aber reagierten die in Fulda versammelten Bischöfe auf das Anliegen von »*Una voce*«? Darüber mögen folgende Auszüge aus dem Hirtenschreiben an den Klerus vom 30. September 1966 Auskunft geben: »Der liturgische Gebrauch der Muttersprache durch Priester und Gläubige hat sich bewährt. Da die Verwendung der Muttersprache jedoch die lateinische Sprache keineswegs ausschließen soll, ist sowohl das lateinische als auch das deutsche Amt zu pflegen. Eine allgemeine schematische Festlegung über die Häufigkeit der einzelnen Formen entspräche nicht der Verschiedenheit der pastoralen Gegebenheiten.
Im Sinne des Konzils ist vor allem anzustreben, daß die Gläubigen die ihnen zukommenden Teile der Messe auch in lateinischer Sprache vollziehen können; schon die Kinder sollen auch diese Gesänge lernen.«

Unter der Überschrift »*Una voce* – die lateinische Messe muß erst eingeführt werden« nahm dann Weihbischof Kampe zu dem ganzen Fragenkomplex noch einmal Stellung: »Die gleichen geistigen Auseinandersetzungen, die sich vor wenigen Jahren im Konzil abgespielt haben, wiederholen sich nun im Kirchenvolk. Wer die außerordentlich starken Widerstände gegen die Einführung der Muttersprache in der Liturgie in der Konzilsaula miterlebt hat, wundert sich nicht, daß es auch unter den Gläubigen viele Liebhaber des Lateins gibt, die die derzeitigen Veränderungen im Gottesdienst schmerzlich empfinden.
Hätten nicht äußerst zwingende theologische Gründe vorgelegen, so wäre die Loslösung vom ausschließlichen Primat des Lateins im Konzil nicht durchzusetzen gewesen. Die entscheidende Wende der Liturgiereform kam durch die theologische Einsicht, daß der Gottesdienst eine Sache des ganzen Gottesvolkes sein müsse.
Das Latein muß in gewissen Grenzen für unsere Gemeinden verständlich gemacht werden. Die Bischöfe werden noch Richtlinien für den Gebrauch der lateinischen Sprache im Gottesdienst geben, nicht aus Gründen des Denkmalsschutzes, sondern um auch die lateinische Messe in den Strom der Erneuerung einzubeziehen. Erst dann wird die Intention des Konzils erfüllt sein, daß das gesamte Gottesvolk ›una voce‹, d. h. einstimmig auch in lateinischer Sprache Gott Lob und Preis zu singen vermag« (28).

Auch in anderen Ländern wird dem Wunsch, das lateinische Hochamt möge bei der Förderung des muttersprachlichen Gottesdienstes nicht zu kurz kommen, lebhaft Ausdruck gegeben. So schrieb die italienische *Una-voce*-Gruppe an die italienische Bischofskonferenz in Rom: »Die lateinische Messe ist ein Meisterwerk, in dessen Großartigkeit die christliche Frömmigkeit seit fast 2000 Jahren Kraft, Inspiration und tiefe geistige Freude gefunden hat.

Diese Sprache, diese Gesänge waren gerade dem Volke so teuer — dem Volke, in dessen Namen man sie jetzt verschwinden lassen will. Die sprachliche und musikalische Einheit der Weltkirche wird von ungezählten Päpsten als unersetzliches Element übernationalen Zusammenhaltes und brüderlicher Gemeinschaft gepriesen.«

Darüber hinaus wird die Kirchenmusik durch den Konzilsbeschluß vor schwierige Probleme gestellt. So versuchen Laien auf diesem Gebiet in zunehmendem Maße, dem Gregorianischen Choral deutsche bzw. muttersprachliche Texte zu unterlegen.

Gewiß, die Zeit des Übergangs regt zu manchen Experimenten an, die gelegentlich auch bahnbrechend sein mögen für fruchtbare Reformen. Aber es wäre doch zu bedauern, wenn der lateinischen Liturgie nach und nach der Atemraum entzogen würde. Ja, es wäre kaum ratsam, zu einem Zeitpunkt, da die Menschen durch Verkehrsmittel, Radio usw. immer mehr zusammenrücken, ein solches Band im kirchlichen Bereich völlig zu zerschneiden. Darauf spielt auch Weihbischof Kampe an, wenn er sagt: »Die Verwurzelung der modernen europäischen Sprachen im gemeinsamen Urgrund der lateinischen Muttersprache ist auch heute noch von Gewicht, ja, sie gewinnt neue Bedeutung in einem Europa, das zusammenwächst und durch den Verkehr die Nationen einander näherbringt« (28). In ähnlichem Sinne wendet sich Kardinal Frings, Erzbischof von Köln, in einem Hirtenwort an seine Priester (*Kirchlicher Anzeiger für die Erzdiözese Köln,* 1. Februar 1968), indem er betont: »Der Gottesdienst bedarf einer weltweiten Öffnung. Das wurde und wird immer noch durch den Gebrauch der lateinischen Weltsprache gewährleistet . . .«

Das lateinische Alphabet

Von der antiken Capitalis zur modernen Antiqua

Der universellen Bedeutung der lateinischen Sprache entspricht die Weltgeltung der lateinischen Schrift, die im Begriff ist, nunmehr auch Asien und Afrika zu erobern. Ein kurzer historischer Rückblick wird auch hier dienlich sein.
Die Grundlage aller europäischen Buchstabenschriften ist das griechische Alphabet, das seinerseits semitischen Ursprungs ist. Dieses griechische Alphabet gelangte — vermutlich über die Etrusker — auch zu den Römern, die es in leicht veränderter Fassung ihren Bedürfnissen anpaßten (vgl. das Kapitel »Von A bis Z«), um es dann an die Völker ihres Imperiums weiterzugeben. Spanier, Franzosen, Engländer, Deutsche usw. nahmen die lateinische Schrift an, während die mehr konservative griechische Form die Schrift der Kopten (der Nachkommen der alten Ägypter), der Russen, Bulgaren und Serben bestimmte. Daß es sich jedoch im Grunde immer wieder um dasselbe Alphabet handelt, ergibt sich aus der annähernd gleich gebliebenen Anzahl der Buchstaben und deren Benennung sowie der typischen Streuung der Vokale quer durch das Alphabet.

Das lateinische Alphabet hat — etwa analog der Aufspaltung des Vulgärlateins in verschiedene Dialekte — im Laufe der Jahrhunderte unterschiedliche Schriftformen entwickelt.
Inschriftlich ist uns das lateinische Alphabet seit etwa 600 v. Chr. bekannt. Die Formen der von den Römern gebrauchten Zeichen sind auch uns noch geläufig; es sind im wesentlichen unsere großen lateinischen Buchstaben. Diese sogenannte Kapitalschrift begegnet uns schon in frühen römischen Inschriften auf Stein, Ton oder Metall. Monumental steht jeder Buchstabe wie eine Persönlichkeit, ohne jede Anlehnung an den Nachbarn. Wie uns auch spätere Inschriften, insbesondere aus der Kaiserzeit, zeigen, schrieb der Römer nur mit diesen großen Buchstaben (Majuskeln); erst in späterer Zeit kamen die kleinen Buchstaben (Minuskeln) hinzu, die sich aus jenen entwickelten. Eine Worttrennung durch größere Zwischenräume war nicht üblich, wurde aber gelegentlich durch Punkte in halber Höhe angedeutet. Endgültig durchgeführt wurde sie erst in der Minuskelschrift. Die klare und gleichmäßige Gestaltung dieser Denkmälerschrift galt für alle Zeiten als klassisch und

lebt millionenfach auf den Tastaturen unserer Schreibmaschinen weiter.
Im übrigen bewährte sie sich auch als Buchschrift, und zwar als sogenannte *Capitalis quadrata* im Stil der frühkaiserzeitlichen Inschriften. Viel häufiger treffen wir in Handschriften jedoch auf die *Capitalis rustica* (z. B. bei den Vergil-Codices), in der E, F, L, T sehr schmal geformt und Querstriche nur noch angedeutet sind.
Als Buchschrift war die *Capitalis* von der republikanischen Zeit bis zum Ende des Kaisertums im 6. Jahrhundert in Gebrauch. Schon seit der Mitte des 2. Jahrhunderts kündigt sich jedoch eine Weiterentwicklung an, indem in zunehmendem Maße kursive Formen (kursiv = laufend, schräg gestellt) eindringen. Diese Unzialschrift, die vom 4. bis 9. Jahrhundert die gewöhnliche Bücherschrift ist, unterschied sich von der Denkmälerschrift vornehmlich durch Abrundung fast aller Winkel. Dennoch ist die *Capitalis* aus den Handschriften niemals ganz verschwunden. Sie wird auch heute noch auf Denkmälern, in Büchern für Titel, in Überschriften usw. verwandt.

1 A B C D E F G H I L M N O P Q R S T V X Y
2 A B C D E F G Ç H I L M N O P Q R S T U X Y Z
3 a b c d e f g h i l m n o p q r s t u x y z
4 a b c d e f g h i l m n o p q r s t u x r
5 a b c d e f g h i l m n o p q r s t u x y z
6 a b c d e f g h i l m n o p q r s t u x z
7 a b c d e f g h i l m n o p q r s t u x
8 a a b c d e f g h i l m n o p q r r s t u x y z
9 a b c d e f g h i l m n o p q r s s t u v x y z
10 a b c d e f g h i l m n o p q r s s t u v x
11 a b c d e f g h i l m n o p q r r s st u v x y z

1 Capitalis quadrata 2 Capitalis rustica 3 Unziale 4 Halbunziale 5 Insulare Schrift 6 Beneventa 7 Karolingische Minuskel 8 Gotische Textura 9 Gotische Bastarda 10 Renaissance-Antiqua 11 Schwabacher

Diese für Inschriften und den Druck bewährte *Capitalis* aber eignet sich weniger für den täglichen Gebrauch, der ein schnelles Aneinanderreihen der Buchstaben erfordert. So entstand denn das Bedürfnis nach einer Schreibschrift, welche die Buchstaben nicht nur vereinfacht, sondern auch eine bequeme Bindung ermöglicht. Neben der sorgfältigen Buchschrift gab es schon in früher Zeit (vgl. die Wandkritzeleien von Pompeji) eine Kursivschrift für den täglichen Gebrauch. Sie befolgte die den Stenographen geläufige Regel, Winkel abzurunden und ein Absetzen möglichst zu vermeiden.

Zu den für den alltäglichen Gebrauch bestimmten Minuskelschriften zählt der in Irland weiterentwickelte Schrifttypus und die sogenannte »karolingische Minuskel«, die auf eine Schriftreform Karls des Großen zurückgeführt wird. Kennzeichnend für diese Schrifttypen sind, wie ihr lateinischer Name (*minus* = weniger, kleiner) schon andeutet, die Kleinbuchstaben. Die berühmtesten Handschriften des Mittelalters sind in karolingischer Minuskel geschrieben.

Ein höchst bedeutsames Ereignis für die Entwicklung der Schrift ist das Aufkommen des Buchdrucks in der Mitte des 15. Jahrhunderts. In Rom wurde 1467 erstmalig beim Druck von Ciceros Briefen ein besonderer Schriftgrad verwendet, der seitdem den Namen »Cicero« trägt und im typographischen Punktsystem die Größe zwölf Punkt einnimmt. Die am meisten verbreitete Schriftart der italienischen Renaissance war jedoch die Antiqua. Vorbild für ihre großen Buchstaben war das Alphabet der antiken Inschriften, während sich ihre kleinen Buchstaben an die karolingische Minuskel des frühen Mittelalters anlehnten. Der Humanismus und die Erfindung des Buchdrucks förderten die Ausbreitung der Antiqua und bewirkten den allmählichen Rückgang der in den anderen Ländern Europas vorherrschenden »gotischen« Schriftarten. Zu diesen zählt insbesondere die Fraktur, die sich von den durch Kreis und Quadrat bestimmten Schriftformen der Antiqua durch den gebrochenen (deshalb Fraktur) bzw. geknickten Charakter ihrer Schriftzeichen unterscheidet. Unter Fraktur versteht man im weiteren Sinne jede gebrochene Schrift gotischen Stils, im engeren Sinne ist sie jedoch aus der Urkundenschrift der kaiserlichen Kanzlei des 15. Jahrhunderts als sogenannte »Deutsche Schrift« hervorgegangen. Ihr besonderes Merkmal ist der als »Elefantenrüssel« bezeichnete Anschwung verschiedener Großbuchstaben.

In Deutschland behielt die Fraktur eine gewisse Bedeutung, nicht zuletzt deshalb, weil Luthers Bibel in dieser Schrift gedruckt war. Im 19. Jahrhundert traten jedoch einflußreiche Männer wie Jacob Grimm für die Antiqua ein. Merkwürdigerweise aber wurde der typisch deutschen Fraktur ausgerechnet durch die nationalsozialistische Regierung der Todesstoß versetzt, die 1941 die Abschaffung dieser Schriftart aus Zweckmäßigkeitsgründen verfügte.

Der Sieg der Antiqua ist zugleich ein Triumph der altrömischen Denkmalschrift, die in den großen Buchstaben unserer

Schreibmaschinen weiterlebt. Aber auch unsere kleinen Buchstaben, ob gedruckt oder geschrieben, sind keine absolute Neuschöpfung, sondern nur eine Umgestaltung der großen Lettern zum Zwecke der Vereinfachung. So entstand *b* aus *B* durch Weglassung des oberen Bogens.

Die heute in den meisten Ländern ausschließlich übliche lateinische Schreibschrift ist also aus der humanistischen Antiquakursive hervorgegangen, die ihrerseits auf die altrömische *Capitalis* zurückgeht. Auch in Deutschland ist die Antiqua und damit die lateinische Schrift unbestrittener Sieger geblieben. Während nämlich noch 1926 nur 48,5 Prozent aller deutschen Druckwerke in Antiqua erschienen, waren es 1965 98 Prozent.

Die Weltgeltung der lateinischen Schrift

»Von allen Schriften hat die lateinische die größte Verbreitung erlangt; sie gewinnt noch ständig an Boden und ist zu einer Weltverkehrsschrift geworden. Für Sprachen, die lange Zeit in anderen Schriften geschrieben wurden (z. B. Türkisch, Malaiisch), wurde aus praktischen Gründen die Lateinschrift staatlich eingeführt. In dem riesigen chinesischen Reich wurde das lateinische Alphabet erste Hilfsschrift. Für viele afrikanische Sprachen, die bisher schriftlos waren und jetzt Schriftsprachen werden, wird die lateinische Schrift eingeführt« (32, 239).

Bemerkenswert ist in diesem Zusammenhang auch eine Äußerung Lenins gegenüber dem Genossen Agamaly-Ogly, dem ehemaligen Präsidenten des Zentralen Pansowjetischen Komitees für Nationale Alphabete (das russische Alphabet beruht auf dem griechischen): »Romanisierung (d. h. Umstellung auf lat. Schriftzeichen), darin liegt die große Revolution des Ostens« (29, 77).

Ein Schritt in dieser Richtung ist, daß Städtenamen auf russischen Fahrplänen auch in lateinischer Schrift erscheinen.

Mit Recht wird man fragen, weshalb sich die jahrtausendealte Lateinschrift einer solchen Beliebtheit erfreut. Die Antwort lautet ganz einfach: Weil keine Schrift so leicht zu meistern ist wie die Lateinschrift und weil keine diese großen typographischen Vorzüge hat. Im übrigen mögen die im folgenden kurz erläuterten Reformen verschiedener Länder weitere Auskunft geben.

Kemal Atatürk ersetzte mit der Aufhebung des Islams als Staatsreligion die arabische Schrift durch die lateinische. So wird denn das Türkische seit 1928 mit lateinischen Buchstaben geschrieben, die den Vorzug haben, daß sie die tatsächliche Aussprache der Wörter genauer wiedergeben.

»Der 9. Februar 1956 wird als ein denkwürdiges Datum in die Annalen der fernöstlichen Zivilisation eingehen. An jenem Tage kam ein von der Regierung eingesetzter Ausschuß zur Reform der chinesischen Schrift nach fünfjähriger Arbeit und nach Überprüfung von nahezu sechshundert verschiedenen Vorschlägen zu der einsichtsvollen Lösung, daß den chinesischen Interessen am besten mit der Übernahme des lateinischen Alphabets gedient ist. Drei Gründe hatten zu diesem Entschluß geführt:

1. Das lateinische Alphabet ist das in der Welt am weitesten verbreitete System.

2. Das lateinische Alphabet ist seit dreihundertfünfzig Jahren ein für China vertrautes Schriftbild, d. h., seit der Jesuitenpater Matteo Ricci, der am Pekinger Hof tätig war, es zur Umschreibung chinesischer Laute benutzte.
3. Es ist unentbehrlich in der Geometrie, der Algebra, der Chemie, der Biologie usw.« (29, 247).

Schließlich sei noch hingewiesen auf die Bestrebungen, für verschiedene westafrikanische Sprachen eine einheitliche Schrift zu schaffen. So hat ein UNESCO-Ausschuß afrikanischer Sprachwissenschaftler im Juni 1966 beschlossen, die Transkription der westafrikanischen Sprachgruppen Mandigo, Songhay-Djerma, Tamaschagh, Haussa, Kanuri und Fulani, die von etwa dreißig Millionen Afrikanern gesprochen werden, zu vereinheitlichen. Nach anfänglich heftigen Diskussionen beschloß man, diese Sprachen in die lateinische Schrift zu übersetzen. Schwierigkeiten bereiten allerdings Laute, die in den mit lateinischen Buchstaben geschriebenen Sprachen nicht vorkommen.

Von A bis Z

Die lateinische Schrift umfaßte bis ins 1. Jahrhundert v. Chr. folgende einundzwanzig Buchstaben:

ABC DEF GHI KLM NOP QRS TVX.

Dieses Alphabet unterschied sich von dem uns heute vertrauten durch das Fehlen der Buchstaben J U W Y Z. Von der nachträglichen Einführung dieser Lautzeichen wird später die Rede sein.

Die lateinische Orthographie hat wenig Launen, was der Schüler, der sich mit der englischen oder französischen Rechtschreibung herumplagt, zu schätzen weiß. Mit anderen Worten, der Römer hat die Wörter vermutlich fast immer so ausgesprochen, wie er sie schreibt. Und wenn sich in der Aussprache Änderungen ergaben, war man darauf bedacht, diese auch im Schriftbild festzuhalten.

Betrachten wir z. B. den Buchstaben C. Er steht in unserem lateinischen Alphabet an dritter Stelle und müßte, der Reihenfolge im griechischen Alphabet entsprechend, den Buchstaben Gamma = G vertreten. Ursprünglich war dies wohl auch der Fall, wie aus der Abkürzung des Vornamens C. für Gaius und einer Inschrift *Recei* (wohl für *Regi*?) aus dem 5. Jahrhundert v. Chr. hervorgeht. Aus unerfindlichen Gründen aber benutzten die Römer dieses Lautzeichen C später zur Bezeichnung des stimmlosen K-Lautes (vor e und i — vgl. *Caesar*). Damit verlor der zehnte Buchstabe K an Bedeutung, wurde aber als Anfangsbuchstabe weiter verwandt, und zwar vornehmlich zur

Bezeichnung des K-Lautes vor A (vgl. *Kalendae*). Das Zeichen C ist also schon früh mit dem Lautwert K zu identifizieren. Als sich dann später die Notwendigkeit ergab, auch die weniger gängige stimmhafte Aussprache Gamma = G wieder zu bezeichnen, konnte man natürlich nicht mehr auf das ursprünglich benutzte, inzwischen aber anderweitig vergebene Gammazeichen (C) zurückgreifen. Man wußte sich jedoch zu helfen, indem man das C mit einem Häkchen versah, und damit war das uns heute noch wohlvertraute G geboren. Es rückte in die siebte Stelle des Alphabets ein, da, wo heute noch das griechische Z seinen Platz hat, das von den Römern nur selten gebraucht und deshalb vorläufig ins Exil geschickt wurde.

Das F finden wir schon in den ältesten lateinischen Inschriften (*Praeneste-Fibel*, 6. Jahrhundert, und *Duenos med feced*-Inschrift, 4. Jahrhundert). Diesen Laut kannten die Griechen in historischer Zeit nicht. Um ihn im Lateinischen wiederzugeben, nahm man das griechische Digamma zu Hilfe, das wie F geschrieben wurde.

Das Latein hatte den gleichen Buchstaben V für vokalisches U (*Vrbem*) und konsonantisches U (*Vesta*). Dieses Zeichen entstand aus dem griechischen Y, dessen Lautwert im Lateinischen nicht benötigt wurde.

Als nun aber mit der Eingliederung des kulturell überlegenen Griechenland in das Römische Imperium (146 v. Chr.) immer mehr griechische Wörter ins Lateinische eindrangen, holte man die bisher entbehrlichen Buchstaben des griechischen Alphabets wieder aus der Schublade hervor. Zur lautgerechten Wiedergabe des griechischen Wortes *Zephyrus* (Südwestwind) z. B. benötigte man die Buchstaben Y und Z. Y hatte sich, wie wir eben hörten, zu V verwandelt, während Z ganz in der Versenkung verschwunden war. Beide Zeichen (Y wieder dreiteilig in voller Größe) erlebten nun zur Zeit des Augustus ihr »Comeback«, mußten sich jedoch gefallen lassen, als zusätzliche Zeichen an den Schluß des Alphabets zu rücken. Ähnlich war es übrigens schon früher dem X ergangen.

Wie bereits erwähnt, fehlten dem alten lateinischen Alphabet neben Y und Z auch die Buchstaben J U W. Diese sind Neuschöpfungen. Der Buchstabe J, der in Wirklichkeit ein verlängertes I ist, wurde zuerst in der Kursivschrift verwandt, um ein Anfangs-I zu bezeichnen; im halbvokalischen Sinn wird es wohl erst um 800 gebraucht.

Der Buchstabe V bezeichnete bei den Römern, wie angedeutet, zugleich den Vokal und den Konsonanten, teils auch ein Mittelding zwischen *u* und *w* (wie in *Silva*). Das Wort *ver* (Frühling) dürften die Römer ähnlich ausgesprochen haben wie manche Engländer das deutsche »wer« wiedergeben, nämlich als *uer*. Der Vorschlag des Kaisers Claudius, ein umgekehrtes

F für das konsonantische V zum Unterschied von dem vokalischen Laut einzuführen, setzte sich nicht durch. Die Scheidung der vokalischen und halbvokalischen (bzw. konsonantischen) Geltung durch die Schrift stammt erst aus dem Mittelalter, das den Buchstaben U und durch dessen Verdopplung das W (vgl. die englische Bezeichnung *double u*) einführte. Eine Erinnerung an die Zeit, in der u in gleicher Weise Vokal und Konsonant bezeichnete, liegt in der heute noch üblichen Schreibung von qu und su vor Vokalen vor: So wird *equus* wie *ekwus* gesprochen, und aus den *Suebi* wurden die *Schwaben*.

Die Redensweise: »Wer A sagt, muß auch B sagen«, hat sowohl nach dem griechischen wie auch lateinischen Alphabet immer ihre Berechtigung gehabt. Denn A und B waren stets als erste Buchstaben des Alphabets benachbart. Während die Bezeichnung Zet sich an das griechische Zeta anlehnt, ist A die Abkürzung von Alpha. So erklärt sich denn auch der Name Alphabet als Zusammensetzung von Alpha und Beta, den beiden Anführern der Buchstabenreihe. Ein Vokal und ein Konsonant reichen sich also die Hand. Das ist eigentlich verwunderlich. Denn an sich hätte es doch näher gelegen, die Buchstaben so zu ordnen: A E I O U – also zunächst die Gruppe der Vokale, denen dann die Konsonanten B C D usw. hätten folgen müssen. Weshalb dies nicht der Fall ist, läßt sich ziemlich eindeutig begründen. Als nämlich die Griechen das Alphabet von den Semiten übernahmen, ergab sich, daß sie einige Buchstaben des semitischen Alphabets für ihre eigene Sprache nicht brauchten, daß aber andererseits die in der griechischen Sprache so wichtigen Vokale fehlten. Folglich gab man den nicht benötigten semitischen Konsonanten den Laufpaß und füllte die frei gewordenen Stellen mit den fehlenden Vokalen aus. So ist es erklärlich, daß A E I O U nicht nebeneinanderstehen, sondern über das ganze Alphabet verstreut sind.
Während Z im griechischen Alphabet an siebter Stelle rangiert (bei den Römern durch G verdrängt), stellt es im lateinischen Alphabet das Schlußlicht dar. Die Redensart »Von A bis Z« läßt sich also genaugenommen erst seit Augustus gebrauchen. Im griechischen Alphabet aber stand immer der Buchstabe Omega (O) am Ende. So spricht man auch von dem A und O, d. h. dem Anfang und Ende.

Vom Kerker in die Zelle und von Cäsar zu Kaiser – Aussprache z oder k?

Immer wieder wird unter jungen und alten Lateinern die Frage aufgeworfen, ob man richtiger *Zäsar* oder *Käsar* sage.

Für jede der beiden Sprechweisen lassen sich Argumente anführen. Zunächst darf man mit ziemlicher Sicherheit annehmen, daß zu Lebzeiten Cäsars bzw. Ciceros, d. h. im ersten vorchristlichen Jahrhundert, das c allgemein wie k gesprochen wurde. Beweis: Der Name Ciceros z. B. wurde bei der Übertragung in das Griechische mit k, d. h. Kappa geschrieben, und nicht mit Zeta. Außerdem ist darauf zu verweisen, daß Cäsars Name im Deutschen als *Kaiser* und nicht als *Zaiser* weiterlebt. Auf Grund der lautlichen Entwicklung läßt sich ziemlich sicher behaupten, daß Lehnwörter wie »Kerker« (aus lat. *carcer*) und »Kiste« (aus lat. *cista*) bereits vor dem 4./5. Jahrhundert n. Chr. in die deutsche Sprache übernommen wurden. Zu einem späteren Zeitpunkt hätte sich nämlich k vor e oder i zu z verwandelt, so wie es bei Zelle (aus *cella*) und Kreuz (aus *crucem*) der Fall ist.

Die Befürworter der z-Aussprache andererseits könnten darauf verweisen, daß die Tendenz, c vor hellen Vokalen wie z (ts) zu sprechen, nicht erst in das 6./7. Jahrhundert n. Chr. zurückweist, sondern bereits in die Zeit vor Cäsar. Das frühe Latein unterscheidet nämlich schon drei K-Laute: 1. q vor o und u (vgl. *equus*, gesprochen *ekwus*); 2. k vor a (vgl. *Kalendae*) und 3. c vor e und i (vgl. *Ceres*).

Diese Unterscheidung hätte man bei völligem Gleichklang der drei Laute sicher nicht getroffen. Wenn auch eine frühe – vielleicht vulgäre – Unterströmung für eine abweichende Aussprache vor e und i anzunehmen ist, dürfte in der klassischen Latinität die k-Aussprache dennoch bestimmend gewesen sein. Viele Jahrhunderte später aber kehrte sich das Verhältnis um, indem aus der Unterströmung der Hauptstrom wurde. Davon geben (das Sardische ausgenommen) noch heute alle romanischen Sprachen Kunde, in denen c vor e und i mehr oder minder stark palatalisiert, d. h. an den Gaumen herangeführt wird (vgl. ital. *tschitscherone* für *Cicero*).

Für welche Aussprache wollen wir uns entscheiden? Eine unbedingt gültige Antwort läßt sich nicht geben. Dennoch wäre es wünschenswert, wenn man sich nicht nur auf nationaler, sondern auch auf internationaler Ebene auf eine bestimmte Norm einigen würde. Zugunsten der z-Lösung spräche sicher die Tradition im Bereich der romanischen Sprachen und der katholischen Kirche. Cäsar und Cicero aber würden ob solcher Entstellung ihrer Namen gewiß die Nase rümpfen!

Zur generellen Aussprache des Lateinischen sei noch folgendes angefügt:

Bei dem Internationalen Latinisten-Kongreß 1966 in Rom kamen Teilnehmer aus allen Erdteilen in lateinischer Sprache zu Wort. Und man verstand sich, auch wenn die Aussprache nicht immer auf einen Nenner zu bringen war. Die bereits bei früheren Kongressen im Interesse der Vereinheitlichung empfohlenen Annäherungen an die klassische Ausspracheweise fanden jedoch zunehmende Beachtung. So wird, was deutschen Ohren noch ungewohnt klingt, der Diphthong ae (wie in *quae*) vielfach in ein a mit einem deutlich nachklingenden e zerlegt. Diesen Hinweis auf die klassische Ausspracheweise verdanken wir übrigens einem Grammatiker des 2. Jahrhunderts n. Chr.

Eine beifällig aufgenommene Überraschung war der besonders klare, keineswegs englisch getönte Vortrag des Londoner Professors Maguinness. Überhaupt scheint man in England immer mehr abzukommen von einem Anglo-Latein, das man noch bis vor einigen Jahren z. B. in Oxford bei Vorlesungen über römisches Recht hören konnte. So berichtet Professor Bruno Snell, der Hamburger Professor für klassische Philologie: »Ich war bald so weit, daß ich das Englisch des alten Professors Gowdy einigermaßen verstehen konnte. Aber mit dem Latein kam ich gar nicht zurecht. Was z. B. die ›Indjuriässainicölpedäta‹ wäre, war mir schleierhaft, bis ich schließlich herausbekam, daß es die Fahrlässigkeit, die ›inuria sine culpa data‹ war« (31, 69).

Die in Italien bzw. im katholischen Bereich vorherrschende Art der Aussprache »Tschitschero unke librume ledjebate« für »Cicero hunc librum legebat« fällt zwar etwas aus dem angestrebten Rahmen der Vereinheitlichung, behindert aber das Verständnis nach einiger Zeit des Einhörens kaum noch.

Jedenfalls erscheint es wünschenswert, daß die Uniformierung der Aussprache als wichtige Voraussetzung für eine weltweite »Latinitas Viva« weitere Fortschritte macht.

Von Colonia nach Köln – Schreibweise c oder k?

Vor etlichen Jahren entzündeten sich einige Gemüter der alten Gemeinde Kalkum bei Düsseldorf an der Frage, ob die damals noch übliche Schreibweise »Calcum« wirklich zu Recht bestehe. Da es sich dabei um eine Erörterung von grundsätzlicher Bedeutung handelt, sei hier die Beweisführung des Streits kurz wiedergegeben.

Die Befürworter der Schreibweise c betonten, daß die Ortsbezeichnung in keinem Zusammenhang mit »Kalk« stehe, sondern auf einen alten Geschlechtsnamen lateinischen Ursprungs zurückgehe. Die Anhänger der Schreibweise k dagegen beriefen sich darauf, daß der Ort seinen Namen von »Kalk« herleite und deshalb »auf gut deutsch« mit k zu schreiben sei.

Da im Gemeinderat keine Einigung zu erzielen war, wurde

eine gutachtliche Stellungnahme von dem damaligen Preußischen Staatsarchiv in Düsseldorf erbeten mit folgendem Ergebnis: Der Name Kalkum sei keineswegs lateinischen Ursprungs. Die in den mittelalterlichen Urkunden überwiegende Wiedergabe des k-Lautes durch c sei rein willkürlich und durch den damaligen Gebrauch des Lateins als Schriftsprache zu erklären. Die deutsche Sprache kenne dagegen in diesem Sinne kein c. Da es nun außerdem das gute Recht jeder lebenden Sprache sei, auch Fremdworte anzugleichen, sei man seit Jahren dazu übergegangen, auch Ortsnamen lateinischen Ursprungs wie Cöln (Colonia) und Coblenz (Confluentes) mit k zu schreiben. Es sei ganz verfehlt, weiterhin an der Schreibweise Calcum mit c festzuhalten.

Daß derartige Fragen der Schreibweise nicht verstummen, beweist auch eine Auseinandersetzung, die 1966 in der Landeshauptstadt Düsseldorf einigen Zündstoff lieferte. Demnach hatte die Verwaltung die Anweisung gegeben, auf die Hinweisschilder zur Düsseldorfer Innenstadt *Centrum* (und nicht *Zentrum*) zu schreiben. Ausländischen Besuchern solle damit die Orientierung erleichtert werden, denn auch in Holland, Dänemark, Schweden, Polen usw. schreibe man *Centrum*. Der Oberbürgermeister allerdings meinte, man solle doch, um der strittigen Orthographie aus dem Wege zu gehen, lieber »Innenstadt« oder »Stadtmitte« schreiben. Wenn Deutsche ins Ausland führen, müßten sie sich auch über die dortigen Bräuche informieren. Dennoch bleibt es einstweilen bei *Centrum.*

X für U – Einiges über römische Zahlen

Aus der Zeit, in der U noch als V geschrieben wurde, stammt die Redensart: ein X für ein U machen. Das Zeichen X ist sowohl Buchstabe X als auch Zahl 10, während V zugleich die Zahl 5 bedeutet. Wenn ein Gläubiger nun ein X aus einem V machte, indem er die Striche verlängerte, betrog er seinen Schuldner, denn er machte aus der 5 eine 10.

Die ältesten Schriftsysteme kannten noch keine besonderen Zahlzeichen; man schrieb die Zahlennamen mit Buchstaben. So auch die Römer, I, II, III, IIII (nic IV) sind ohne weiteres klar. C = 100 und M = 1000 aber sind nicht einfach Abkürzungen von *Centum* und *Mille,* sondern vermutlich Umformungen griechischer Buchstaben, die im lateinischen Alphabet nicht benötigt wurden. Weitere Zahlzeichen sind: L = 50 und D = 500. Dieses D ist wahrscheinlich als die rechte Hälfte des griechischen Phi anzusehen.

Diese Gleichsetzung von Buchstaben und Zahlzeichen regt natürlich zu mancherlei Rätselspielen an. Das sogenannte Chronogramm, für das uns die Inschrift an der Sternapotheke ein Beispiel bot (vgl. S. 39), ist wohl das beliebteste Versteckspiel dieser Art.

Ein unbeabsichtigtes Rätsel aber gibt eine Inschrift in der Ursula-Kirche zu Köln auf. Dort liest man: XI M VIRG. Die wahrscheinliche Deutung ist: »XI martyres virgines« (elf Märtyrerinnen). Das Mittelalter aber deutete das M als Milia = tausend, und so mag die Legende von den elftausend Jungfrauen entstanden sein, die mit ihrer Herrin, der heiligen Ursula, auf der Rückreise von einer Pilgerfahrt nach Rom von den Hunnen erschlagen wurden. Das Kölner Stadtwappen bewahrt übrigens ihr Andenken in Gestalt von elf Flämmchen.

Unser Kalender, eine römische Erfindung

Von den Römern haben wir nicht nur den Weinbau, das Alphabet und die Wasserleitungen übernommen, sondern auch unsere Zeiteinteilung, d. h. den Kalender nebst Ferien und Festen. Was die »feriae« und »festa« anbelangt, so haben wir allerdings nur die Bezeichnungen selbst entlehnt, nicht auch die Anlässe, die sich wandeln mußten, als der christliche Heiligenkalender die römische Götterwelt ablöste. Unser heutiger Kalender aber ist mehr als ein nur namentlicher Anklang an die Antike; er ist wie das Alphabet auch inhaltlich eine römische Einrichtung.

Das Wort Kalender leitet sich von römisch *Kalendae* ab. Das war jeweils der Monatserste, an dem ausgerufen wurde (*calare* = rufen zu καλέω; vgl. engl. *call*), ob die *Nonae* auf den fünften oder siebten Tag fielen. Diese Feststellung wiederum war abhängig von der auch bei uns noch unterschiedlichen Länge des jeweiligen Monats. Die Kalenden des Juli z. B. sind also gleichbedeutend mit dem 1. Juli. Da dieser Monat einunddreißig Tage zählt, fielen die Nonen also nicht auf den fünften, sondern auf den siebten, und die Idus nicht auf den dreizehnten, sondern auf den fünfzehnten.

Ursprünglich richtete sich das römische Jahr mit seinen dreihundertfünfundfünfzig Tagen nach Frau Luna. Dadurch entstand eine zunehmende Differenz gegenüber dem Sonnenlauf. Die zum Ausgleich dieser Abweichung von Julius Cäsar im Jahre 45 v. Chr. veranlaßte Kalenderreform brachte als wesentliche Neuerung, daß statt der früher erforderlichen Schaltmonate nunmehr von Zeit zu Zeit ein Schalttag eingeführt wurde. Leider, wird mancher Leser mit einem Blick auf seine Brieftasche sagen, denn Schalttage werden im allgemeinen

nicht besonders bezahlt – ein dreizehntes (Schalt-)Monatsgehalt aber würde man sich nicht entgehen lassen.
Jedenfalls erwies sich der Julianische Kalender gegenüber allen Vorgängern als so vorteilhaft, daß er sich die Welt eroberte und, abgesehen von einer kleinen Reparatur durch Papst Gregor XIII., bis heute in Kraft ist.
Bei den Römern wurde übrigens der erforderliche Schalttag nicht wie heute als 29. Februar hinzugefügt, vielmehr wurde der 24. Februar doppelt gezählt. Weil der sechste Tag (*sextus*) vor den Kalenden des März, wie er bei den Römern genannt wurde, zweimal (*bis*) in Erscheinung trat, heißt im Französischen das Schaltjahr noch heute *année bissextile* (ital. *anno bisestile*).

Mit dem römischen Kalender eroberten sich auch die lateinischen Monatsnamen die Welt. Interessante Zusammenhänge sind mit diesen Namen verknüpft. Weshalb nennt man z. B. den zwölften Monat »Dezember«, obwohl doch *decem* zehn bedeutet? – Weil die Römer den Neujahrstag ursprünglich am 1. März begingen, und zwar in Anlehnung an das Frühlingserwachen der Natur. Auch die neuen Konsuln traten jeweils an den Kalenden des März ihr Amt an. Im Dezember 154 v. Chr. brach im römischen Spanien ein Aufruhr aus, dessen Urheber wohl kaum geahnt haben, daß sie damit den europäischen Kalender nachhaltig beeinflussen würden. Jedenfalls wollte man die Niederwerfung dieses Aufstands nicht den nur noch kurze Zeit amtierenden Konsuln des Jahres 154 übertragen. Um also die für 153 bereits gewählten Nachfolger sogleich an die Macht zu bringen, kam man auf die Idee, das Jahr 154 nur zehn Monate dauern zu lassen und das neue Jahr mit dem 1. Januar zu beginnen. Und diese Regelung wurde bis zum heutigen Tage beibehalten – sonst würden wir nicht am 1. Januar Neujahr feiern (89, 338).
Doch man versäumte, die Benennungen September, Oktober, November, Dezember der Neuordnung anzupassen. Denn diese Monate leiten sich von den lateinischen Zahlen sieben bis zehn ab (*septem, octo, novem, decem*), spiegeln also noch den Zustand des Jahresbeginns zum 1. März (mit dem Dezember als zehntem Monat). Karl der Große versuchte zwar, die lateinischen Monatsnamen zu verdeutschen, und auch die Französische Revolution rückte ihnen zu Leibe. Doch sie erwiesen sich immer wieder als zu fest verwurzelt, um sich verdrängen zu lassen. Übrigens gingen den Monaten September bis Dezember ursprünglich die Namensgefährten Quinctilis (nach *quintus*, der fünfte) und Sextilis (nach *sextus*) voraus. Der Quinctilis wurde jedoch zu Ehren des Geburtsmonats Julius Cäsars 44 v. Chr. umbenannt, während der August den

Sextilis im Jahre 8 v. Chr. ablöste, und zwar in Erinnerung an das erste Konsulat des Kaisers Augustus.

C. Julius Caesar

Doch nicht nur die Monatsnamen gehen auf die Antike zurück – auch die unterschiedliche Dauer der einzelnen Monate ist ein römisches Erbe. Die einzige Abweichung – von der des Schalttages abgesehen – besteht darin, daß die Römer etwas anders datierten als wir. So hörten wir bereits, daß sie z. B. den 24. Februar als sechsten Tag vor den Kalenden des März bezeichneten (in Worten: *ante diem sextum Kalendas Martias*). Aus dieser Datierungsweise läßt sich entnehmen, daß unsere Monatsnamen früher Adjektive waren, bezogen auf die Substantive *Kalendae* bzw. *Nonae* und *Idus*.

Auf einer modernen lateinischen Ernennungsurkunde lesen wir z. B.: *Ante diem septimum decimum kalendas Maias a. d. MCMLXV*. Das Jahr AD (*Anno Domini* – im Jahre des

Herrn) 1965 läßt sich leicht ermitteln. Wie aber ist der siebzehnte Tag vor den Kalenden des Mai aufzulösen? Ganz einfach, indem man vom 1. Mai aus rückwärts rechnet, also: 1. Mai erster Tag, 30. April zweiter Tag, 29. April dritter Tag usw. Man trifft so auf den 15. April, der mit dem siebzehnten Tag vor den Kalenden des Mai identisch ist.

Französisch

Wie die Sprache Roms den halben Erdkreis eroberte und dann in den Varianten Französisch, Italienisch, Spanisch und Portugiesisch, um nur die wichtigsten zu nennen, weiterlebte, soll nun näher untersucht werden.

Die französische Sprache ist eine der ansehnlichsten Töchter des Latein. Und an ihr kann man die Entwicklung viel zuverlässiger verfolgen als bei vielen anderen Sprachen, deren Anfänge fast ganz im dunkeln liegen. Die reiche lateinische Überlieferung, die über ein Jahrtausend umfaßt, liefert dem Sprachforscher ein geradezu ideales Arbeitsfeld. Hier sind uns alle jene Vorstufen greifbar, die auf anderen Sprachgebieten mühsam und unsicher erschlossen werden müssen.

Wie weit müssen wir zurückgehen, um die lateinische Wurzel des modernen Französisch zu finden? Beginnen wir im Jahre 58 v. Chr. im Gefolge der Legionen Cäsars, die sich damals anschickten, ganz Gallien dem Römischen Imperium zu unterwerfen. Wir werden Zeuge der Eroberung dieses keltischen Raumes durch den überragenden Feldherrn und Staatsmann aus dem Julischen Hause. Seine Kriegstaten in Gallien schilderte er in den sieben Büchern seiner *Commentarii* (Memoiren).

Er unterwarf die keltischen Bewohner des Landes, wußte aber sehr wohl, daß eine militärische Beherrschung keineswegs den endgültigen Anschluß an Rom garantieren würde. So ließ er Straßen bauen, Schulen gründen und Handelsplätze einrichten. Natürlich gelangte mit den Legionären, Siedlern und Kaufleuten auch die lateinische Sprache in das Land. Wie aber war dieses Latein beschaffen, das nun für die Dauer einiger Jahrhunderte mit der keltischen Landessprache in Wettstreit treten sollte? Cäsars *Commentarii* sind sicher eine zuverlässige Quelle für die damalige Schriftsprache, nicht jedoch für die Umgangssprache dieser Zeit. Bei diesem Sachverhalt müssen wir kurz verweilen, wenn wir uns den Weg zu den Ursprüngen der französischen Sprache frei machen wollen. Denn die deutliche Unterscheidung zwischen gesprochener und geschriebener Sprache ist für das Verständnis der weiteren Entwicklung unerläßlich.

Wir wissen aus eigener Erfahrung, daß unsere mündliche Ausdrucksweise oft weniger geschliffen und durchdacht ist als die schriftliche Formulierung, die uns meist mehr Zeit zur Überlegung läßt. Mit anderen Worten: Die Schriftsprache ist genormter, d. h. den anerkannten Regeln des Stils und der Rechtschreibung mehr verpflichtet als die weniger gebundene, nur von Mund zu Mund weitergegebene Umgangssprache. Bei der Schriftsprache dienen vornehmlich die Werke der Schriftsteller und Dichter als Anhalt für einen vorbildlichen Sprachgebrauch, während der Volksmund in seiner Umgangssprache sich mehr von den Gesichtspunkten der Bequemlichkeit und Treffsicherheit leiten läßt. Vor allem in früheren Jahrhunderten, als Bücher noch nicht so verbreitet waren, um auf weite Schichten der Bevölkerung sprachkorrigierend einwirken zu können, ging der Volksmund häufig eigene Wege.

Die Kriegsberichte Cäsars sind in einem Latein geschrieben, das sich von dem literarischen Stil, der zweihundert oder auch vierhundert Jahre später im Römischen Imperium gepflegt wurde, kaum unterscheidet. Auch dieses klassische Latein der Schriftsprache war einmal aus der gesprochenen Sprache hervorgegangen. Die ursprüngliche Anfälligkeit gegenüber allen möglichen Eigenheiten des mundartlichen Sprachgebrauchs verlor sich aber endgültig im 1. Jahrhundert v. Chr., als Cicero und auch Cäsar der Sprache ihre feste Norm gaben. Auch sorgte eine gute Schulbildung mit entsprechender grammatischer Unterweisung für eine klare Struktur der Sprache. Das war nicht zuletzt auch deshalb erforderlich, weil eine straffe Organisation des sich stetig ausdehnenden Imperiums eine ebenso bestimmte wie klare Amts- und Befehlssprache erforderte. Und diese bei aller Fülle der Formen doch durchschaubare Ordnung der lateinischen Grammatik ist ja bis zum heutigen Tage den auf Logik und Systematik bedachten Lateinschülern zustatten gekommen.
Das in der Literatur fixierte Latein ist seit Cicero fast unangetastet durch die Jahrhunderte weitergegeben worden. Doch dieses literarische Latein ist kaum mehr als eine pompöse Fassade, die immer wieder restauriert wurde, während das eigentliche Bauwerk bis in seine Fundamente erschüttert wurde. Sosehr die Römer darauf bedacht waren, die Sprache ihrer Bücher und damit das offizielle Latein der Erlasse, Gerichtsurteile, Annalen und Opferriten zu verteidigen, so wenig waren sie bemüht und auch imstande, die Sprache zu überwachen, die man im mündlichen Umgang miteinander pflegte: zu Hause, in den Tabernen, auf der Straße.
»Est sua loquentibus observatio, sua scribentibus«, sagt Quintilian (2. Jahrhundert; *Institut. orat.* I, 6, 1), womit er betonen will, daß die gesprochene Sprache ebenso wie die geschriebene eigenen Gesetzen folgt. Er wie auch die anderen Grammatiker

sind eifrig darauf bedacht, die »Latinitas« zu verteidigen gegen die Freiheiten des »sermo cotidianus, plebeius, vulgaris«. Die Umgangssprache sickert jedoch wie Quellwasser immer wieder durch (8, 141/2). Denn den weniger Gebildeten fehlt die Kontrolle durch das geschriebene Wort, sie konsultieren auch keine Grammatik, vielmehr greifen sie alle möglichen »Fehler« ohne Bedenken auf, verbreiten sie, führen Neuerungen ein und ändern die Sprache nach ihrem Bedarf ab.
Das klassische Latein der römischen Oberschicht ist also an festen Normen orientiert, während der Volksmund mehr oder weniger unkontrolliert seine eigene Sprache spricht. So kamen auch die keltischen Bewohner Galliens schon früh mit zweierlei Latein in Berührung: mit dem offiziellen und dem mundartlichen. Als einfache, meist nicht schriftkundige Menschen werden sie sich natürlicherweise mehr von dem Vulgärlatein der Händler und der Legionäre haben beeinflussen lassen. Die derbe Sprache des Zeltes und der Tabernen hatte für sie mehr Anziehungskraft als die offizielle Sprache des Gesetzes und der Kommandanturbefehle. Mit ihr befaßten sie sich nur notgedrungen, wenn sie nicht gar eines Dolmetschers bedurften. Mit der Sprache der Händler aber vertraut zu werden, lag in ihrem eigenen Interesse.

Wie aber haben wir uns diese lateinische Umgangssprache vorzustellen?
Die Schreibweise und im wesentlichen auch die Aussprachegesetze des klassischen Latein sind uns in Hunderten von Schriften überliefert. Wir wissen jedoch nur sehr wenig — und das ist nicht überraschend — über die Redeweise des Mannes auf der Straße, des Legionärs oder des Hirten auf der Alm. Wir sind auf einige wenige schriftliche Zeugnisse angewiesen, in denen sich der Volksmund verrät.
»Nur da, wo ein Dichter (z. B. Plautus, Petronius) vulgäres Milieu sinnfällig schildern will, tritt uns diese Sprache des Volkes auch in der Literatur entgegen. Sie erscheint häufiger in den Grabaufschriften ungebildeter Steinmetzen, in den Wandkritzeleien boshaften oder anrüchigen Inhaltes oder auf den mit einer Verfluchung versehenen Bleitafeln (*tabellae defixionum*). Viele Charakterzüge dieser Vulgärsprache sind uns auch durch die Grammatiker bezeugt, die falschen Sprachausdruck oder vulgäre Wörter brandmarken« (39, 21). Aber den besten Fingerzeig geben uns doch die Inschriften. Das Bedürfnis, Wände zu bekritzeln, ist glücklicherweise (jedenfalls aus der Sicht des Sprachforschers) weit verbreitet, und auch das Volk von Rom hat so seine wahre Natur und alle Schattierungen der Redeweise ungeschminkt der Nachwelt hinterlassen. Nachfolgend sollen nun einige dieser frühen vulgärsprach-

lichen Erscheinungen, soweit sie für den Übergang zum Französischen von Bedeutung sind, erläutert werden.

Bei dem Komödiendichter Plautus, der im 2. Jahrhundert v. Chr. seine temperamentvollen Lustspiele schrieb, sprechen insbesondere die Sklaven, wie ihnen der Schnabel gewachsen ist, d. h. sie sprechen ein Latein, wie man es damals gewiß auf der Straße im Mund der einfachen Leute hören konnte:

Malum! – verflucht!, *me in pedes* – ich mache mich davon, *turbas dare* – Krach machen, *os opprimere* – den Mund halten, *hospitium pugneum* – ein »faustiger« Empfang, ein Empfang mit Faustschlägen (8, 144/5).

Das klassische Latein ist, das darf nicht verkannt werden, eine komplizierte Sprache insofern, als es über einen großen Formenreichtum verfügt mit fünf verschiedenen Deklinationen bei den Hauptwörtern und drei unterschiedlichen Geschlechtern sowie vier verschiedenen Konjugationen bei den Verben. Das bedeutet: hundert und mehr Endungen sind zu unterscheiden. Ganz ähnlich lagen die Verhältnisse bei der angelsächsischen Sprache, bevor sie wegen der normannischen Vorherrschaft aufhörte, Schrift- und Schulsprache zu sein. Hier wie dort regte sich im Volksmund die verständliche Tendenz, den Formenreichtum zu vereinfachen. So verliert bei Plautus, der ja »dem Volke aufs Maul geschaut« hat, das Neutrum immer mehr an Bedeutung (im Englischen und Französischen ist es später ganz abgeschafft worden, während es im Deutschen weiterexistiert). Auch andere folgenreiche Entwicklungen setzten damals bereits ein. Die sogenannte vierte Deklination mit ihren u-Stämmen schloß sich zunehmend der o-Deklination an, so daß sich *domu* (das Wort lebt in *Dom* weiter) in *domo* verwandelte. *Ille* übernahm immer mehr die Funktion eines bestimmten Artikels, und bei den Zeitwörtern übte die lateinische a-Konjugation eine immer größere Anziehungskraft aus. Auch die Konstruktion der Sätze verrät den lässigen, vom Augenblick eingegebenen Gesprächston: *aurum, id fortuna invenitur* = Gold, das findet sich durch Zufall (8, 145).

So ist schon im 2. Jahrhundert v. Chr. der Weg für die aus der Umgangssprache hervorgegangenen romanischen Sprachen vorgezeichnet. Die konservativen Kräfte ließen jedoch Abweichungen nicht zu. Wenn auch die Sprache, die man schrieb, schon damals mit der gesprochenen in mancherlei Hinsicht nicht mehr übereinstimmte, störte das die Gebildeten, d. h. die maßgebenden Kreise, durchaus nicht, hatte man doch hier die Möglichkeit, sich von dem »profanum vulgus«, dem gemeinen Volk, abzusetzen. Andererseits wird die Umgangssprache oder auch Vulgärsprache, wie wir sie in Anlehnung an *volgus* oder *vulgus* nennen wollen, im konservativen Sinne beeinflußt, da sich auch der einfache Mann den Anschein der gepflegten Sprache geben möchte. So gibt das soziale Prestige dem konservativen Geist der Schriftsprache die Möglichkeit, auf die Umgangssprache einzuwirken.

Entsprechend verlangsamte sich seit dem 1. Jahrhundert die Bewegung in Richtung auf die romanischen Sprachen; vereinzelt kommt sie sogar zum Stillstand, nicht zuletzt durch das außerordentliche Gewicht der Sprache Ciceros, die z. B. das im Volksmund unterdrückte Schluß-s (*filius*) beibehält, so daß es heute noch im französischen *fils* sehr betont nachklingt. Andererseits ist der Hauchlaut h im Anlaut und im Inlaut eines Wortes schon sehr früh verlorengegangen. Die lateinischen Grammatiker nennen das Zeichen h nicht einen Buchstaben, sondern eine »nota aspirationis«. Schon in der guten klassischen Zeit war das h für die Regeln der Metrik ohne Bedeutung. Das auslautende m muß mindestens in der Stellung vor einem vokalischen Anlaut sehr undeutlich artikuliert worden sein. Von dieser geschwächten Stellung aus hat sich das Verstummen des auslautenden m in der vulgären Sprache auch auf andere Fälle ausgedehnt. So finden wir auf einer Wandinschrift in Pompeji (*CIL* 4, 2013): »Nycherate, vana succula, que amas Felicione et at porta deduces, illuc tantu in mente abeto« (Nykerate, du nichtsnutziges Ferkel, die du den Felicio liebst und ihn mit vors Tor nimmst, das sollst du nur gut bedenken). Diese Inschrift, die an vulgärer Deutlichkeit nichts zu wünschen übrigläßt, gibt uns zugleich ein weiteres Beispiel für das Verstummen des h (*abeto*) (39, 24).

Auf einer anderen pompejanischen Wandinschrift findet sich die Präposition *cum* mit dem Akkusativ *discentes* verbunden. Dies ist ein weiterer Beweis für die Tendenz der Vulgärsprache, die Präpositionen nicht mehr an bestimmte Kasus zu binden (hier also Akkusativ statt des im klassischen Latein obligaten Ablativs).

Die schon im 2. Jahrhundert n. Chr. auf Inschriften vorkommenden Formen *devere, guvernare* können wir bereits als Vorboten der französischen Verben *devoir* und *gouverner* ansehen. Auf den Boden des Circus Flaminius kritzelte ein auf seine Hauptstadt stolzer Römer: *Roma capus mundi*; hier hat sich also ein Vulgarismus eingeschlichen, der das italienische *capo* für Haupt zu erklären vermag (8, 146). Wie wir später hören werden, sind es gerade die volkstümlichen Ausdrücke, die in dem Vokabular der romanischen Tochtersprachen weiterleben.

»Der Steinmetz, der auf einen Grabstein *quisque hanc memoriam lexerit sit illo semper bene* schreibt, kann *lego* nicht mehr konjugieren und *ille* nicht mehr deklinieren – vom übrigen ganz zu schweigen« (8, 146).

Immer wieder treten neue Wörter auf, die alte verdrängen: *grossus* (franz. *gros* für *magnus*), *bassus* (franz. *bas* für *humilis*), *manducare* (franz. *manger* für *edere*); *totus* und *alter* ersetzen *omnis* und *alius*. Als neue Verbalendungen erscheinen: *-iare* und *-izare* (*alleviare, baptizare*) als Vorläufer der französischen Verben auf *-ier* und *-iser*. Das Deponens beginnt von der Bildfläche zu verschwinden (*hortare, luctare*).
Ein Grammatiker des 4. Jahrhunderts n. Chr. hat uns in der sogenannten »Appendix Probi« eine lange Liste lateinischer Wörter hinterlassen, wobei er, um die Sprachverwilderung zu bekämpfen, jeweils der »falschen« die korrekte Form gegenübergestellt hat. So soll man sagen: *calida*, nicht *calda* (diese »falsche« Form hat sich aber ins Italienische gerettet); *auris*, nicht *oricla* (der Weg zum französischen *oreille* ist nicht weit), *pauper mulier*, nicht *paupera mulier*. Die Vulgärsprache legte offenbar Wert darauf, den Adjektiven dann eine besondere Endung zu geben, wenn das klassische Latein diese nicht eindeutig erkennen ließ. Bei *oricla* statt *auris* wird die mundartliche Neigung zur Verkleinerungs- und Koseform deutlich.
Manches neue Wort trägt den Stempel seiner Herkunft. So haben wir den Ursprung des französischen *mener* (= vulg. lat. *minare*) in der Sprache der Hirten zu suchen, zumal die Führung des Hirtenstabes einer Drohung (*minari*) gleichkommt. Auf die Sprache der Seeleute weist *arripare* = ans Ufer stoßen, ein Wort, das im Französischen *arriver* und auch im Englischen *to arrive* (ankommen) weiterlebt. Der Sprache der Landarbeiter schließlich entstammt *sationem* (= *saison*, eigentlich die Zeit der Saat).

Wir hatten darauf hingewiesen, daß sich die einheimischen Kelten weniger mit dem offiziellen Schriftlatein befaßten als mit der Sprache der Legionäre und Händler. Für diese war ein Pferd eben nicht *equus*, sondern *caballus*, ein Wort, das wir mit unserem »Gaul« vergleichen können. Auf dem Pferdemarkt war vermutlich von »caballi« die Rede, während offizielle Erlasse den Galliern die Gestellung von »equi« auferlegten.
Im übrigen haben die Römer den von ihnen unterworfenen Völkern ihre Sprache nicht aufgezwungen. Denn erstens wollten die Römer die eroberten Länder wirklich befrieden, und zweitens läßt sich auch durch Druck nicht erreichen, daß weite Volksschichten sich eine ihnen nicht geläufige Sprache aneignen.
Die römische Besatzungsmacht baute deshalb darauf, daß sich die Gallier früher oder später im eigenen Interesse der höheren Kultur und deren sprachlicher Ausdrucksform anpassen würden. »Auf die Dauer konnte sich eben niemand dem durch

das Reich pulsenden Lebensstrom Roms entziehen« (35, 67). Gallien wurde völlig latinisiert, mochte dieser Prozeß auch drei bis vier Jahrhunderte in Anspruch nehmen. Im übrigen ist den Galliern die Erlernung der lateinischen Sprache vielleicht nicht ganz so schwergefallen, wie wir annehmen möchten. Denn als Zweig der indogermanischen Familie ähnelt das Gallische zugleich dem Griechischen und Lateinischen. Zu den wenigen steinernen Zeugen gallischen Schrifttums zählt u. a. ein Kultmal, das man 1710 unter dem Chor von Notre-Dame in Paris gefunden hat. Es zeigt neben der Gestalt eines von drei Kranichen umgebenen Stiers die mit Hilfe des Lateinischen und Griechischen verständlichen Worte: *tarvos trigaranus* = der Stier mit den drei Kranichen. Ein gallisches Wort *Segomaros* lautet im Genitiv *Segomari* wie *dominus, domini.* Keine andere Sprache besitzt diesen Genitiv auf *-i* (8, 108/9).

Wie das Vulgärlatein Französisch wurde, wird später genauer dargelegt werden. Zuvor aber soll uns die Frage beschäftigen, wieso sich dieses Vulgärlatein in den Bereichen Europas, in denen es eingeführt wurde, unterschiedlich entwickelte.

Zunächst ist zu beachten, daß sich das Vulgärlatein wie jede andere Sprache im Laufe der Jahrhunderte wandelte. Bekanntlich wurden die einzelnen römischen Provinzen zu verschiedenen Zeiten unterworfen: Korsika und Sardinien bereits 231 v. Chr., Spanien 197 v. Chr., die Provence (Südfrankreich) 121 v. Chr., Gallien 51 v. Chr. und Dazien (später Rumänien) 107 n. Chr. Entsprechend wurde ihnen jeweils die Sprache vermittelt, die damals in den Straßen Roms gerade in Mode war.

Doch nicht nur die zeitlich verschiedenartigen Entwicklungsstufen des Lateins wirkten sich aus, sondern auch die Art der Vermittlung spielte eine Rolle. Einmal mögen Veteranen oder Farmer die maßgebenden Sprecher und Lehrmeister gewesen sein; ein andermal lernte die Bevölkerung ihr Latein von Verwaltungsbeamten, Offizieren oder Kaufleuten. In einigen Gebieten wurden Schulen eingerichtet, in denen Grammatiker den Unterricht gaben. Wieder andere lernten das Latein nur vom Hörensagen.

Diese Abweichungen pflegten sich zu verstärken bei entsprechender Einflußnahme der einheimischen Bevölkerung, welche die neue Sprache annahm. So unterschieden sich z. B. die Belgier und andere Stämme in Gallien, die von Cäsar beschrieben wurden, von den Iberern. Alle diese Stämme modifizierten das Latein in Übereinstimmung mit ihren eigenen Sprachgewohnheiten. Und das ist kein Wunder, wenn man bedenkt, wie sehr sich z. B. heute bei uns die Sprechweise eines Sachsen von der eines Schwaben unterscheidet. Die lateinische Sprache aber hatte sich über ein Gebiet ausgedehnt, das die Entfernung zwischen Sachsen und Schwaben um ein Vielfaches übertrifft.

Wie in der Geschichte der englischen Sprache ist auch bei der Entwicklung des Vulgärlateins eine fortschreitende Lässigkeit im Hinblick auf die Aussprache der Endlaute festzustellen. Das hängt mit der zunehmenden Verlegung des Akzents auf die erste Silbe zusammen (Intensitätsakzent), mit dem Ergebnis, daß die weniger betonten Silben verändert wurden oder gar verschwanden. So wurde im Englischen aus *fantaisie* »fancy« und im Französischen aus lat. *dimidius* bzw. *medium* ein »mi«. Vor allem die Endkonsonanten *-s* und *-m*, die für die lateinische Flexion von so maßgebender Bedeutung sind, wurden mehr und mehr ausgeschaltet. Damit entfiel die Möglichkeit, Kasus und Geschlecht an den Endungen zu erkennen. Glücklicherweise hatte sich rechtzeitig der Gebrauch der Präpositionen (*ad*, *de*) zur Bezeichnung der Kasus entwickelt, z. B. schon bei Plautus (um 200 v. Chr.): *hunc ad carneficem dabo* (Capt. 1019); *nunc quod ad vos, spectatores, relicuum relinquitur* (Cist. 876). Das Auftreten von »de« im Sinne eines Genitivs läßt sich jedoch erst seit dem 4. bis 5. Jahrhundert n. Chr. beobachten, z. B. auf einer Inschrift aus Rom: *Filuminus tonsor de circum* = Barbier des Zirkus (*CIL*, VI, 31900) oder an anderer Stelle: *voluntas de Deo* = der Wille Gottes (39, 30).
Digito mußte also nicht länger zugleich *digitus, digitum* und *digito* repräsentieren; es entwickelte sich *ad digito* = franz. *au doigt, de digito* = *du doigt*. Das ist eine Revolution in der Syntax (8, 151). Bei »au« bzw. »du« handelt es sich um die Verschmelzung von Präposition und Artikel zu einem einzigen Wort. Der Artikel, entstanden aus dem lateinischen Demonstrativpronomen *ille, illa*, diente jetzt übrigens zur Bezeichnung des Geschlechts.
Nach dem Verstummen des auslautenden *-m* wiesen Nominativ und Akkusativ keinen lautlichen Unterschied mehr auf. Man sagte: *femina dormit* und *video femina*. Hier half sich nun der Sprachgebrauch durch die Gewöhnung an eine strengere Wortstellung. Im Lateinischen ist es ziemlich gleichgültig, ob man sagt: *pater amat filium, filium amat pater* oder *amat pater filium*. Die Bedeutung bleibt dieselbe. Sobald aber die Kasus nicht mehr durch die Endung oder eine Präposition unterschieden werden können, muß eine geregelte Reihenfolge der Satzteile für Klarheit sorgen. Mit anderen Worten: Fortfall der Endungen bringt Stellungszwang: Subjekt rangiert vor Objekt (vgl. die englische Stellungsregel S P O = Sub-

jekt – Prädikat – Objekt). Entsprechend wird auch der Satz »Le père aime le fils« eindeutig.
Auch das verbale Flexionssystem mit seinem außerordentlichen Formenreichtum mußte früher oder später ins Wanken geraten. Wie sollte man z. B. von weniger geschulten Bewohnern der Provinzen erwarten, daß sie im extremen Falle mehr als hundert verschiedene Endungen zu unterscheiden vermöchten? Das Auffassen dieser Nuancen ist nicht nur an ein gutes Gedächtnis, sondern auch an ein geübtes Gehör bzw. eine deutliche Aussprache gebunden. So ist es verständlich, daß sich der synthetische Charakter der lateinischen Flexionsformen in der Umgangssprache nicht halten konnte.

Das lateinische Futur z. B. kam schon im spätrömischen Kaiserreich aus der Mode, weil seine Formen zum Teil entweder durch die Aussprache des b wie v mit dem Perfekt oder durch Abschleifung des e zu i mit dem Präsens zusammenfielen (7, 36). An seine Stelle trat eine Ausdrucksweise, die uns nicht unbekannt ist, z. B. in folgendem Satz: »Ich habe diese Arbeit noch zu erledigen.« Genauso drückt sich Augustinus aus, wenn er vom kommenden Reiche Gottes spricht: *petant aut non petant venire habet* – ob sie bitten oder nicht, es wird kommen. Die Verbindung des Infinitivs *venire* (= kommen) mit dem gemein-indogermanischen Wort für »haben« (*habere* im Lateinischen) drückt genau das aus, was das französische oder italienische Futurum in etwas strafferer Form sagt, indem in diesen beiden Sprachen eine Verschmelzung der beiden Verbformen stattfand (*aimer* + *ai* = *aimerai*) (29, 96). Das moderne französische Futur setzt sich also aus dem Infinitiv *aimer* + entsprechender Form des Präsens von haben = *avoir* (*ai, as, a* usw.) zusammen. In anderen Tempora tritt die analytische Tendenz deutlicher in Erscheinung, z. B. bei *j'ai aimé* für lat. *amavi*, das synthetisch Person und Tempus in *einem* Wort zusammenfaßt.
Was die Steigerungsform anbelangt, so benutzen die romanischen Sprachen die analytischen Formen mit *magis* oder *plus* (statt lat. *grandior*: franz. *plus grand*). Dieser Prozeß kann im Lateinischen weit zurückverfolgt werden. Schon bei Plautus finden wir *magis maiores* als Beispiel für die volkstümliche Tendenz, Komparative und Superlative überzubetonen.
Im Hinblick auf Änderungen in der Syntax sei nur auf die zunehmende Ablösung der a.c.i-Konstruktion durch *quod*- oder *quia*-Verbindungen hingewiesen. Also: »dixi quod venerunt« statt »eos venisse dixi«.

So lassen sich zwar einige sprachliche Übergangserscheinungen nachweisen, die uns die Richtung, in der sich das leben-

dige Latein der Umgangssprache bewegte, andeuten. Dennoch können wir uns kein zuverlässiges Bild von dem Charakter der Sprachen machen, wie sie in den verschiedenen Bereichen des ehemaligen Römischen Imperiums im 5. bis 8. Jahrhundert gesprochen wurden; auch wissen wir nicht genau, wo und wann sich das gesprochene Latein vom literarischen deutlich unterscheidbar absetzte.
Der im Gang befindliche Gärungsprozeß wurde jedoch unzweifelhaft beschleunigt durch die um 407 verstärkt einsetzende Invasion der Barbaren. Indem sie die lateinische Kultur verkümmern ließen, zersetzten sie auch deren Instrument: die Sprache. Wie sollten die wenigen Gelehrten die Scharen derer bilden, die jetzt die Romania in so überwältigender Zahl überschwemmten? Die Schulen verschwanden, und die Verbindungen mit Italien rissen ab. Die letzten Schriftsteller, die das klassische Latein kannten, starben (z. B. Fortunat um 600), und Gregor von Tours (544—595) klagt darüber, daß weder Kleriker noch Laien das richtige Latein beherrschen. Vielmehr werden Dokumente, Gesetze, Diplome in einem barbarischen Latein abgefaßt. Im übrigen wird das in Gallien gesprochene Latein vom Vokabular der nordischen Eindringlinge erheblich beeinflußt. So sind z. B. Wörter wie *garder, choisir* sowie die Suffixe *-ard* und *-and* germanischen Ursprungs. Insgesamt aber bleibt der Einfluß der Germanen auf die sprachliche Substanz des Romanischen erstaunlich gering (35, 74).

Als Repräsentant einer überlegenen Kultur war das Latein zunächst nur in die oberen Ränge der neuen Machthaber eingedrungen. Die Christianisierung, die mit Chlodwigs Taufe 496 einen Wendepunkt bezeichnet, leitete jedoch eine weitgehende Romanisierung der Germanen ein. Als Chlodwig 511 starb, gab es zwar noch keine echte Einheit im Frankenstaat. Doch war der Religionsgegensatz zwischen der eingesessenen Bevölkerung und den eingedrungenen Barbaren beseitigt. Dasselbe Glaubensbekenntnis sollte sich fortan als einigendes Band erweisen, gefestigt durch die gemeinsame Kultursprache Latein (87).

Wie dieses Latein des 6. bis 8. Jahrhunderts beschaffen war, bleibt jedoch ziemlich im dunkeln, da nicht genügend Belege vorliegen, um ein zuverlässiges Bild vom Stand der Sprache entwerfen zu können. Nur hin und wieder erfahren wir einiges über den Charakter und die Existenz dieser in der Romania gesprochenen Sprache, so durch die Glossen von Reichenau (etwa 8. Jahrhundert). Sie erklärten die vom Volk nicht mehr verstandenen Wörter durch andere lateinische Wörter, die der lebendigen Volkssprache angehörten. Vergleicht man die dem damaligen Leser des Bibeltextes nicht mehr verständlichen Wörter (dazu gehören z. B. so klassische Wörter wie *pulcher, optimus, semel, ager, olim, liberi, ire, canere*) mit dem heutigen Romanischen, so stellt man fest, daß tatsächlich keines dieser Wörter im modernen Französisch fortlebt (39, 33/4).

Pulcher hat sich in keiner romanischen Sprache gehalten. Es wurde durch *bellus* verdrängt, das bereits der klassischen Latinität angehörte. Es hatte jedoch den Bedeutungswert von »hübsch«, »nett«. Sein Eintreten für das klassische *pulcher*, das viel objektiver den Begriff »schön« ausdrückte, läßt sich vergleichen mit dem französischen Verhältnis von *joli* zu *beau* oder dem englischen Unterschied zwischen *pretty* und *beautiful*. *Ager* wird verdrängt durch *campus*. Während man früher unter *campus* jede beliebige ebene Fläche verstand (*campus Martius* = Marsfeld im alten Rom), bezeichnet es nun ein bebautes Feld. Es liegt also eine Bedeutungsverengung vor. Dem Verbum *ire* wurde die magere Substanz seines Sprachleibs zum Verhängnis, und so haben sich nur Restformen erhalten, z. B. französisch *j'irai*. Die Nachfolge trat *aller* an, das auf *ambulare* zurückgeht. Die Ablösung von *canere* durch *cantare*, die in der klassischen Sprache ziemlich gleichbedeutend waren, hat ihren Grund in der leichteren Flexion des nach der a-Konjugation gehenden Verbums. Der gleiche Vorgang hat sich vollzogen in dem Ersatz von *uti* durch *usare* (39, 34–36).

Man hat die Meinung vertreten, es habe noch bis ins 8./9. Jahrhundert hinein eine im ganzen Sprachgebiet der Romania (also von Rumänien bis Spanien) vorherrschende gemeinsame lateinische Umgangssprache, also eine Gemeinsprache internationaler Prägung gegeben, die sich dann erst in verschiedene romanische Dialekte, also das moderne Französisch, Spanisch, Italienisch usw. aufgespalten habe. Eine solche Annahme ist jedoch nicht zwingend. Es gibt vielmehr Romanisten, welche die Ausgliederung der romanischen Sprachräume, d. h. die Differenzierung in verschiedene Dialekte schon sehr früh ansetzen. Die Frage: »A quelle époque a-t-on cessé de parler latin?« (Marouzeau) — »Wann hörte man auf, Latein zu sprechen?« — bleibt also nach wie vor offen.

Was die Schriftsprache betrifft, so besteht kein Zweifel, daß alle höheren literarischen und wissenschaftlichen Bemühungen auch künftig eine Provinz der Prestigesprache Latein blieben. So wurden fast alle schriftlichen Aufzeichnungen (Urkunden, Protokolle, Predigten, Übersetzungen, Briefe, lehrhafte Traktate, Chroniken, Prosa- und Versdichtung) bis ins 9. Jahrhundert ausschließlich lateinisch abgefaßt. Jedenfalls findet man

bis dahin im Bereich der gesamten Romania keinerlei Dialekttexte, die nicht lateinisch sind und als Vorläufer romanischer Sprache bezeichnet werden könnten. Dann aber treten sie plötzlich auf, und zwar deutlich unterschieden von lateinischen Texten derselben Gegend.
Sobald man aber zu dem Ergebnis kam, daß die gesprochenen heimischen Dialekte in Wirklichkeit mehr als nur verwildertes Latein waren, wurden sie für wert erachtet, bei bestimmten Anlässen auch schriftlich festgehalten zu werden. Man lernte sie als Sprachen mit eigener Berechtigung schätzen, da sie der besseren Verständigung mit Leuten dienten, die das gehobene Latein nicht mehr verstanden. Jedenfalls scheint sich um das Jahr 800 immer mehr die Erkenntnis durchgesetzt zu haben, daß das in den Schulen gelehrte und gelernte Latein den lebendigen Kontakt mit der Umgangssprache verloren hatte. Sicher ist, daß im Zeitalter der karolingischen Renaissance (vgl. S. 22) die Kluft zwischen der lateinischen Schriftsprache und der Vulgärsprache so weit geworden war, daß selbst die sehr konservative Kirche sich gezwungen sah, auf die traditionelle Kirchensprache wenigstens teilweise zu verzichten. Die Geistlichen erkannten selbst, daß mit einer Sprache, die für die große Masse des Volkes unverständlich geworden war, eine erfolgreiche seelsorgerische Betreuung nicht mehr gewährleistet war.

Auf diese Verhältnisse geht wahrscheinlich die Anordnung des Konzils von Tours 813 zurück, daß der Klerus in der Landessprache predigen solle, und zwar da, wo es nötig erscheine. »Die Auslegung der Heiligen Schrift durch die Geistlichen durfte also künftighin auch in romanischer oder deutscher Volkssprache erfolgen: *Ut easdem homilias quisque aperte transferre studeat in rusticam romanam linguam aut theotiscam, quo facilius cuncti possint intelligere quae dicuntur.* Diese Entscheidung einer hohen Kirchenversammlung ist gleichbedeutend mit der offiziellen Anerkennung der französischen Volkssprache« (39, 85). In Italien läßt sich dagegen das Zugeständnis der italienischen Volkssprache für den Gebrauch im Beichtstuhl erst seit dem 10. Jahrhundert beobachten.
Bereits bei Plautus (2. Jahrhundert v. Chr.) konnten wir auf gewisse mundartliche Erscheinungen hinweisen, welche der Metamorphose zum Französischen den Weg bereiteten. Über fast tausend Jahre erstreckte sich also diese Entwicklung zur französischen Volkssprache.

»Die Geschichte der französischen Schriftsprache beginnt mit dem ältesten Dokument, in dem zum erstenmal (soweit wir es heute wissen) die romanische Volkssprache Frankreichs verwendet wurde« (39, 85). Dieses älteste romanische Sprachdenkmal sind die *Straßburger Eide* von 842, die in altromanischer und althochdeutscher Sprache verfaßt sind. Der bedeutende geschichtliche Hintergrund dieser Eide ist die so folgenreiche Teilung des Staates Karls des Großen in Ostfranken (Deutschland), wo man Lateinisch schrieb und Deutsch sprach, und Westfranken (Frankreich), wo man ebenfalls Lateinisch schrieb, aber fortan das aus dem Vulgärlatein entstandene Altfranzösisch sprach. Dem Umstand, daß die zwischen Karl dem Kahlen und Ludwig dem Deutschen ausgetauschten Eidesformeln zugleich auch von dem beiderseitigen Heervolk verstanden werden sollten, verdanken wir nun die so aufschlußreiche Formulierung der Abmachungen. In romanischer Fassung beginnen sie: »pro deo amur et pro christian poblo et pro nostro commun salvament.« Das steht dem Latein noch ganz nahe. Dagegen althochdeutsch: »in godes minna ind in thes christianes folches ind in unser bedhero gehaltnissi ...« (3, 43). Das ist eine völlig andere Sprachwelt, welche die Grenze zwischen Deutschland und Frankreich sehr deutlich markiert. So sind diese *Straßburger Eide* ein linguistisches Kuriosum, da zu dieser Zeit Latein noch ganz und gar die offizielle Schriftsprache war. Erst im 11. Jahrhundert beginnt die Kette französischer Literaturdenkmäler. Die spanische Literatur setzt Ende des 12. Jahrhunderts ein, die italienische gar erst um 1220 mit dem *Sonnengesang* (»Cantico del Sole«) des heiligen Franz (vgl. S. 95).

Es vergehen also wieder einige Jahrhunderte, bevor wir zu neuen Erkenntnissen hinsichtlich der Entwicklung des Altfranzösischen gelangen können. Um das Jahr 1100 entstand in Südfrankreich die älteste höfische Dichtung Europas, die sehr bald für Italien und Nordfrankreich, für Deutschland und Portugal das große Vorbild wurde. Es handelt sich um die Dichtungen der Troubadourzeit, die in einer neuen Phase der romanischen Entwicklung, dem Provenzalischen, verfaßt wurden. »Wir nennen diese Sprache provenzalisch, weil eine ihrer Kernlandschaften die Provence ist, die selbst ihren Namen auf die alte römische Provincia Narbonensis zurückführt. Von ihren Nachbarn (besonders in Italien) wurde die Sprache der Provenzalen gern als ›lenga d'oc‹ bezeichnet: nach der Bejahungspartikel *oc* (lat. *hoc*), die dem französischen *oui* (altfranz. *oil*) entspricht« (39, 52). Das Provenzalische unterscheidet sich von der Sprache, die sich im Norden Frankreichs entwickelte, durch eine viel bessere Bewahrung des vulgärlateinischen Vokalsystems wie überhaupt des romanischen Sprachgutes. Nachstehend folgt eine kleine Probe provenzalischer Prosa (um 1140) nebst Erläuterung (39, 60): »Per lo ben qu'el n'auzi dire als pelegrins.« Das heißt: »Um des Guten willen, das er über sie, die Pilger, sagen hörte.« Die vulgärlateinische Vorstufe dieses Satzes würde so gelautet haben: »Per illu bene quod ille inde audi(v)it dicere ad illos pergrinos.« *Lo* ist der männliche provenzalische Artikel, auf lateinisch *(il)lu* beruhend und Vorstufe zu französisch *le. Inde,* das in seiner Schwachtonigkeit zu *en* oder *ne* reduziert worden ist, hat im Provenzalischen die gleiche pronominale Funktion entwickelt (*von ihr*) wie *en* im Französischen (*on en parlait*). *Auzi* setzt ein *audit* voraus; die Perfekta auf *-avi* und *-ivi* sind schon im Vulgärlatein seit dem 1. Jahrhundert durch verkürzte Formen ersetzt worden. Man sprach *cantai, cantasti, audii, audirunt.*

Trotz seiner großen Bedeutung für die Literatur des 12. Jahrhunderts blieb das Provenzalische bis zum heutigen Tage ein regionaler Dialekt, während die Wiege der französischen Nationalsprache in Nordfrankreich zu suchen ist. Dort hatten sich im Mittelalter verschiedene Dialekte herausgebildet, insbesondere Normannisch, Pikardisch, Burgundisch und der Dialekt der Île-de-France. Eine Zeitlang standen die verschiedenen Dialekte gleichwertig nebeneinander. Als aber die Kapetinger als Könige von Frankreich zur Macht kamen und Paris zur nationalen Hauptstadt erhoben wurde, gewann die Mundart des Pariser Bürgertums bzw. der Île-de-France allmählich Anerkennung als die offizielle und literarische Sprache. Entsprechend wurden die Städte Florenz und Madrid für das Italienische bzw. Spanische bestimmend.

Es ist also jene nördliche *langue d'oil,* die dank der politischen, kulturellen und wirtschaftlichen Vormachtstellung der Hauptstadt ihren Siegeszug in die gallischen Südprovinzen antrat, der noch heute anhält und sich auch in der Schweiz durch die Ausmerzung des franko-provenzalischen Patois auswirkt (37, 25). Als Dichtung gelangte die nordfranzösische Sprache zum erstenmal im England der Plantagenets (1154–1399) zu europäischer Geltung. Hier im englisch-romanischen Doppelreich Heinrichs II. und seiner literaturfreundlichen Gattin Eleonore von Aquitanien hat um 1160 die französische Literatur ihre älteste und geschlossenste Blütezeit erlebt (39, 87).

Die meisten französischen Wörter leiten sich vom Vulgärlatein ab, haben sich jedoch in Form und Bedeutung durch den jahrhundertelangen Gebrauch verändert. Man bezeichnet diese volkstümlichen Wörter (*mots populaires*) auch als Erbwörter, weil sie in ununterbrochener Tradition im Munde auch der unteren Volksschichten weiterlebten. Der Grundstock aller romanischen Sprachen besteht aus solchen Erbwörtern, zu denen z. B. ganz naturgemäß die Gegebenheiten des Bauernlebens gehören (lat. *vacca* wird zu franz. *vache*; *cane* wird zu *chien*).

Diese volkstümlichen französischen Wörter erhielten zur Zeit der Renaissance vielfach Konkurrenz durch gelehrte Wörter (*mots savants*), die sich direkt vom klassischen Latein ableiten. Solche Wörter wurden nur in gebildeten, des Schriftlateins kundigen Kreisen gebraucht. Manchmal gingen sie allerdings auch in den Bereich der Volkssprache über und paßten sich deren Aussprachegewohnheiten an. Altfranzösisches *clementia* (9. Jahrhundert) zeigt z. B. noch ganz die lateinische Wortform, die später der den französischen Gewohnheiten angepaßten Form *clémence* (seit dem 13. Jahrhundert) wich. Buchwörter, die in früher Zeit (in manchen Fällen schon vor dem 8. Jahrhundert) in die Volkssprache aufgenommen wurden und so einen großen Teil romanischer Lautwandlungen noch mitgemacht haben, nennt man »halbgelehrte Wörter« (35, 136).
Manchmal ergibt sich der interessante Fall, daß ein lateinisches Wort im Romanischen (ähnlich wie im Englischen) sowohl als Erbwort weiterlebt, wie auch als Buchwort aus dem Lateinischen neu entlehnt wurde. Man nennt solche Doppelformen, denen also derselbe lateinische Stamm zugrunde liegt, »Dubletten«, z. B.

la cause	Grund, Prozeß	la chose	Ding, Sache	von lat.	causa
le débit	Absatz, Soll	la dette	Schuld (Geld)		debitum
l'hôpital	Krankenhaus	l'hôtel	Herberge, Rathaus		hospitale
penser	denken	peser	wiegen		pensare
la piété	Frömmigkeit	la pitié	Mitleid		pietas
la potion	Arzneitrank	le poison	Gift		potione
le sacrement	Sakrament	le serment	Eid		sacramentum
auguste	erhaben	l'août	August		Augustus
blasphémer	lästern	blâmer	tadeln	gr./lat.	blasphemare

Diese Doppelformen haben, gleichsam um ihre Koexistenz zu rechtfertigen, meist auch die Bedeutung geändert. Im übrigen fällt auf, daß die zuerst genannten Buchwörter den lateinischen Stamm durchweg unverändert beibehalten haben, während die älteren Erbwörter infolge häufigen Gebrauchs im Volksmund manche Abnutzungsspuren aufweisen.
In diesen Zusammenhang gehören auch Begriffspaare wie: *père — paternel*; *poitrine — pectoral*; wobei das Substantiv die französische und das Adjektiv die lateinische Form zeigt. Ähnlich wie im Englischen kommt es jedoch gelegentlich auch vor, daß das Substantiv dem ursprünglichen vulgären Sprachgebrauch zugehörig ist, während das Adjektiv vornehmer tut und sich in klassischer Gewandung präsentiert, z. B. *cheval* und *équestre*.

Schließlich sei noch auf die besondere wortkundliche Gattung der sogenannten »Rückwanderer« hingewiesen. Hierzu gehört z. B. das Wort »le challenge«, der sportliche Wettkampf. Dieses Wort wurde aus England importiert, wo es soviel bedeutet wie Herausforderung zum Kampf. Die Engländer bzw. Normannen hatten die Vokabel ihrerseits aus dem altfranzösischen »chalenge« = Rechtsstreit, das auf lateinisch »calumnia« (= Verleumdung) zurückgeht, entlehnt (35, 139). Das Wort »challenge« kann also, ähnlich wie »sport« (vgl. S. 43), auf eine weitgereiste Verwandtschaft hinweisen. Mit anderen Worten, die Franzosen haben sich mit diesem Rückwanderer eine Vokabel heimgeholt, die bereits vor vielen Jahrhunderten einmal heimisch gewesen war, dann aber nach Britannien auswanderte.
Die Tatsache der Existenz von Buch- und Erbwörtern bringt in das romanische Lexikon eine gewisse Buntheit: Es ist jene schriftlateinisch-romanische Ausdrucksfülle, die ein Charakteristikum Lateineuropas darstellt; sie ist Kennzeichen einer reichen, Vergangenheit und Gegenwart umspannenden Kultur, eines ausgesprochen historisch orientierten Lebensgefühls.
Wie tief der Latinismus in die Substanz des Französischen eingedrungen ist, zeigt die Fruchtbarkeit latinisierender Wortbildung (*-ation, -ition, -ateur, -able, -ible, -aire*) (35, 137).

Seit dem Mittelalter hat sich die französische Orthographie nicht wesentlich verändert. Man schreibt »haine« heute noch wie im 12. Jahrhundert. Die Schreiber des Mittelalters benutzten im 12. und 13. Jahrhundert eine relativ einfache und phonetische Schreibung, die sehr durch das Latein beeinflußt wurde, das man häufiger schrieb als das Französische. So wurde Latein als Gerichtssprache erst 1539 abgeschafft. »Die Grafen von Savoyen beurkundeten noch bis Ende des 16. Jahrhunderts lateinisch, das Wallis sogar noch bis ins 17. Jahrhundert« (37, 29).
Ähnlich wie im Englischen hat sich die Orthographie immer mehr gefestigt, während sich die Aussprache wandelte. Häufig wurde die Schreibung der Etymologie angeglichen. So erhielt »tere« zwei *r* gemäß »terra«. Die Académie Française verfolgte im 17. Jahrhundert den Grundsatz: *Le mot français doit rappeler autant que possible le mot latin dont il dérive.* Das französische Wort soll also soweit wie möglich an das lateinische Wort, von dem es sich ableitet, erinnern: z. B. *tant — tantum; temps — tempus; quand — quando*; und der Vorläufer des modernen *devoir* war *debvoir* in Anlehnung an *debere.* Auch mundartliche Unterschiede wurden unter dem Einfluß der Académie aus der Schriftsprache entfernt.

Es ist bemerkenswert, daß von dem französischen Grundwortschatz (83) etwa dreihundertsechzig von zweitausend Wörtern, das sind rund 18,2 Prozent, den lateinischen Stamm getreu bewahrt haben. Das Geschlecht ist, wie oben bereits dargelegt, fast immer unverändert geblieben, wobei die lateinischen Neutra sich im Französischen zu Maskulina verwandelten. Lateinisch *terra* (fem.) wurde zu *la terre* und lateinisch *templum* (neutr.) zu *le temple.* Die wichtigsten Ausnahmen sind: *error, valor* (lat. mask.) werden zu *l'erreur, la valeur* (frz. fem.); *mare* (neutr.) wird zu *la mer.*
Als Beweis dafür, daß auch das moderne Französisch noch Anleihen beim Lateinischen macht, sei auf das Wort *avion* (für Flugzeug) von lateinisch *avis* (Vogel) hingewiesen. Solche lateinischen Entlehnungen wirken jedoch in den romanischen Sprachen nicht als »Fremdwörter« wie im Deutschen. Vielmehr bleibt das Latein der gemeinsame und unerschöpfliche Vorrat für alle romanischen Sprachen.

Französisch ist heute eine der bedeutendsten Bildungs- und Verkehrssprachen. Als Diplomatensprache löste es das Latein in der Zeit Ludwigs XIV. ab. Außer in Frankreich selbst wird es in Belgien, der Schweiz, großen Teilen Afrikas, Indochina, Haiti und Kanada gesprochen.
Nach einem Bericht der Zeitung *France Soir* vom 4. Juni 1965 wird Französisch heute in fünfundneunzig Ländern unterrichtet. Bei der UNESCO-Konferenz im November 1964 in Paris referierten fünfunddreißig Delegationschefs in französisch, fünfunddreißig in englisch sowie achtzehn in spanisch oder russisch. Französisch hatte damit gegenüber seinen Konkurrenten gleichgezogen. In Rumänien ziehen 65 Prozent der höheren Schüler das Französische dem Englischen oder Russischen vor. In der UdSSR lernen gegenwärtig etwa 22 Prozent der Schüler Französisch.
»Die französische Schriftsprache ist die reifste Frucht romanischer Sprachentwicklung. Ihre Reife verdankt sie zum guten Teil der tausendjährigen, planvoll strengen und doch organischen Erziehung in der Schule des Lateinischen« (35, 42).

Wörter erzählen aus ihrer Vergangenheit

Die vorausgehenden Ausführungen versuchten, die großen Zusammenhänge und Ursachen aufzuspüren, welche den Übergang vom Lateinischen zum Französischen herbeiführten. Im folgenden Abschnitt soll nun an Hand typischer Beispiele demonstriert werden, wie sich diese Verwandlung im einzelnen vollzog.

angoisse Angst. Lateinisch *angustia* konnte schon in klassischer Zeit eine rein abstrakte Bedeutung annehmen im Sinne von Verlegenheit (ursprünglich: enger Raum).
arriver ankommen. Zu *ripa* (Ufer) bildet man schon im Vulgärlatein ein *adripare, arripare* = ans Ufer kommen, landen.
assez genug. Aus vulgärlateinisch *ad-satis* (vgl. dt. »zur Genüge«) wird durch Assimilation (Angleichung eines Lautes an einen anderen) *assatis* und dann *assez*.
aveugle blind ist entstanden aus »orbus ab oculis« (der Augen beraubt) durch den Vorgang der Ellipse (Auslassung des *orbus* zur Verkürzung des Ausdrucks).
calculer von *calculus*, Deminutiv (Verkleinerungsform) zu *calx* Kalkstein bedeutet Steinchen, insbesondere Rechenstein. Dazu gehört *calculare* mit Steinchen rechnen. Hieraus ist französisch *calculer* entlehnt (34, 7).
cent von *centum*. Im Französischen wird ursprünglich jeder Vokal durch folgendes *m* oder *n* nasaliert (vgl. *lingua* – *langue*).
chambre von *camera*. Bei den Lehnwörtern wird *c* vor *a* in der Regel zu *ch* (vgl. *caballus* 〉 *cheval*; *cantare* 〉 *chanter*). Das *b* stellt sich als Übergangslaut (Gleitlaut) zwischen zwei anderen Lauten ein (vgl. *numeru* wird zu *nombre*).
chance Glücksfall bedeutet ursprünglich »Fall der Würfel« von mlt. *cadentia* (vgl. dt. »sein Leben in die *Schanze* schlagen«) (34, 8).
chapelle Dieses Wort hat eine ungewöhnliche Bedeutungsentwicklung genommen. In dem Privatheiligtum der fränkischen Könige wurde neben anderen Reliquien der Mantel des heiligen Martinus aufbewahrt. Ein solcher zugleich den Kopf kapuzenartig deckender Mantel hieß *cappa* oder mit Deminutivableitung *cappella*. Von dieser *cappella* des heiligen Martin erhielt das Gebäude selbst den Namen *chapelle*, der dann seit dem 7. Jahrhundert auf jedes kleinere Bethaus ohne besondere Geistlichkeit, später auch auf geschlossene Seitenräume größerer Kirchen angewendet wurde.
compagnon aus lat. *cum* (mit) und *panis* (Brot). Das zum ersten Male im 6. Jahrhundert im Gesetzbuch der salischen Franken bezeugte Wort *companiones* bezeichnete ursprünglich in der Militärsprache die an einem Laib Brot beteiligten Gefährten. *Companio* ist eine getreue lateinische Nachbildung des im Gotischen in der Bedeutung »Genosse« bezeugten germanischen *gahlaiba*.
compter, conter aus *computare* = zusammenrechnen, berechnen ergab altfr. *conter*. Die Bedeutungsentwicklung entspricht sehr genau der des dt. erzählen, was nichts anderes ist als auszählen, aufzählen. Daß zählen und erzählen begrifflich nahe

verwandt sind, ergibt sich auch aus engl. *tell*. So muß *computare* im Spätlateinischen bereits beide Bedeutungen gehabt haben, was bei ital. *contare* und span. *contar* noch heute der Fall ist. Das altfr. *conter* hatte ebenfalls beide Bedeutungen. Erst seit dem 15. Jahrhundert sind *compter* für zählen, *conter* für erzählen orthographisch geschieden. Die Erweiterung *raconter* (12. Jahrhundert) ist heute üblicher als das einfache *conter* (34, 9).

des ist aus *de illis* über *dels* gekürzt.

échapper entkommen beruht auf vulgärlat. *excappare* = »aus der *cappa* herauskommen«. Vielleicht hat man zunächst an einen Menschen zu denken, der ohne Mantel entflieht, oder an einen Jagdfalken, dem die Kappe abgenommen ist und der nun frei fliegen kann (vgl. engl. *escape*) (34, 12).

faire aus lat. *facere*, dessen unbetontes e zwischen zwei Konsonanten mit der Zeit ganz ausfiel (= Synkope). Vor einem Konsonanten ist lat. k und g zu i vokalisiert worden: *factu* – *fait*; *lacte* – *lait*.

forêt geht auf altfr. *forest* = Wald zurück, das als Lehnwort (Forst) ins Deutsche übernommen wurde. Es beruht auf einer Adjektivierung des Adverbs *foris* »draußen«. Grundlage ist *silva forestis*, womit ein Wald bezeichnet wurde, der nicht leicht zugänglich war (eigentlich der außerhalb liegende Wald; der Jagdwald des Königs, in welchem nicht geholzt werden durfte) (34, 17).

grand groß. Das ursprünglich geläufigere Wort *magnus* wurde schon im Spätlateinischen durch *grandis* verdrängt. In den romanischen Sprachen lebt nur *grandis* fort, von einigen wenigen Ausnahmen wie *Charlemagne*, *magnanime* abgesehen.

hiver Winter. Schon im Lateinischen wurde aus *hibernum tempus* durch Verzicht auf *tempus* ein zum Substantiv erhobenes *hibernum*. Altfränkisches *ivern* entwickelte sich dann zu *iver*, um später *hiver* zu ergeben.

lavabo Bei der Messe wäscht sich der Priester die Hände mit den Psalmworten: *Lavabo inter innocentes manus meas* – »Ich werde meine Hände unter den Unschuldigen waschen.« Dieser Teil der Messe heißt schlechtweg *lavabo*. Dies bedeutet zunächst also das »Händewaschen des Priesters«, weiterhin »das Handtuch, dessen sich der Priester dabei bedient«, schließlich jede Waschgelegenheit überhaupt (34, 27).

main lat. *manu*; a wird zu ai (vgl. *pane* – *pain*; *amat* – *aime*).

mais Die Entwicklung von der komparativen Mengenbedeutung *magis* (mehr) geht über die adversative Zwischenstufe »vielmehr« (*non ille, magis illa*) zur adversativen Konjunktion *mais*. Das *ai* wird durch das folgende *g* hervorgerufen: *magis* wird zu *majis* (39, 76).

maison von lat. *mansionem* bedeutete ursprünglich die

»Bleibe« (von *manere*). Die vulgärlateinische Grundlage des französischen Wortes ist *masione*. Franz. *maison* hat im Galloromanischen *casa* verdrängt, das nur in der Präposition *chez* fortlebt (34, 28).

malade geht zurück auf *male habitus* »in einem schlechten Zustand befindlich« (provenz. *malaute*).

mener führen beruht auf lat. *minare, minari* = drohen. Die Bedeutungsentwicklung geht über »Vieh durch Geschrei oder Prügel antreiben«. Das Wort entstammt also der Sprache der Viehhirten.

merci aus lat. *mercede* Lohn, Preis, Gunst. Durch den vorausgehenden Palatal c wird freies vulgärlat. e im Französischen zu i (vgl. *placere — plaisir*).

mère aus *matre*, da a in betonter offener Silbe zu e wird (vgl. *nasu — nez* — Nase). Allgemein läßt sich sagen, daß sich die Vokale ändern, je nachdem, ob sie in offener oder geschlossener Silbe stehen.

oui In diesem Wörtchen steckt ein ganzer Satz. Vulgärlat. fragt man etwa: *Vadit illi*? (für *ille* entsprechend *qui*) — »Geht er?« Darauf antwortete man: *Hoc facit illi* oder kurz *hoc illi* — »Das tut er.« Aus *hoc illi* entstand altfranz. *oil*, neufrz. *oui*. In Südfrankreich begnügte man sich sogar mit der Antwort *hoc*, altprovenz. *oc* — ja, daher *langue d'oc* gegenüber *langue d'oil* (vgl. S. 84) (34, 35).

payer von lat. *pacare* (zu *pax*) — zum Frieden bringen, beruhigen bedeutet spätlat. bezahlen, eigentlich den Gläubiger beruhigen, daher franz. *payer*, ital. *pagare*, span. *pagar* (34, 37).

pèlerin von lat. *peregre* »in der Fremde« bedeutet eigentlich »was außerhalb des *ager Romanus*, des römischen Gebietes geschieht«. Davon abgeleitet ist lat. *peregrinus* — fremd, Fremdling, das im Spätlatein zu *pelegrinus* dissimiliert wurde (Dissimilation im Gegensatz zu Assimilation) (34, 37).

peuple von lat. *populum*. Kurze u, die nicht akzentuiert sind, verschwinden (vgl. *ensemble* aus *in simul*). Im Italienischen werden kurze u zu o = *popolo*.

près Adv. beruht auf dem lat. *pressus* — gedrängt, das auch zur Bildung des Adverbs *après* geführt hat (*ad pressum* — nahebei, seit 4. Jahrhundert bezeugt).

que »daß« setzt lat. *quod* fort, das schon im klassischen Latein in gewissen Fällen zur Verknüpfung von zwei Sätzen dienen konnte, z. B. *scio quod* — »ich weiß, daß« ... (Plautus) (39, 123).

rien aus lat. *rem* im Sinne von etwas, irgend etwas. Aus negativen Ausdrücken wie *ne ... rien* löste sich seit dem 16. Jahrhundert *rien* — nichts (34, 44).

rival von lat. *rivus* »Bach, Wassergraben«, abgeleitet ist das Adjektiv *rivalis* = zum Bach, Kanal gehörig; substantivisch

»der an einem Wasserkanal Mitberechtigte«, übertragen »Nebenbuhler«, der einem das Wasser des *rivus* streitig macht (34, 44).

route – routine Die Römer sagten *viam rumpere* – einen Weg bahnen, eigentlich »durchbrechen«. Auf (*via*) *rupta* – durchbrochener Weg beruht franz. *route* – Landstraße. Es hat also *rupta* nach Fortfall von *via* schlechtweg die Bedeutung »Weg« angenommen (vgl. hiermit *via strata* zu dt. Straße). Zu *route* – Weg bildete man im 16. Jahrhundert das Deminutivum *routine* – kleiner Weg und sagte *routine d'usage*, schließlich bloß *routine* – gewohnter Weg, gewohnte Handlung, Übung, Routine (34, 46).

semaine beruht auf dem kirchenlat. *septimana* – Zeitspanne von sieben Tagen. Durch Ausstoßung (Synkopierung) der Silbe ti und Angleichung (Assimilation) des p an m wurde es zu *semmana*.

tôt lat. *tostus* – »gedörrt, versengt« entwickelte über heiß die Bedeutung hitzig, rasch, bald und ergab altfranz. *tost*, neufrz. *tôt* (*tôt ou tard, trop tôt, bientôt*). Die ursprüngliche Bedeutung bewahrte das altfränkische *tost* – gedörrt, geröstet. Hieraus entlehnte man engl. *toast* – geröstete Brotschnitte, die man demjenigen ins Glas legte, der einen Trinkspruch (Toast) auf jemanden ausbringen sollte (34, 52).

très Aus lat. *trans* – »über hinaus« konnte sich durch die Vorstellung »über das gewöhnliche Maß hinaus« das Adverb *très* – sehr entwickeln: *il est très grand* – er ist über normales *grand* hinaus, d. h. sehr groß (34, 53).

il va Die einsilbigen Formen des Präsens von *ire* (eo, is, it, eunt) sind in der Volkssprache früh verlorengegangen. Das hängt damit zusammen, daß diese kurzen Formen keinen tragfähigen Stamm enthielten: Sie mußten eher den Eindruck von Endungen machen, die eines Verbalstammes entbehrten. Infolgedessen wurden die nicht lebensfähigen Formen aushilfsweise ersetzt durch Formen des Verbums *vadere*. So fehlen in der Vulgata die Formen *is* und *it*; sie sind durch *vadis* und *vadit* ersetzt. Es fehlt auch der Imperativ *i*; an seiner Stelle findet man hunderteinundachtzigmal *vade*. Dagegen ist der Imperativ *ite* an achtundsechzig Stellen belegt.

viande für lat. *vivenda* – wovon zu leben ist (substantiviertes Gerundiv zu *vivere*) mit Ausstoßung (Synkope) des zweiten v. Die Bedeutung des Wortes »Nahrung« hat sich im Neufranzösischen allmählich zu »Fleisch« verengt (34, 56).

vie aus lat. *vita*, oft schwindet Konsonant zwischen zwei Vokalen (vgl. *securus* wird zu *sûr* – sicher).

vierge aus lat. *virgine* durch Abstoßung der Endsilbe (Apokopierung).

Das Italienische hat die längste zusammenhängende Geschichte aller romanischen Sprachen. Es ist die ununterbrochene Weiterentwicklung jenes Lateins, das sozusagen »ab urbe condita«, d. h. »seit Gründung der Stadt«, in den Straßen Roms gesprochen wurde. Das Französische der *Straßburger Eide* aus dem Jahre 842 ist im Vergleich dazu weiter vom Lateinischen entfernt als das Italienische von heute. Für die Gefolgsleute Karls des Kahlen war die Sprache, in der Ludwig jenen Eid ablegte, nicht mehr eine vulgäre Form des lateinischen Textes, sondern sie war eine selbständige neue Sprache geworden, die eigengesetzlich neben dem Lateinischen und der althochdeutschen Sprache stand (vgl. S. 84).

»Das Bewußtsein vom Eigenwert der Landessprache gegenüber der lateinischen Muttersprache, das in Frankreich so früh zu beobachten ist und das dort schon am Ende des 9. Jahrhunderts die ersten Dichtungen in der Volkssprache entstehen ließ, war dem Italien jener Zeit noch fremd. Lateinisch und Italienisch wurden noch als eins empfunden, die Volkssprache war nur eine ›vulgäre‹ Form der lateinischen Hochsprache, unwürdig des schriftlichen Gebrauchs und nur als Verständigungsmittel dienend. So erklärt es sich, daß die Volkssprache in Italien als geringere Abart der lateinischen Literatursprache ›lingua vulgaris‹ genannt wurde, während sie auf gallischem Boden ›lingua Romana‹ oder ›lingua Romana rustica‹ hieß« (33, 11). So mußten die verhältnismäßig geringen Abweichungen, die sich in der italienischen Volkssprache gegenüber dem Lateinischen ergeben hatten, in Italien mehr als in den anderen romanischen Ländern die Fortdauer des Lateins als Schriftsprache begünstigen.

»Der erste klare Beleg für das Bewußtwerden der Zweisprachigkeit auch in Italien scheint aus dem Jahre 960 zu stammen« (33, 13). Tatsächlich sahen zahlreiche Linguisten das Jahr 1960 als gegebenen Anlaß an, die erste Jahrtausendfeier der italienischen Sprache zu begehen. Dabei konnte man sich auf ein Dekret »Placito« berufen, das im Frühjahr des Jahres 960 erlassen worden war und zum ersten Male Kenntnis gibt von der Existenz einer Umgangssprache, die zum Unterschied vom Lateinischen ausdrücklich als »lingua vulgaris« bezeichnet wird. Hierbei handelt es sich um eine Streitfrage im Zusammenhang mit klösterlichem Landbesitz. In diesem Dokument bestätigen mehrere Zeugen aus Capua, Sessa und Teano in ihrer Umgangssprache, daß bestimmte Ländereien seit vielen Jahren den dort liegenden Filialklöstern von Monte Cassino

gehören. Der Text der Aussage des Zeugen aus Capua lautet: »Sao ko kelle terre, per kelle fini que ki contene, treta anni le possette parte Sancto Benedicti.« In heutiges Italienisch übertragen würde diese Stelle lauten: »So che quelle terre, per quei confini descritti in questa carta, trent' anni furono possedute dai Santi Benedettini.« Auf deutsch: »Ich weiß, daß diese Ländereien in den Grenzen, die auf dieser Karte beschrieben sind, seit dreißig Jahren den Benediktinern gehörten.«
Aus diesen Äußerungen, die sich wie Fremdkörper inmitten des lateinisch abgefaßten Protokolls ausnehmen, wird ersichtlich, daß die lateinische Sprache den einfachen Leuten nicht mehr geläufig war. Die »Lingua vulgaris« aber ist genauso lateinischen Ursprungs wie das vom Volksmund weniger beeinflußte literarische Latein. Das bis ins 12. Jahrhundert bewahrte friedliche Nebeneinander der Literatur- und der Volkssprache beweist, daß sich diese beiden Erscheinungsformen der lateinischen Sprache noch nicht völlig auseinandergelebt hatten. Die zahlreich überlieferten Heiligenlegenden, Romane usw. sind vielmehr der Beleg dafür, daß diese lateinisch abgefaßte Literatur in weiten Kreisen des Volkes noch verstanden und nicht als fremd empfunden wurde. Trotzdem läßt sich nicht übersehen, daß, wie die Zeugenaussage von 960 beweist, der Prozeß des Auseinanderstrebens von lateinischer Schrift- und Umgangssprache auch in Italien im Gange war. Das geht auch daraus hervor, daß die Anerkennung der italienischen Volkssprache für den Gebrauch im Beichtstuhl seit dem 10. Jahrhundert zu beobachten ist.

Wir haben an anderer Stelle ausführlich über diese ganz natürliche Entwicklung des Zerfalls des klassischen Lateins in einzelne Dialekte, die heutigen romanischen Sprachen, gesprochen. Wenn sich in Italien diese Ablösung bzw. Verselbständigung der Umgangssprache langsamer vollzog als etwa in Frankreich oder Spanien, so hängt dies wohl nicht zuletzt damit zusammen, daß sich die italienische Vulgärsprache phonetisch nur relativ wenig von der Aussprache des klassischen Lateins entfernt hat. Mit anderen Worten: Das Italienische hat die Laute des Lateins, insbesondere die Vokale, treuer bewahrt als die übrigen romanischen Sprachen. Es kennt kein ö oder ü und auch nicht die Nasalvokale des Französischen oder Portugiesischen.

Italienische, d. h. in der Volkssprache geschriebene Urkunden sind bis ins 13. Jahrhundert selten. Erst um diese Zeit entstand eine selbständige italienische Literatur; doch die eigentliche Schriftsprache war nach wie vor das Lateinische. Noch im 14. Jahrhundert, zu einer Zeit, als in Frankreich und in Spa-

nien die Volkssprachen dieser Länder längst die Herrschaft errungen hatten, schrieben Dante, Petrarca und Boccaccio ihre historischen und politischen Werke in lateinischer Sprache. Aber auch in der schönen Literatur hatte es die italienische Sprache nicht leicht, sich gegenüber der machtvollen Stellung des Lateinischen durchzusetzen.
Natürlich gab es auch im Bereich der italienischen Volkssprache zahlreiche Dialekte. Franz von Assisi (1183–1226) z. B. sprach Umbrisch. Er ist der erste, von dem berichtet wird, daß er einen geistlichen Lobgesang in seiner Muttersprache verfaßt habe. Hören wir den Anfang des ihm zugeschriebenen *Sonnengesangs* als erstes Beispiel für die frühe mundartliche italienische Dichtung:

Altissimu, onnipotente, bon Signore,
tue so le laude, la gloria e l'onore et onne benedictione.
Ad te solo Altissimo, se konfano
et nullo homo ène dignu te mentovare.
Laudato sie, mi Signore, cum tucte le tue creature
spetialmente messor lo frate sole,
lo qual' è iorno, et allumini per lui;
et ellu è bellu e radiante cum grande splendore;
de te, Altissimo, porta significatione (39, 47).

Neben dem heiligen Franziskus war der Umbrer Jacopone da Todi (1236–1306) Wegbereiter für die religiöse Lyrik in der Volkssprache.
Ihre eigentliche Heimat sollte die italienische Schriftsprache jedoch nicht in Umbrien, sondern in der Toskana finden, wo mit dem Mittelpunkt Florenz seit dem 13. Jahrhundert die literarische Führung lag. Es waren die großen dort wirkenden Dichter Dante, Petrarca und Boccaccio, deren Werke diesem Dialekt von Florenz höchstes Ansehen verliehen. Sicher trugen zu dieser Vormachtstellung des toskanischen Idioms auch die blühende Textilindustrie dieser Landschaft bei, nicht minder die reichen Bankhäuser von Florenz. Ohne diesen Wohlstand hätten die Dichter dieses Bereichs keinen so günstigen Nährboden finden können.
Mit seiner *Divina Comedia* gelang es Dante Alighieri, die italienische Volkssprache hoffähig zu machen. Das Instrument der Sprache war zwar schon vorhanden, aber Dante war der erste Meister, der darauf zu spielen verstand und der die darin schlummernden Ausdrucksmöglichkeiten erschloß. Er darf mit Recht als der eigentliche Schöpfer der italienischen Literatursprache bezeichnet werden. Dabei war es ihm selbst nie in den Sinn gekommen, die Bedeutung oder die Werte des Lateinischen anzutasten. Vielmehr schreibt er nach seinen eigenen

Worten in der Lingua volgare für die, denen »die Sonne des Lateins nicht leuchtet«, die also Werke in lateinischer Sprache nicht mehr verstehen (33, 19).

Der durch Dantes große Kunst herausgehobene toskanische Dialekt sollte Wegbereiter für eine gemeinitalienische Sprache werden. Doch es dauerte noch geraume Zeit, bis sich das Italienische endgültig gegenüber dem Lateinischen durchsetzte.

Daß auch das moderne Italienisch dem klassischen Latein noch relativ nahe geblieben ist, läßt sich durch zahlreiche Gemeinsamkeiten nachweisen. So haben von etwa achttausend italienischen Wörtern, welche Langenscheidts Wörterbuch umfaßt, rund 20 Prozent die lateinische Schreibung genau bewahrt. Der Prozentsatz wäre sogar noch höher, wenn man auch die Wörter mitzählen würde, die nur einen Buchstaben (z. B. *avversario* statt *adversario*) verändert haben. Besonders überzeugend aber ist die Feststellung, daß sich unter den etwa zweihundert gängigsten italienischen Verben fast hundert finden, deren Infinitiv noch genauso geschrieben wird wie zu Zeiten des Kaisers Augustus:

accendere, agitare, allevare, amare, applicare, armare, assistere, attendere, cadere, cantare, cedere, conservare, considerare, convenire, discutere, distinguere, disturbare, dividere, dominare, donare, dormire, dubitare, durare, ferire, finire, formare, fumare, impedire, importare, indicare, insistere, intendere, interrogare, invitare, lavare, levare, mandare, negare, nominare, notare, occupare, offendere, ornare, pendere, perdere, portare, punire, resistere, respirare, restare, ridere, salire, saltare, salutare, sapere, scendere, sedere, sentire, separare, servire, significare, sperare, stabilire, stare, stringere, subire, succedere, superare, tacere, tendere, tenere, valere, vendere, venire, visitare, vivere, volare.

Keine Zusammenstellung könnte überzeugender beweisen, wie nützlich die Kenntnis der lateinischen Vokabeln auch im Hinblick auf die modernen Sprachen ist. Dazu kommt eine weitgehende Übereinstimmung der Genera. So sind *la bestia, la causa, l'arte, l'ala* weiblich wie im Lateinischen, andererseits *l'anno, l'amore* und *il campo* männlich.

Dieser besonders engen Verbindung zwischen Italienisch und Latein hat das Lehrbuch »Elementari conoscenze di latino« Ausdruck verliehen durch den Titel: *Mater et filia*.

Spanisch

Auch das Spanische hat wie das Italienische viel von der lateinischen Grundlage bewahrt. Als gesprochene Sprache hat es sich vom Lateinischen nicht so weit entfernt wie das Französische, aber weiter als das Italienische.

»Auf der Iberischen Halbinsel währte die römische Herrschaft mehr als sechshundert Jahre (etwa 210 v. bis 410 n. Chr.). Schon Jahrhunderte vor dem Zusammenbruch des Weströmischen Reiches hatte die Sprache des Eroberers die des Eroberten verdrängt. Die letzte Erwähnung einer vorrömischen Sprache findet sich in Tacitus' *Annalen*. Dort wird berichtet, daß ein tarragonischer Bauer unter der Folter in der Sprache seiner Vorväter geschrien habe. Sonst aber war um jene Zeit Spanien vollständig romanisiert. Berühmte ›Römer‹ wie Seneca, Quintilian und Martial stammten aus Spanien« (29, 397).

Ähnlich wie in Frankreich und Italien existierte auf der Iberischen Halbinsel neben der lateinischen Schriftsprache eine vulgärlateinische Umgangssprache. Diese mag bereits in römischer Zeit gewisse regionale Abweichungen aufgewiesen haben, die wohl der Provinzeinteilung Tarraconensis, Baetica und Lusitania in etwa entsprachen (35, 49). Im übrigen war das Latein auch in Spanien so fest verwurzelt, daß es alle Eroberungen, insbesondere die jahrhundertelange Herrschaft der Araber, überdauerte.

Von den zahlreichen vulgärlateinischen Dialekten der Iberischen Halbinsel sollte dann im 13. Jahrhundert der kastilischen Mundart um Toledo, Madrid und Burgos die Aufgabe zufallen, Vorbild für die spanische Schriftsprache zu werden. Diese ursprüngliche Mundart der kantabrischen Grenzmark wurde damit auch Amts- und Hochsprache einer heute rund hundertzwanzig Millionen Menschen zählenden Sprachgemeinschaft.

Der spanische Wortschatz geht in der Hauptsache auf das Vulgärlateinische zurück. Gegenüber dem Französischen und Italienischen ergeben sich jedoch mancherlei aufschlußreiche Abweichungen. Der eigenartige Unterschied liegt vielfach darin, daß schon in der Auswahl bestimmter Vokabeln der exklusiv-aristokratische Zug des späteren Spanischen spürbar wird.

Kennzeichnend ist z. B., daß die Franzosen und Italiener ihren Kopf (*la tête* bzw. *la testa*) sozusagen mit Scherben in einen Topf werfen. In der derben Legionärssprache hieß der Kopf nämlich nicht »caput«, sondern »testa« = Scherbe, etwa vergleichbar unserer vulgären Ausdrucksweise »Kürbis« oder »Birne«. Im Spanischen kommt *la testa* zwar auch mit der Bedeutung »Kopf, Verstand« vor, aber vorherrschend ist das würdigere *la cabeza* von lat. *caput*. Diese durch viele weitere Beispiele zu belegende Tatsache läßt sich nicht nur damit erklären, daß in das entfernte Spanien weniger die kleinen

Leute als die vornehmen Römer gingen. Wenn die Iberische Halbinsel, ähnlich wie Rumänien, besonders reich an individuellem Sprachgut ist, so mag hier auch die Wirkung zentrifugaler Kräfte mitsprechen, da diese Länder in der äußersten Peripherie des Imperiums gelegen waren.
Einen wichtigen Teil des spanischen Wortschatzes machen andererseits noch heute die arabischen Wörter aus, die während der langen Herrschaft des Islams in die Sprache eindrangen.
Natürlich wirkte sich auch die Zeit des Humanismus auf das Vokabular aus, indem unaufhörlich, wenn auch weniger zahlreich als z. B. in England, Latinismen und Hellenismen die Sprache bereicherten. In diesem Zusammenhang ist bemerkenswert, daß von etwa zweitausend Wörtern des spanischen Grundwortschatzes nach Klett (83) immerhin etwa siebenundzwanzig Prozent die lateinischen Stämme unverändert beibehalten haben.
Neben dem Kastilischen, der eigentlichen Schrift- und Landessprache Spaniens, soll das Katalanische nicht unerwähnt bleiben. Es gehört nach seinem Lautcharakter und seiner grammatischen Struktur zu den galloromanischen Sprachen. Dieser sprachlich zwischen dem Provenzalischen und Spanischen stehende Dialekt wird heute noch von etwa sechs Millionen Menschen in Katalonien und auf den Balearen gesprochen. So sind z. B. in Barcelona die Gottesdienste katalanisch und kastilisch. Im Gegensatz zum Provenzalischen ist das Katalanische auch heute noch Schriftsprache.

Spanisch wird heute von weit mehr als hundert Millionen Menschen gesprochen: in »Hispania«, Spanisch-Marokko, auf den Kanarischen Inseln, in Mexiko, Argentinien und den übrigen sogenannten lateinamerikanischen Staaten (mit Ausnahme Brasiliens) sowie Westindien und den Philippinen. Im Stadtgebiet von New York ist Spanisch nach Englisch die zweithäufigste Sprache. Diese überraschende Tatsache hängt mit dem erheblichen Einwandererzustrom aus Puerto Rico und Kuba zusammen.
Spanisch hat gegenüber anderen Weltsprachen den großen Vorzug, daß es nicht nur über eine phonetisch einheitlich geregelte Schreibung verfügt, sondern auch ebenso wie das Latein praktisch kaum einen Unterschied zwischen Aussprache und Schriftsprache kennt.

Portugiesisch

Portugiesisch hat sich aus dem ursprünglich galicischen Dialekt (im Nordwesten der Iberischen Halbinsel) selbständig entwickelt. Es ist dem Spanischen ziemlich nahe geblieben, und so kann ein Spanier trotz gewisser Unterschiede des Vokabulars und der Flexion leicht Portugiesisch lesen. Ebenso wie der spanische Wortschatz geht der portugiesische in der Hauptsache auf das Vulgärlatein zurück. Das Portugiesische weist zwar weniger baskische, dafür aber mehr französische Lehnwörter auf. Sonst ist der Wortschatz der beiden iberischen Dialekte fast gleich.

Die stark auffallenden Besonderheiten des Portugiesischen liegen in seiner sehr verwickelten Phonetik. So beherrscht z. B. die betonte Silbe eines Wortes die übrigen derart, daß sich diese klanglich stark verändern. Die brasilianische Aussprache weicht erheblich von der portugiesischen ab und steht dem Spanischen klanglich näher (32, 259).

Auch Portugiesisch ist eine Weltsprache, denn mehr als hundert Millionen Menschen in vier Erdteilen sprechen Portugiesisch als Muttersprache: in Portugal, auf Madeira, auf den Azoren, in Angola, Moçambique, Port. Guinea, Port. Indien, Macau und Brasilien.

Rumänisch

Als Trajan 107 n. Chr. das ferne Dazien erobert hatte, bevölkerte er das durch den erbitterten Krieg ausgeblutete Land mit Hilfe von Kolonisten, die aus allen Teilen des Imperiums kamen und deren gemeinsame Sprache das Latein war. So erklärt es sich, daß noch heute an den Ufern der Donau eine Tochter der Mutter Latein weiterlebt: Rumänisch. Tatsächlich deckt sich das Staatsgebiet des heutigen Rumänien ungefähr mit der römischen Provinz Dacia zur Zeit des Kaisers Trajan.

Die Sprache, die wir als Rumänisch bezeichnen, war jedoch, beginnend etwa mit dem 7. Jahrhundert, weitgehend auch slawischem Einfluß ausgesetzt, was sich vor allem im Vokabular, aber auch in bestimmten grammatischen Erscheinungen bemerkbar macht. Ausschließlich lateinischen Ursprungs sind Verbformen, Artikel, Pronomina und Präpositionen. Obwohl das Rumänische – ebenso wie die anderen romanischen Idiome – den vorwiegend analytischen Sprachtyp (Trennung von Stamm und Flexionszeichen) verkörpert, gibt es viele synthetische Formen, an denen sich die lateinische Grundlage noch erkennen läßt (40, 61). So ist z. B. die Beibehaltung des Gen. und Dat. Sing. bei allen femininen Substantiven eine Erscheinung, die nur noch im Rumänischen zu finden ist: lat. casa, cas*ae*, cas*ae*, casam = rum. casa, cas*e*, cas*e*, casa.

Die vier lateinischen Verbalklassen sind noch zu erkennen. Auch die Unterteilung der Substantive in drei Geschlechter (maskulin, feminin und neutral) hält sich an das lateinische Vorbild. Eine besondere Eigentümlichkeit weisen die Substantive der letztgenannten Gruppe auf: sie sind doppelgeschlechtlich, d. h. im Singular maskulin und im Plural feminin. Diese ambigenen Formen sind dadurch entstanden, daß man Pluralia wie lat. *tempora*, altrum. *timpure* als feminin empfand.

Eigenartig ist auch die Stellung des Artikels. Während in den übrigen romanischen Sprachen der aus dem alten Demonstrativ *ille* gewonnene Artikel dem Substantiv vorausgeht (ital. *il lupo*, franz. *le loup*, span. *el lobo*, port. *o lobo*) hat sich in Rumänien der im östlichen Römerreich bevorzugte Typ *lupu illu* mit Nachstellung des alten Pronomens durchgesetzt, um dann in einem Wort *lupul* zu verschmelzen (entsprechend *omul* der Mann aus *homo ille*) (29, 403). Interessant ist auch, daß lat. *illorum* zu *lor* wurde und heute als Genitiv- bzw. Dativendung des Plurals dient, z. B. *lupilor* (der Wölfe und den Wölfen).

Bevor sich das Rumänische durchsetzte, war Slawisch die offizielle Sprache der Kirche und der Bojarenhöfe. »Die slavonische Sprache war für unser Volk das, was die lateinische Sprache den Völkern des Okzidents zu Beginn des Mittelalters war.« (Cartojan) (40, 80).

»Das erste sicher datierbare Dokument in rumänischer Sprache stammt aus dem Jahre 1521« (40, 81). Die Geschichte der rumänischen Sprache wurde seit dem 18. Jahrhundert durch einen grundlegenden Wandel bestimmt, nämlich durch die bewußte Lösung aus dem byzantinisch-slawischen Kulturkreis und die damit verbundene Orientierung nach Westen (40, 75). Damals begann man in Siebenbürgen, die lateinische Abstammung der Sprache und des Volkes wissenschaftlich zu begründen (40, 80). Diese Bewegung griff nach 1800 auf Altrumänien über. Die damit einhergehende Modernisierung dieses Landes erforderte die Einfuhr einer Vielzahl neuer Begriffe; sie wurden fast ausschließlich aus dem Franz. und Ital. entlehnt (z. B. frz. *fonction, autorité* zu rum. *funcţiune, autoritate*, wobei *-iune* bzw. *-tate* rum. Endungen sind).

Der gesamtlateinische Anteil im *Dicţionarul limbii romąne moderne* (Akad. Bukarest 1958) beträgt 63 Prozent; hiervon entfallen auf die lateinischen Erbwörter 1/3, auf die Latinismen 2/3. Wichtig ist der Verkehrswert der Wörter: Die überragende Bedeutung des lateinischen Erbgutes wird im Grundwortschatz (etwa 2000 Wörter) des Rumänischen evident, wo trotz starker Fremdeinflüsse (Slawisch, Ungarisch, Griechisch, Türkisch) die alten lateinischen Wörter bei weitem überwiegen. So erklärt sich, daß bei Dichtern, Erzählern, Bibelübersetzern, die die Sprache des Volkes reden, der Häufigkeitsgrad der lateinischen Erbwörter im Durchschnitt bei 85 % liegt.

Der moderne Bereich der Sprache (Zeitung, Radio, Schule, Staat usw.) ist stark durchsetzt mit Latinismen; hier erreicht die Frequenz des Gesamtlateinischen über 90 % aller Vokabeln (Schmidt, Univ. Würzburg).

Die slawische Quelle ist längst versiegt. Dennoch bleibt Rumänisch im ganzen eine Mischsprache; jedes sechste bis zehnte Wort eines Textes läßt sich mit lateinischen Vorkenntnissen nicht erschließen. Andererseits verstärkt die wissenschaftliche Terminologie, die nicht zuletzt durch die Normierungstendenz in den sozialistischen Ländern gefördert wird, das Übergewicht der Latinismen immer deutlicher. Diese Neologismen sind ein Bildungskriterium, werden aber heute durch eine umfassende *şcolarizare* und durch die Wirkung der Massenmedien nicht nur von einer gehobenen Schicht verstanden und benützt. Zusammenfassend läßt sich sagen, daß das Rumänische seine Latinität unter widrigsten Umständen bewahrt hat und sie heute bewußt weiter ausbaut.

Rumänisch wurde bis ins 19. Jahrhundert fast ausschließlich mit kyrillischen Lettern geschrieben. Da das lateinische Alphabet erst um 1860 offiziell eingeführt wurde, kennt das Rumänische nicht — wie andere romanische Sprachen — eine starre Tradition der Orthographie (40, 78). Heute ist die rumänische Rechtschreibung völlig phonetisch.

Bei der Volkszählung im März 1966 wurde das Rumänische von rund 16,78 Millionen Personen innerhalb Rumäniens (mit einer Gesamtbevölkerung von 19,1 Millionen) als Muttersprache angegeben.

Damit ist aber nur ein Teil des Sprachgebietes erfaßt, denn das Rumänische ist weit über die Staatsgrenzen hinaus verbreitet (40, 48).

Abschließend sei nun diese klangvolle Tochtersprache des Lateinischen vorgestellt mit den Anfangsversen eines Volksliedes:

Stelele (Die Sterne) von V. Alecsandri (1853)
in der deutschen Übersetzung von Carmen Sylva
(Pseudonym für Königin Elisabeth von Rumänien)

De la mine pîn' la tine	Ja, von mir zu dir hin sind
Numai stele şi lumine!	nichts als helle Sterne, Kind!
Dar ce sînt acele stele?	Kennst du sie in dunkler Ferne?
Sînt chiar lacrimile mele	Meine Tränen sind die Sterne,
Ce din ochi-mi au zburat	aus den Augen mir geflogen,
Şi pe cer s-au aninat	angehängt am Himmelsbogen,
Cum s-anină despre zori	wie sich hängt im Morgengrau
Roua limpede pe flori! . . .	an die Blumen klarer Tau.

(40, 100)

Dieses Volkslied von 1853 enthält mit Ausnahme von *zori* (slaw.) nur lateinische Erbwörter, also keine Latinismen. Deshalb sei ein moderner Text angefügt, und zwar eine Übersetzung aus dem Französischen. Die Gegenüberstellung zeigt, welchen Grad der Angleichung das Rumänische erreicht hat. Die *Latinismen* im Rumänischen entsprechen den *gelehrten Wörtern* (*mots savants,* S. 86) des Französischen; Erbwörtliches ist nicht kursiv gesetzt:

L'*étud*e n'a pas la *prétention* d'être une *présentation exhaust*ive des *problèmes*. Dans cet *ordre* d'*idées* l'*étud*e essaye de démontrer quel est l'*effet stylistiqu*e qui *résult*e dans la *poési*e de S. des *caractéristiques form*elles des *métaphores*, et en *conclusi*on, en quelle mesure la *nature morphologique détermine* son sens dans la *poési*e.

*Studi*ul nu are *pretenţi*a de a fi *prezent*are *exhaustivă* a *problem*elor. În această *ordine* de *ide*i *studi*ul încearcă să *demonstre*ze ce *efect stilistic rezult*ă în *poezia* lui S. din *caracteristic*ile *formal*e ale *me tafor*elor, şi în *concluzie* în ce măsură *natur*a *morfologică determină* rostul ei în *poezie.*

Rätoromanisch

Durch eine gesamtschweizerische Volksabstimmung wurde am 20. Februar 1938 die rätoromanische Sprache als »Quarta Lingua«, als vierte Landessprache der Eidgenossen (neben Deutsch, Französisch, Italienisch) anerkannt. Dieser Erfolg der seit langem um ihre Behauptung ringenden rätoromanischen Volksgruppe ist um so beachtlicher, als diese nur etwa 1 Prozent der Schweizer Gesamtbevölkerung ausmacht.

Die eigenartigen Alpensprachen, die unter dem Namen Rätoromanisch zusammengefaßt werden, leben außer in Graubünden noch in den Dolomiten Südtirols sowie in der italienischen Landschaft Friaul (kontrahiert aus *Forum Julii*). Rätoromanisch ist demnach die Sammelbezeichnung für drei geographisch nicht mehr zusammenhängende romanische Mundartengruppen des mittleren und östlichen Alpengebietes. Diese Rückzugszonen stellten ursprünglich ein geschlossenes romanisches Siedlungsgebiet dar, das etwa mit der römischen Provinz Raetia identisch ist, die dieser Sprachgruppe auch den Namen gegeben hat.

Als Erbe aus der römischen Epoche (bis 401 n. Chr.) verblieb dem Rätikon die rätoromanische oder ladinische Sprache, wie sie z. B. im Engadin und in den Dolomiten noch heute genannt wird. Das ist die Sprachform, die das Lateinische unter

Einfluß des einheimischen rätischen Volkstums annahm. Ursprünglich handelte es sich um ein nur gesprochenes Volkslatein, das sich aber im Laufe der Zeit zu einer selbständigen romanischen Sprache weiterentwickelte. Daß sich bis heute keine einheitliche Schriftsprache herausbilden konnte, wird durch die Abgeschiedenheit der einzelnen Täler erklärlich. Die landschaftliche Zerklüftung, das Fehlen einer Sprachzentrale, die Glaubensspaltung und vor allem das ausgeprägte Selbstbewußtsein der mundartlich stark voneinander abweichenden Täler brachten es mit sich, daß nur verschiedene regionale Schriftsprachen entstanden. So gibt es allein in Graubünden vier rätoromanische Mundarten: Ober- und Unterengadinisch, Surselvisch und Surmeirisch. Offizielle Publikationen und kantonale Gesetze werden abwechslungsweise von Jahr zu Jahr in einem anderen Dialekt veröffentlicht, damit keine Minderheit Anlaß habe, sich zurückgesetzt zu fühlen. Doch gibt es in Graubünden außerdem noch deutsche und italienische Sprachinseln, so daß in diesem Kanton die Schulfibeln in sechs verschiedenen Sprachen gedruckt werden, ein in der ganzen Welt wohl einmaliges Phänomen.
In bildhafter Sprache verglich der katalanische Dichter Jacinto Verdaguer das Rätoromanische mit »einem aus der Toga des ewigen Rom losgerissenen Streifen Purpur, der, nach Norden verweht, an den Zinnen der Rätischen Berge hängengeblieben sei«. Verweilen wir kurz im Engadin, um wenigstens etwas von der sprachlichen Eigenart dieses Landes mitzunehmen. Der Name leitet sich übrigens von dem rätischen Stamm der Oeniates her, der Anwohner des Oenus (Inn); ihr Tal wurde Oeniatina genannt, heute heißt es Engíadina. Als Gutenmorgengruß kann man hier »bun di« hören, und im Unterengadin sagen sie um die Mittagsstunde: *Allegra*! Das ist eine Verkürzung des »Dieu t'allegra« – Gott erfreue dich!

Einprägenswert ist auch ein Spruch, der an einem alten Engadiner Haus steht:

No fabricain sue bellas cha
e savain da nu star in eternita.
Mo il lö inua saimper giain a star
suen quel ans impissain dirar.

Wir bauen schöne Häuser
und wissen, daß wir nicht
ewig darin wohnen werden.
Doch der Wohnung, wo wir
immer bleiben werden,
gedenken wir selten.

Daß sich die klangvolle rätoromanische Sprache halten konnte und sogar als Landessprache zu Ehren kam, ist sicher ein schöner Beweis demokratischer Duldsamkeit der Eidgenossen auch gegenüber ausgesprochenen Minderheiten.

Vergleichende Übersicht

Wenn sich auch die romanischen Tochtersprachen im Bewußtsein ihrer Mündigkeit längst vom Latein gelöst haben, so sind ihrer Struktur und ihrem Vokabular doch viele gemeinsame Züge erhalten geblieben. Von dieser auf weite Strecken immer noch engen Verbundenheit mit dem Grundwortschatz der lateinischen Sprache möge nachstehende Übersicht Zeugnis geben:

lateinisch	*italienisch*	*spanisch*	*portugiesisch*	*französisch*	*deutsch*
ala	ala	ala	ala	aile	Flügel
amare	amare	amar	amar	aimer	lieben
amico	amico	amigo	amigo	ami	Freund
anno	anno	año	ano	an	Jahr
augusto	agosto	agosto	agosto	août	August
bestia	bestia	besta	besta	bête	Tier
bono	buono	bueno	bom	bon	gut
breve	breve	breve	breve	bref/brève	kurz
campo	campo	campo	campo	champ	Feld
cantare	cantare	cantar	cantar	chanter	singen
caro	caro	caro	caro	cher	lieb
carro	carro	carro	carro	char	Karren
causa	cosa	cosa	cousa	chose	Sache
colore	colore	color	cor	couleur	Farbe
costa	costa	costa	costa	côte	Küste
familia	famiglia	familia	família	famille	Familie
febre	febbre	fiebre	febre	fièvre	Fieber
festo	festa	fiesta	festa	fête	Fest
forti	forte	fuerte	forte	fort	stark
hora	ora	hora	hora	heure	Stunde
homine	uomo	hombre	homem	homme	Mann
lacu	lago	lago	lago	lac	See
ligare	legare	ligar	ligar	lier	binden
littera	lettera	letra	letra	lettre	Brief
luna	luna	luna	lua	lune	Mond
mari	mare	mar	mar	mer	Meer
nervo	nervo	nervio	nervo	nerf	Nerv
pacare	pagare	pagar	pagar	payer	zahlen
porta	porta	puerta	porta	porte	Pforte
probare	provare	probar	provar	prouver	beweisen
provincia	provincia	provincia	província	province	Provinz
sale	sale	sal	sal	sel	Salz
sanguine	sangue	sangre	sangue	sang	Blut
terra	terra	tierra	terra	terre	Land
valle	valle	valle	vale	vallée	Tal
vento	vento	viento	vento	vent	Wind
volare	volare	volar	voar	voler	fliegen
				(29, 285–94)	

Bei aller Übereinstimmung läßt schon diese Liste erkennen, daß »der lateinische Ursprung der meisten französischen Wörter viel weniger offensichtlich ist als der ihrer spanischen und italienischen Entsprechungen« (29, 291).

Kaiser Claudius

Kaiser Claudius' Traumreise von Londinium (43 A. D.) nach London (1968)

Im Jahre 43 n. Chr. beschloß Kaiser Claudius, die seit Cäsars Invasionsversuchen fast vergessene Insel Britannien endgültig dem Imperium Romanum einzugliedern. Der Kaiser selbst leitete einige Zeit die Operationen mit dem Ergebnis, daß Britannien fast vierhundert Jahre lang eine römische Provinz blieb. Es war übrigens eine recht glückliche Zeit in der langen Geschichte der Insel, und Winston Churchill weist in seinem Geschichtswerk wohl zu Recht darauf hin, daß es der britischen Bevölkerung bis ins 19. Jahrhundert hinein nie wieder so gut erging wie damals, als man an den Errungenschaften der römischen Zivilisation teilhatte.

Welche Eindrücke würde nun Kaiser Claudius gewinnen, wenn ihm aus dem Jenseits Urlaub gegeben und seitens des Reisebüros Cook, das ja vieles möglich macht, Gelegenheit geboten würde, die von ihm vor mehr als neunzehnhundert Jahren betretene Insel wiederzusehen? Zweifellos würde sich ihm eine ganz neue Welt auftun, und doch nicht unüberbrückbar, wie sich herausstellen sollte! Da Claudius von der Voraussetzung ausging, daß er kein Wort der heutigen Briten verstehen würde, hatte er sich einen Dolmetscher erbeten, der neben seiner Muttersprache Englisch auch das Latein der Kaiserzeit beherrschen sollte. Für diese etwas heikle Aufgabe empfahl sich Prof. Maguinness von der Universität London, der erst kurz zuvor auf dem Internationalen Latinistenkongreß in Rom durch sein klassisches, durchaus nicht englisch gefärbtes Latein Beachtung gefunden hatte.
Zunächst ergab sich die Frage, ob Majestät »inkognito« zu reisen wünschten. Den Kaiser überraschte diese lateinische Ausdrucksweise, zu deren Verständnis er natürlich des Dolmetschers nicht bedurfte. Ja, vorerst möchte er unerkannt bleiben. Denn es lasse sich nicht voraussehen, welchen Nachgeschmack seine damalige Invasion bei den Briten hinterlassen habe.
Voller Erwartung begab sich Claudius in Ostende an Bord. Er mußte sich jetzt konzentrieren! Dennoch entging ihm nicht, daß über dem Portal eines Schiffahrtskontors die ihm so vertrauten Worte zu lesen waren: *Navigare necesse est* (Seefahrt

tut not). Wie seltsam! Galt das ihm? Ein Willkommensgruß? Und war etwa das »Inkognito« schon durchbrochen? Nun, dies war erst der Anfang seiner Traumreise, und er sollte sich noch oft fragen, ob er nicht Trugbildern – durch die römische Brille gesehen – zum Opfer falle!

Beim Betreten des Fährbootes wurden die Passagiere zu seinem Erstaunen nach Menschen erster und zweiter Klasse gesichtet. Der Wortstamm »class« kam dem Kaiser natürlich sehr vertraut vor, und er fragte, ob es sich etwa um verschiedene Marineeinheiten handele (*classis* bedeutet im klassischen Latein auch »Flotte«). Der Professor wußte die interessante Entwicklung des lateinischen Wortes treffend zu erläutern. Wie schade, daß sich in dieser englisch-lateinischen Konversation das nur im Deutschen verständliche Wortspiel »classis Romana« = eine flotte Römerin, nicht anbringen ließ.

Unterdes ging des Kaisers Blick zu den Liegestühlen, auf denen in klarer lateinischer Kapitalschrift geschrieben stand: *GRATIS*. In der Tat, genauso wurde das Wort vor neunzehnhundert Jahren geschrieben, und in der Bedeutung hat sich eigentlich auch nichts geändert, denn das ursprüngliche »für den Dank« ist praktisch dasselbe wie »umsonst«.

Inzwischen war der Augenblick gekommen, da Claudius das Verlangen verspürte, einen Ort aufzusuchen, zu dem »auch der Kaiser zu Fuß gehen muß«. Er hatte die durchaus römische Bezeichnung »emergency exit« (Notausgang) erspäht, wurde aber darüber belehrt, daß er dem Zeichen »lavatory« folgen müsse. Und wieder schieden sich die Geister: in Ladies und Gentlemen.

Mit dem Wort *Ladies* (vom Altenglischen »hlafdige«) wußte er nichts anzufangen; der Stamm *gent-* aber war ihm als Angehörigem eines angesehenen Geschlechtes wohl vertraut. Also entschied er sich für *Gentlemen* in der Annahme, daß dies die Waschgelegenheit (*lavatory* von *lavare* = waschen) für die oberen Zehntausend sei. Nun, er hatte sich nicht getäuscht. Allerdings erfuhr er erst später, daß im heutigen England die Kategorie »gentlemen« *alle* Wesen männlichen Geschlechts in *den* Stand erhebt, der ursprünglich nur dem Adel vorbehalten war. Claudius steuerte jetzt auf eine Tür des *lavatory* zu mit der Aufschrift »vacant«, denn er gewann nun immer mehr die Überzeugung, daß die Briten in ihrem Vokabular sehr römerfreundlich geblieben sind, so daß es ihm, von einigen amüsanten Irrtümern abgesehen, nicht mehr schwerfiel, sich auch ohne Anleitung zurechtzufinden. *Vacant*, so schloß er richtig, müsse sich von *vacare* (= leer sein) ableiten. Und er wurde nicht enttäuscht; ein Sitz war für ihn reserviert. Nach beendigter Sitzung strebte der Kaiser wieder seinem Gratissessel zu, nicht ohne zu bemerken, daß er ein weiteres Hinweisschild passierte, das Buchstabe für Buchstabe in klassisch römischer Antiqua zweitausend Jahre überdauert hatte: *PRIVATE.*

Inzwischen waren die Kreidefelsen von Dover Marine in Sicht gekommen, mit denen der Kaiser schon Anno 43 Bekanntschaft gemacht hatte. Der Professor reichte seinem Gast ein Fernglas, um ihm die Überreste des alten römischen Signalturms über den Klippen der Feste zu zeigen. Es ist schwer zu entscheiden, ob der Kaiser mehr über die Standfestigkeit römischen Mörtels erstaunt war oder über die selbst für einen Römer bewundernswerte Erfindung eines Fernglases. Noch überraschter war Claudius, als ihm Maguinness sagte, daß man dieses Instrument in England »binoculars« nenne. Das war ja wieder echtes Latein: *bini — oculi.* »Wirklich eine treffliche Bezeichnung, und allen Respekt den heutigen Briten, daß sie sich der lateinischen Ausdrucksweise bedienen, selbst bei Gegenständen, welche die Römer noch nicht kannten.«

Dover marine! Der Zug nach London (»ach ja, das alte Londinium der Cantii«) stand bereit. Hier erregte die Bezeichnung *Restaurant car* die Aufmerksamkeit des Kaisers. Die Bestandteile *restaurare* und *carrus* kamen ihm automatisch in den Sinn, noch bevor der Professor die Erläuterung in klassischem Latein gegeben hatte: *carrus ad restaurandum.* Claudius hatte auch bald herausgefunden, daß die auslautende Silbe *-ant* bei *vacant* ebenso wie in *restaurant* mit dem Suffix des lateinischen Partizips identisch ist. Der Professor ergänzte diese Feststellung: »Nahezu alle Wörter, die im Englischen, Französischen oder Deutschen auf *-nt* ausgehen, sind lateinischen Ursprungs: *agent, urgent, patent, arrogant, Simulant* usw.«

Im Zusammenhang mit *carrus* merkte der Professor noch an, daß die Bezeichnung für die meisten Fahrzeuge zu Wasser, zu Lande und in der Luft lateinischer Herkunft sind, angefangen bei dem allgemeinen Begriff *vehicle* (vehiculum) über *locomotive* (loco movere) bis zu *aeroplane* (aer — planus). Erst recht sind natürlich Verkehrsteilnehmer, die sich wie vor zweitausend Jahren noch auf Schusters Rappen verlassen, lateinisch gekennzeichnet: als »pedestrians«. Beiläufig erwähnte der Professor noch, Claudius als General fühle sich gewiß geehrt, wenn er wisse, daß alle Truppenteile Ihrer Majestät der Königin lateinisches Gepräge hätten: *army, navy, air force.* Claudius, den in dieser Hinsicht schon nichts mehr überraschen konnte, warf jetzt einen kurzen Blick auf den Fahrplan der abgehenden Züge, und zwar interessierte ihn die Abkürzung *a.m., p.m.* und *h* vor bzw. hinter den Zahlen. Der Professor erläuterte: *a.m.* = ante meridiem (vormittags), *p. m.* = post meridiem (nachmittags) und *h* = hora (Stunde, Uhrzeit).

Inzwischen jagte der Zug durch die Grafschaft Kent, so benannt nach dem keltischen Stamm der *Cantii* (vgl. Canterbury = Burg der Canter), die Claudius und seinen Legionären im Jahre 43 entgegengetreten waren und über deren Lebensweise schon Cäsar berichtet hatte. »Vielleicht war einer meiner Vorfahren unter Ihren Widersachern«, bemerkte der Professor lächelnd. Doch er kam nicht dazu, den Gedanken weiter auszuspinnen, denn soeben passierte der Zug die Station Bredgar. Den Professor elektrisierte dieser Name so sehr, daß er Claudius unversehens am Ärmel zupfte: »Hier bei Bredgar wurde im Jahre 1957 einer der bedeutendsten römischen Schätze geborgen, die in Großbritannien jemals gefunden wurden. Und zwar handelt es sich um vierunddreißig Goldmünzen (*aurei*) aus der Zeit Cäsars, Augustus', Tiberius' und – Claudius'.«

Der Kaiser horchte auf, und erst recht, als der Professor auf die Vermutung der Archäologen hinwies, dieser goldene Schatz sei im frühen Verlauf der sogenannten Claudischen Invasion vergraben worden. Der Fundort (im Bereich des Römeraufmarsches Richtung London) sowie die Tatsache, daß die neueste der Münzen auf 42 zu datieren ist (die Invasion begann 43), gäben diesem Schluß einen hohen Grad von Wahrscheinlichkeit. »Und mit sinnendem Haupt saß der Kaiser da, als dächt' er vergangener Zeiten . . .« Vermutlich also hatten Briten, die durch den Handel mit Römern zu Reichtum gekommen waren, diesen Schatz vor den nun anrückenden römischen Legionären in Sicherheit gebracht.

Der Zug war durch die Vororte von London gerast und überquerte jetzt die Themse. Ja, *Thamisia fluvius* – der Kaiser entsann sich: Londinium war schon damals ein beherrschender Flußübergang und Marktplatz, da dort die Gezeiten ausliefen.

Doch Claudius blieb keine Zeit, alte Erinnerungen wachzurufen. Denn nun empfing ihn auch London mit großen römischen Lettern: VICTORIA STATION. Aus dem ihm geläufigen Wort »statio« durfte er wohl schließen, daß die Züge hier haltmachen. Aber »Victoria« . . .? Sollte damit etwa der Sieg der Römer über die Briten gemeint sein? Der Professor, der an seine keltischen Ahnen dachte, hielt sich schmunzelnd zurück. Er hatte bereits eine Idee, wie er bei passender Gelegenheit dieser reichlich selbstgefälligen Vermutung des Kaisers die richtige Antwort erteilen könne. Doch nun überstürzten sich die Eindrücke in diesem Getriebe von »Victoria«, so daß nur Zeit für ein kurzes Hin und Her von Frage und Antwort blieb. Bezeichnungen wie »London Transport«, »Bus Station« usw. mußten natürlich das Römerherz von neuem erfreuen, wobei der Zusammenhang zwischen dem modernen Bus und dem

lateinischen Dativ *omnibus* (für alle) besonderen Beifall fand. Und man lachte herzlich über den fehlgeschlagenen Versuch des Eiferers Barnes (19. Jahrhundert), das »Fremdwort« *omnibus* durch die angelsächsische Neuprägung *folkwain* (Volkswagen) zu verdrängen.
»Sorry«, sagte schließlich der Professor, »die Benennung *Victoria* für einen unserer größten Bahnhöfe können wir beim besten Willen nicht auf den Sieg Ihrer Majestät Anno 43 beziehen. Wir bieten jedoch, fair wie wir sind, einen Ausgleich. Unsere Auto-(mobil)Industrie (bitte beachten Sie die römischen Bestandteile *mobilis* und *industria*) hat Ihnen zu Ehren einen Typ *Victor* produziert. Er dürfte, was Pferdestärken anbetrifft, etwas leistungsfähiger sein als die von Ihnen damals so gefürchteten Streitwagen meiner keltischen Vorfahren.«
Ich schlage vor, wir bedienen uns dieses *vehiculum mobile* zu dem friedlichen Zweck einer Stadtrundfahrt.
Vorher aber wünschte der hohe Gast noch einen kurzen Blick in das Getriebe eines Untergrundbahnhofs zu werfen. Besondere Aufmerksamkeit erregten die *automatic ticket machines.* Maguinness erläuterte den Mechanismus und die Aufschrift: *insert 6 d.* »Die Tatsache, daß die Münzbezeichnungen *d* (ebenso wie s und £) auf römische Geldeinheiten (*d*enarius, *s*olidus, *l*ibra) zurückgehen, dürfte selbst vielen unserer Landsleute nicht bekannt sein«, bemerkte der Professor.
Der Kaiser wünschte einige der in Umlauf befindlichen Münzen zu sehen, und abermals war das Erstaunen groß: ELIZABETH II DEI GRATIA REGINA (Elizabeth II von Gottes Gnaden Königin), so lautet die lateinische Umschrift. Und nun wußte Claudius auch das E R (*Elizabeth Regina*) auf den Briefkästen zu deuten. Dabei konnte er sich die Bemerkung nicht versagen: »Zu meiner Zeit hätten die Initialen also C I (*Claudius Imperator*) lauten müssen!«
»Schnell noch einen Blick auf den Zeitungsstand! Ja, sehen meine Augen recht? *Spectator – August 2nd.*« »Nun«, so meinte Maguinness triumphierend, »können wir Ihnen zum Ausgleich für die entgangene Victoria eine weitere Entschädigung bieten: Nicht genug, daß angesehene britische Zeitungen römische Namen tragen, sogar der Monat, der gestern begonnen hat, ist lateinisch benannt, und zwar nach Ihrem erlauchten Ahnen, dem Kaiser Augustus.«
Den Kaiser konnte nun nichts mehr in Erstaunen setzen. Er sah die Richtungspfeile *Circle* (und dachte mit gutem Recht an *Circus*) sowie *Central Line* (Centralis linea) und schaute respektvoll einem schmucken *Expreß*zug nach, der seinen schneidigen Namen *Aquila* wohl zu Recht trug.

Doch nun nahm der bereitstehende *Victor* den Gast und sein Gefolge zu der angekündigten Rundfahrt auf. Zunächst steuerte man Westminster an, und Claudius bestand darauf, heute wenigstens einen kurzen Blick in die berühmte Abtei zu werfen. Andächtig näherte man sich dem Hauptaltar, auf dessen kostbarem Tuch die Worte zu lesen waren: *Nos autem gloriari oportet in cruce domini nostri Jesu Christi.* Ehrfürchtig hörte Claudius die Erläuterungen, welche der Professor im Hinblick auf die große Wende gab, welche das Christentum mit sich brachte. Auf dieses Ereignis der Geburt Christi gehe nicht zuletzt auch unsere Zeitrechnung zurück. Entsprechend müsse sich auch Claudius gefallen lassen, daß man das Jahr seines Sieges über die Briten als A D 43 (*Anno Domini* 43 = im Jahre des Herrn – seit Christi Geburt) bezeichne und nicht, wie damals üblich, *ab urbe condita* (seit Gründung der Stadt Rom). »Das also ist die Zeitenwende, die auch unser *poeta laureatus* Vergilius ahnend besungen hat«, meinte Claudius nachdenklich. »Ja, er ist der römische Dichter, der auch heute noch an unseren Schulen und Universitäten in hohen Ehren steht. Schauen Sie nur in den Buchladen hier neben der Abtei.«

Und wirklich, Vergil war in zahlreichen Ausgaben vertreten. Claudius bemerkte aber auch einige lateinische Buchtitel, die nicht in seine Zeit gehören, z. B. Cardinal Newman: *Apologia pro vita sua* und *Alicia in terra mirabili* (Alice in Wonderland – Ludovici Carroll liber notissimus Latine redditus). Weiter sah er ein Kinderbuch: *Visit to Animalia* (Besuch im Zoo; *animalia* = Tiere).
In diesem Zusammenhang wies der Professor darauf hin, daß sich im Bereich der Botanik und Zoologie weitgehend die lateinischen Bezeichnungen durchgesetzt haben.
Nun wurde ein kleiner Umweg in Kauf genommen, um den Warwick Square in Augenschein zu nehmen, wo 1881 eine Claudius-Münze gefunden worden war als Beigabe zu einem Brandgrab (heute im Britischen Museum).
Claudius interessierte sich für diesen ehrwürdigen Bereich des römischen Londinium, über dessen Tempeln und Foren sich heute moderne Geschäftshäuser türmen. Man stieg nun aus, um einen kleinen Schaufensterbummel einzuschalten. Gleich das erste Geschäft lenkte die Aufmerksamkeit auf sich durch verschiedene Aufschriften, die Claudius sehr schnell zu deuten wußte: *Victualler – refrigerated produce – cereals – service – civility – quality.* Nebenan pries ein »hairartist« seine Kunst an: *semi permanent colouring 15 s.* »So ist das Färben der Haare also immer noch nicht aus der Mode gekommen«, bemerkte der Kaiser. »Ich entsinne mich übrigens der Picten, eurer

schottischen Vorfahren, die uns durch die Bemalung ihrer Gesichter Schrecken einzujagen versuchten – allerdings vergebens! Denn unsere im Wechsel der Haartracht so versierten Römerinnen hatten uns an derlei Verwandlungskünste rechtzeitig genug gewöhnt. Doch was liegt denn hier aus? *Scribe*-Formulare?« »Ja, wir haben zahlreiche Firmen, die ihre Fabrikate lateinisch bezeichnen«, erläuterte der Professor. »So gibt es, abgesehen von unserem *vehiculum Victor*, die Automodelle *Triumph, Minor* und *Consul*. Außerdem haben wir *Somnus*-Betten und wasserdichte *Aquascutum*-Mäntel etc.«
Während der Kaiser all dies mit Interesse zur Kenntnis nahm, fiel sein Blick auf ein Hinweisschild *Public conveniences*. »Damit ist sicher das Forum gemeint, wo die Öffentlichkeit (*publicum*) zusammenkommt (*convenit*)?«
»Bedaure, Majestät, es handelt sich um eine gewählte Umschreibung für die Örtlichkeit, deren Benutzung Ihr kaiserlicher Nachfahre Vespasian mit einer Steuer belegte (*pecunia non olet* = Geld riecht nicht). Noch heute heißen übrigens in Frankreich die öffentlichen Bedürfnisanstalten in Erinnerung an jene Steuer *vespasiennes*.«
Unterdes kam ihnen ein fröhlich trällernder Junge mit Schulbüchern unter dem Arm entgegen. Claudius interessierte sich für das Wappen auf seinem blauen Jackett und war nicht wenig erstaunt, darunter die lateinischen Worte zu lesen: *In arduis fidelis* (in der Not getreu). »In der Tat«, so erläuterte der Professor, »lateinische Wappensprüche sind hier sehr beliebt. Sehen Sie nur gegenüber die Midland Bank. Sie erkennen die Wappentiere und darunter: *Vis unita fortior*.« »Ja, *de facto*«, bemerkte Claudius schlagfertig. »Mit vereinten Kräften ist man stärker! Das haben wir Imperatores sehr wohl gewußt und beherzigt, wenn es darum ging, Gallien, Britannien oder Germanien dem Imperium Romanum einzugliedern, das heißt (*id est*), wir haben unsere Gegner möglichst daran gehindert, sich zusammenzuschließen. *Divide et impera*!«
Inzwischen hatte man wieder den *Victor* bestiegen, während Claudius noch in seinen Gedanken den Zeiten nachhing, da er mit seinen Legionären siegreich gen London und Colchester (damals Camulodunum) zog. Da aber wurde er unversehens aus seinen Träumen aufgeschreckt, als Maguinness ihn auf das Denkmal der in ihrem Kampfwagen dahinjagenden britischen Königin Boadicea hinwies. »Ja, Boadicea hat uns, wie ich hörte, später sehr zu schaffen gemacht (Anno Domini 61). Hat Britannia, die ich eben mit Schild und Speer auf der Münze Ihrer Königin sah, noch mehr streitbare Amazonen hervorgebracht?«
Man fuhr nun am Buckingham-Palast, der Residenz Ihrer Majestät, vorbei und an der Statue mit der Inschrift VICTORIA

REGINA IMPERATRIX. »Sehen Sie«, bemerkte Maguinness, »das ist die Kaiserin, nach welcher die Station, wo wir eintrafen, benannt ist.« »Nun gut, Victoria erkenne ich an – ein ehrenvoller römischer Name, auch wenn er nicht den Sieg der Römer feiert! Was aber ist mit *Piccadilly*? Sehen Sie den Richtungsweiser dort? Und dahinter steht *Circus.* Da müssen wir hin! Sicher eine große Schau! *Panem et circenses*! Seid ihr mehr für Tierhetzen oder Wagenrennen?« Maguinness mußte nun laut auflachen. »Sie werden sehen, Majestät, wir sind mehr für Wagenrennen. Die meisten Fahrer begnügen sich im Bereich dieses Circus allerdings mit *einer* Runde, um ihren Wagen möglichst schnell aus dem Gedränge in eine andere Richtung zu lenken. Im übrigen ist ganz London zu einem Tummelplatz für Wagen geworden, doch leider kann niemand trotz fünfzig und mehr PS (wer gibt sich noch mit vier oder sechs Pferdestärken wie im alten Rom zufrieden?) so schnell fahren, wie er gern möchte, am wenigsten an den Brennpunkten des Verkehrs, die wir *Circus* nennen.«

Auch im Kopf des Kaisers circulierte nun alles: *Picadilly Circus – art exhibition – Oxford Circus – ventriloquist – urgent memorandum – soliloquy – binoculars – matrimonial agency – camping strictly prohibited – curriculum vitae – revolving restaurant:*

Alles las sich so vertraut römisch, und doch war es nicht die ihm vertraute Welt. Er sehnte sich jetzt wirklich nach einem *refugium.* Und tatsächlich verlangsamte *Victor* die Fahrt angesichts eines Schildes: *Parking facilities reserved for residents and visitors to Imperial Hotel.* »Wir können Ihnen hier in London leider kein Hotel ›Claudius Imperator‹ bieten, aber ich denke, Sie werden sich auch im Hotel ›Imperial‹ wohl fühlen«, scherzte der Professor.

»Ihr Londoner seid zwar römerfreundlich geblieben«, entgegnete Claudius, wieder gutgelaunt, »aber was die Ehrung meiner Person betrifft, so seid ihr doch noch recht rückständig. Ich ließ mir nämlich sagen, das vornehmste Hotel in der südfranzösischen Stadt Arles, unserem alten Hauptquartier Arelate in der ›Provincia‹ (Provence), nenne sich *Julius Caesar.* Doch: Quod licet Iovi, non licet bovi . . .?«

Claudius fühlte sich im »Imperial« schnell wohl, zumal ihn zahlreiche dienstbeflissene Landsleute willkommen hießen. »Nun, für mich alten Römer ist es nicht ganz einfach, euer modernes Latein, genannt Italienisch, zu verstehen!« bemerkte der Kaiser scherzhaft. »Jedenfalls müßt ihr euch sehr anstrengen, wenn ihr mit der Lateintreue der Londoner konkurrieren wollt. Das ist mir heute auf Schritt und Tritt klargeworden!«

»Aber nun möchte ich mich vor dem Supper ein wenig ausruhen, *nam multitudo impressionum me fatigavit* – entschuldigen Sie, wenn ich mich meiner lateinischen Muttersprache bediene. Wie würde man dies auf englisch sagen?« »The multitude of impressions has fatigued me (die Fülle der Eindrücke hat mich doch etwas mitgenommen).«

Dezente (*decet* = es ziemt sich) Radiomusik (*radius musa*) wiegte ihn auf molligem (*mollis*) *Somnus*-Bett in den Schlaf. Plötzlich weckten ihn jedoch schrille Töne aus seinen Träumen! Gerade war eine Ansage erfolgt: »Latin tempo!« Hatte er wirklich recht gehört? Ja, *Latin tempo*, so war die Sendung benannt! »Doch was hat dieser Lärm mit Latein zu tun?« wollte der Kaiser wissen. »Radiomusik in Ehren! Aber mit dem, was ihr unter ›Latin tempo‹ versteht, kann ich nichts anfangen. Sorry, me miseret!« Und wieder wußte der Professor die Wogen zu glätten, indem er erläuterte, daß man unter »Latin tempo« lateinamerikanische Rhythmen zu verstehen habe. »Mögen Ihnen, Majestät, auch Klänge dieser Art zuwider sein, so werden Sie doch sicher gern zur Kenntnis nehmen, daß ein ganzer Kontinent den ehrenden Beinamen ›Latein‹ erhalten hat!« »*Bene*«, kommentierte der Kaiser versöhnt. »Dann möchte ich ja fast wünschen, daß mich Cook auch noch einmal nach Lateinamerika bringt. Doch einstweilen sind wir in Londinium, der Stadt, die mir durch meinen siegreichen Feldzug so ans Herz gewachsen ist. ›Latin tempo‹ hat mich wieder wachgemacht, und nun bin ich gespannt darauf, von Ihnen, Professor, zu erfahren, wie es eigentlich dazu kam, daß die englische Weltsprache so betont lateinisch gefärbt ist. Jedenfalls scheint mir diese lateinische Tönung mehr als nur eine Modefarbe zu sein!«

Das lateinische Erbe in der englischen Sprache

Fast die Hälfte der Wörter, die man in der englischen Literatur findet, wurden in irgendeiner Form bereits von den alten Römern gebraucht. Wie konnte es dazu kommen?
Insgesamt können wir sechs Perioden unterscheiden, in deren Verlauf der Sprache der Briten lateinisches Blut zugeführt wurde.
Diese sechs Abschnitte lassen sich wie folgt kennzeichnen:

1. Das keltische Britannien ist römische Provinz; dennoch setzt sich die lateinische Sprache nicht überall durch (43 bis 409 n. Chr.).
2. Um 450 besetzen die Angelsachsen das Land, übernehmen aber von lateinischsprechenden Kelten nur wenige Wörter; andererseits bringen sie zahlreiche lateinische Vokabeln mit, die sie durch den Kontakt mit den Römern auf dem Kontinent in ihre Sprache aufgenommen haben.
3. Mit dem Eintreffen römischer Mönche beginnt 597 die Christianisierung Englands und damit die Einführung des Kirchenlateins.
4. Die Herrschaft der französischen Normannen (ab 1066) führt zur Auseinandersetzung des Angelsächsischen mit dem romanisch-lateinischen Wortschatz der Eroberer:
   a) dem Anglofranzösisch aus der Normandie/Pikardie (1066 bis etwa 1250),
   b) dem Pariser Französisch (um 1250–1400),
   c) dem Lateinischen durch direkte Entlehnungen (seit etwa 1250 stetig zunehmend).
5. Die aus dieser Auseinandersetzung hervorgegangene romanisch-germanische Mischsprache wird durch den Einfluß der Renaissance überwiegend lateinisch gefärbt (etwa ab 1450).
6. Die technische Entwicklung der Neuzeit fördert lateinische Neuprägungen auf allen Gebieten.

1. Als Kaiser Claudius im Jahre 43 n. Chr. die Kolonisierung Britanniens einleitete, stieß er, wie schon etwa hundert Jahre früher Julius Cäsar, auf eine Bevölkerung, die mit der des benachbarten Gallien nach Abstammung und Sprache vieles gemeinsam hatte. Allerdings sprachen diese Briten noch Keltisch zu einer Zeit, da in Gallien der Romanisierungsprozeß in vollem Gange war. Im Laufe der Jahrzehnte wurde zwar auch Britannien römische Provinz. Eigenartigerweise aber konnte sich die lateinische Sprache, selbst nach Jahrhunderten römischer Herrschaft, nicht so weit durchsetzen, daß sie, wie in Gallien oder Spanien, das heimische Idiom verdrängte. Die

damaligen Briten nahmen zwar die Segnungen der römischen Zivilisation gern in Anspruch; zur lateinischen Sprache aber gewannen sie kein vertrautes Verhältnis.
Das spricht durchaus nicht gegen die römische Besatzungsmacht, eher für ihre Duldsamkeit. Sicher wurde Latein in den Städten und auch im Bereich der größeren Gutshöfe auf dem Lande gesprochen. Man hat auch zahlreiche lateinische Inschriften gefunden, die jedoch meist von Angehörigen der römischen Besatzungsmacht verfaßt wurden oder auch von ehrgeizigen Handwerkern, die auf Ziegeln und Tonwaren lateinische Wörter einritzten. All diese Inschriften, meist offiziellen Charakters, lassen jedoch nicht den Schluß zu, daß der Gebrauch der lateinischen Sprache in der einheimischen Bevölkerung weit verbreitet war.
Wahrscheinlich scheiterte die Latinisierung auch daran, daß die Zahl der Römer, die in Britannien lebten, relativ gering war. Schon aus klimatischen Gründen übte diese nördlichste Provinz des Imperiums nicht die Anziehungskraft aus wie etwa Frankreich oder Spanien.

2. Als die Römer im Jahre 410 ihre Truppen abziehen mußten, um das von den Germanenstürmen gefährdete Mutterland zu schützen, waren die Briten wieder sich selbst überlassen. Allerdings nicht lange, denn schon bald füllten die aus dem Norden Germaniens kommenden Angeln, Sachsen und Jüten dieses Vakuum auf.
Wenn auch die Kelten während der Zeit der römischen Besatzung ihrer angestammten Mundart treu bleiben konnten, so war doch die Zahl der lateinischen Wörter, die sie übernahmen, nicht unerheblich. Von diesen wurden jedoch nur wenige an die Angelsachsen weitergegeben. Das ist begreiflich, wenn man bedenkt, daß die fremdartigen Eindringlinge sicher nicht mit offenen Armen aufgenommen wurden und deshalb keine innigen wechselseitigen Beziehungen aufnehmen konnten. Im Gegenteil, die durch die lange Friedenszeit unter dem römischen Imperium dem Waffenhandwerk entwöhnten Kelten wichen dem Druck der Eroberer aus, indem sie in großer Zahl nach Armorica, der heute noch zum keltischen Sprachbereich gehörigen Bretagne (im Gegensatz zu Groß- auch Kleinbritannien genannt), übersetzten. Diese Wanderung erstreckte sich über ein ganzes Jahrhundert und bietet eine weitere Erklärung dafür, daß auf der Insel fast alle Spuren der römischen Zivilisation und insbesondere der lateinischen Sprache verwischt wurden.
Von dem römischen Sprachgut retteten sich in die angelsächsische Zeit nur einige wenige lateinische Ausdrücke vornehmlich militärischen Charakters. Dazu gehören mit ziemlicher

Sicherheit »ceaster« (*castra*), das sich in vielen englischen Ortsnamen erhalten hat: Colchester, Manchester, Winchester usw., ferner *coln* (*colonia*) in Lincoln sowie *wich* (*vicus*) in Harwich, Greenwich (eigentlich Dorf im Grünen), *port* (*portus*) in Devonport.

Der römische Statthalter Agricola demonstriert den alten Briten die Vorzüge der römischen Zivilisation (Punch 1912)

Im übrigen bestand für die nun herrschende Klasse kaum Veranlassung, sich für die Sprache der ihnen ausweichenden Briten zu interessieren, um so weniger, als die Angelsachsen schon auf dem Kontinent mit gewissen Errungenschaften römischer Zivilisation und den entsprechenden lateinischen Bezeichnungen bekannt geworden waren. So verdanken die ersten lateinischen Wörter, die ihren Weg in die englische Sprache fanden, ihre Aufnahme dem frühen Kontakt zwischen den Römern und den germanischen Stämmen auf dem Kontinent.

Durch die Berührung der westgermanischen Stämme mit römischen Händlern und Soldaten kam es zu einer nachhaltigen Einwirkung der lateinischen Sprache auf den Wortschatz des Deutschen (vgl. S. 150) und Anglo-Friesischen. Neue Begriffe bürgerten sich ein und mit ihnen neue Wörter. Am stärksten wirkte sich dieser Kontakt auf dem Gebiet des Bauwesens (Übergang von der Holz- zur Steinbauweise) aus. So wurden unter anderem folgende Ausdrücke von den Römern übernommen:

deutsch	*lateinisch*	*althochdeutsch*	*altenglisch*	*neuenglisch*
Kalk	calx	kalk	cealk	chalk
Ziegel	tegula	ziagala	tihele	tile
Pfosten	postis	phost	post	post
Küche	coquina	chuhhina	cycene	kitchen

Zu den frühesten Wörtern, welche die »Barbaren« in der vorchristlichen Epoche von Rom lernten, gehört auch der Wein. In diesem Zusammenhang sei vermerkt, daß die Handelsbeziehungen zwischen Germanen und Römern sich hauptsächlich über die sogenannten *caupones* abwickelten. Darunter versteht man Weinhändler bzw. Schankwirte, die im Bereich der römischen Legionslager mit den Einheimischen Handel trieben. Diese *caupones* spielten eine so bedeutende Rolle, daß sie für die Germanen geradezu zum Inbegriff des Warenaustausches wurden. Und so konnte das von dem Substantiv *caupo* abgeleitete angelsächsische Verb *ceapian* die im Deutschen noch weiterlebende Bedeutung »kaufen« annehmen. Im Englischen wurde das Wort später durch andere Bezeichnungen abgelöst; der Stamm hat sich jedoch noch erhalten in dem neuenglischen »cheap«, das ursprünglich soviel wie Handel, Preis bedeutet; so wie wir heute noch sagen: Das war ein Geschäft, im Sinne von: günstiger Preis, billig (vgl. auch Kopenhagen = Kaufmannshafen).
Weitere in den Bereich des Handels gehörige Wörter, welche die Angelsachsen in ihrer nordischen Heimat von den Römern übernahmen, sind *cheese* — Käse (lat. *caseus*); *mill* — Mühle (lat. *molina*); *mile* — Meile (lat. *milia*); *street* — Straße (lat. *strata*); *butter* — Butter (lat. *butyrum*).

Auf eine sehr frühe Entlehnung deutet ferner der Lautwandel von lateinisch *-uncia* über altenglisch *-ynce* zu neuenglisch *-inch* (Zoll). Interessant ist auch die Herkunft des Wortes *mint* (Münze), das von den Angelsachsen schon früh als »mynet« entlehnt wurde, und zwar vom Lateinischen *moneta.* In bzw. neben dem Tempel der Göttin Iuno *Moneta* wurden ursprünglich die römischen Münzen geprägt. Noch heute bedeutet in genauer Anlehnung daran »mint« Münzstätte. Gleichen Ursprungs ist das altfranzösische Wort *moneie,* das ebenfalls auf *moneta* zurückgeht und dann später mit den Normannen nach England exportiert wurde, um als »money« in Koexistenz mit dem älteren »mint« bis zum heutigen Tage seine Rolle zu spielen.

Durch den Kontakt mit den römischen Feinschmeckern kam es in der bis dahin so primitiven Küche der germanischen Hausfrau zu einer regelrechten Revolution. Ja, das Wort Küche (*kitchen* von *coquina*) erhielt in dieser Zeit, da vielerlei neuartige Gemüse- und Obstsorten der Zubereitung harrten, überhaupt erst seine Existenzberechtigung. Denn *prunus* (neuengl. *plum*), *pisum* (neuengl. *pea*), *caulis* (neuengl. *cole, cauliflower*) usw. waren bis dahin in Nordeuropa unbekannt. All diese Lehnwörter führten sich auch deshalb schnell ein, weil sie kurz und damit, ebenso wie die Früchte selbst, mundgerecht waren.

Bemerkenswert sind auch die kirchlichen Wörter, die schon früh übernommen wurden. Von ihnen wird im nächsten Abschnitt noch die Rede sein. Insgesamt ist die Anzahl der Wörter, welche die germanischen Stämme, bevor sie nach Britannien kamen, von den Römern übernommen hatten, überraschend hoch. Hier sei in Erinnerung gerufen, daß das Land, in das die Angelsachsen eindrangen, damals noch nicht England, sondern Britannien hieß. Die Römer hatten das Land Britannia genannt, entsprechend der Benennung der damals dort ansässigen keltischen Briten. Von England, d. h. Land der Angeln bzw. »angle kynnes land«, kann man also erst sprechen, nachdem die Angeln und ihre germanischen Verwandten Herren der Insel geworden waren. Genaugenommen wird der Name England erst im 10. Jahrhundert gebräuchlich; er ersetzt die bis dahin übliche Bezeichnung »angle kynnes land«.

3. Die im Jahre 597 erfolgte Landung des von Papst Gregor in das Land der Angeln entsandten römischen Missionars Augustin sollte von weitreichender Bedeutung sein. Nicht zuletzt wirkte sich die Missionierung nachhaltig auf die Struktur der englischen Sprache aus. So nahm das Angelsächsische eine Fülle von lateinischen Wörtern auf, welche Dinge oder Begriffe bezeichnen, die mit der Religion oder dem kirchlichen Dienst verknüpft sind. Viele dieser Wörter haben sich bis zum heutigen Tage erhalten: *altar, bishop, candle, creed, font, mass, monk, priest.* Die Beziehung zwischen dem lateinischen *candela* und neuenglisch *candle* sowie lateinisch *altus*, neuenglisch *altar*, ist ohne weiteres einleuchtend. Bei dem Übergang von *episcopus* zu neuenglisch *bishop* oder *praedicare* zu *preach* sind dagegen mehrere lautliche Übergänge anzusetzen, welche sich in dem Jahrtausend zwischen dem 7. und 17. Jahrhundert vollzogen. Bis etwa 1700 fixierte sich nämlich die Schreibung, wie sie uns heute geläufig ist. Im übrigen haben sich die meisten der im Zuge der Christianisierung übernommenen lateinischen Wörter bis heute kaum verändert. So seien neben *candle* und *altar* noch genannt: *angel* (*angelus* – Engel), *offer* (*offerre* – opfern).

Wenn auch die meisten dieser Lehnwörter gebraucht wurden,

um die mit der Bekehrung verbundenen neuen Ideen und Gefühle auszudrücken, so war doch der kirchliche Einfluß auch auf das häusliche Leben und die Erziehung beachtlich. Ebenso waren die im medizinischen Bereich, soweit man damals schon davon sprechen kann, verwandten Bezeichnungen weitgehend lateinischer Herkunft. Solch frühe Lehnwörter sind z. B. *caeppe* (lat. *cappa*; neuengl. *cap*) und *scol* (lat. *schola*; neuengl. *school*). Die Angelsachsen waren jedoch darauf bedacht, die Kennzeichnung dieser neuen Lebensbereiche soweit wie möglich mit den Mitteln ihrer eigenen Sprache zu leisten. So wurden heimische Suffixe den Fremdwörtern angehängt, z. B. *prēosthād* (*préost* für griech. *presbyter*, Priester; *hād* entspricht deutsch *-heit* = Priestertum). Nicht selten wurden auch lateinische Wörter getreu ins Altenglische übersetzt, z. B. *handbōc* (*manualis*), *bōcere* (*scriba* = Schreiber) usw.
Insgesamt bedeutete die Mission Augustins, um mit E. R. Curtius (3, 44) zu sprechen, eine zweite Romanisierung oder, wie ein englischer Historiker es ausdrückt: die Rückkehr Britanniens zu Europa und zur eigenen Vergangenheit (Chr. Dawson, *The making of Europe*, 1929, S. 209).
Nun dürfen wir allerdings nicht annehmen, daß die Angelsachsen erst mit dem Eintreffen der römischen Missionare die Welt des Christentums näher kennenlernten. Aus ihrer Sprache läßt sich vielmehr nachweisen, daß sie für einige christliche Begriffe bereits Namen hatten, lange bevor sie selbst Christen wurden. Eines der frühesten Lehnwörter, die in diesen Bereich gehören, ist *Kirche*. Tatsächlich kannten die Angelsachsen das Wort *cirice* bereits, bevor sie nach Britannien kamen. Diese Bezeichnung geht zurück auf das griechische *kyrieké* (*oikía*) = Haus des Herrn und wurde mit der Ausbreitung des Christentums auch bei den heidnischen Germanen zu einem Begriff. Das bedeutet jedoch nicht, daß damals in Germanien auch nur ein einziges christliches Gotteshaus existierte. Vielmehr ist anzunehmen, daß christliche Kirchen mit ihren heiligen Gefäßen und Ornamenten den germanischen Eindringlingen, die ab etwa 313 das römische Imperium überfluteten, als Beuteobjekte wohlvertraut waren. Ihnen war also das Wort *cirice* so geläufig, daß sie, als sie selbst Christen wurden, das damals in der römischen Kirche und in den romanischen Sprachen gängige Wort *ecclesia* (*église, chiesa* etc.) nicht annahmen. So ist *Kirche* und *church* ein für die Kulturgeschichte besonders aufschlußreiches Lehnwort.
Die Christianisierung, welche die Hinwendung zu den geistigen Berufen und die Gründung vieler Klöster förderte, gab natürlich auch der Verbreitung lateinischen Schrifttums wesentlichen Auftrieb. Vor allem im Norden Englands entwik-

kelten sich in Klöstern wie Lindisfarne bedeutende kulturelle Zentren, in denen so berühmte Mönche wie Beda, Alkuin und andere wirkten. Beda war der erste Engländer, der ein lateinisch geschriebenes Prosawerk hinterließ, und zwar die auch historisch sehr bemerkenswerte *Historia ecclesiae Anglorum*. Und Karl der Große wußte sehr wohl, weshalb er sich zur Durchführung seiner Reformen angelsächsische Mönche an seinen Hof holte. Allenthalben wurden nun die heiligen Texte aus dem Latein in die Landessprache übertragen. Natürlich konnte die noch junge angelsächsische Sprache das erforderliche Vokabular aus eigener Kraft nicht zur Verfügung stellen, und so kam es bei der Übertragung in die heimische Sprache zu zahlreichen direkten Entlehnungen aus dem Latein. Nicht weniger folgenreich aber ist die Tatsache, daß auch Eigenarten der lateinischen Syntax, des Satzbaus, in die angelsächsische Sprache übernommen wurden: Der a.c.i., das Gerundium, das losgelöste Prinzip (vgl. S. 146 f.).

Dieser über ganz Europa ausstrahlende Glanz angelsächsischer Gelehrsamkeit, die sich auf Northumbrien (das England nördlich des Flusses Humber) konzentrierte, wurde jäh zum Erlöschen gebracht durch die skandinavischen Wikinger, die Lindisfarne im Jahre 793 in Schutt und Asche legten und ihre Herrschaft über weite Teile des Landes ausdehnten. Wie sich diese neuerliche Invasion auf die Sprache auswirkte, soll hier nur angedeutet werden. Dutzende noch heute gängiger Wörter wie *window, low, wrong, take, egg,* dazu zahlreiche Pronomina setzten sich rasch in den unterworfenen Regionen durch. Das ist nicht so sehr verwunderlich, da diese Skandinavier, die nun nördlich und östlich der Linie London—Chester herrschten, nach Rasse und Sprache den Angelsachsen nahe verwandt waren.

Die dänischen Vokabeln vertrugen sich also recht gut mit den altenglischen, jedenfalls wurden sie weniger fremdartig empfunden als die lateinischen Eindringlinge. Zwar war man immer wieder bemüht, die lateinischen Fachausdrücke aus dem gelehrten und kirchlichen Bereich mit Hilfe heimischen Wortmaterials zu verdeutlichen. Doch sind die meisten dieser neugeprägten Wortzusammensetzungen nach einiger Zeit des Nebeneinanders den lateinischen Konkurrenten unterlegen. So mußte *daelnimend* = teilnehmend vor *participium* (neuenglisch *participle*) die Waffen strecken, und *folgere* oder *leorningman* vor *discipul* (*disciple*) = Jünger Christi. Dennoch hat die angelsächsische Sprache bis etwa 1050 n. Chr. kaum mehr als vierhundert Wörter lateinischen Ursprungs aufgenommen. Betrachten wir z. B. nachfolgenden Auszug aus einer Predigt Aelfrics, der um 1025 starb, so werden wir schwerlich auch nur ein einziges romanisches Wort finden, während die neuenglische Übertragung (43, 11) wenigstens zehn Latinismen enthält (*refuse, fate, false notion, conduct* usw.):

Thā the ne gelȳfath thurh
āgenne cyre hī scoriath, nā
thurh gewyrd; for than the
gewyrd nis nān thing būton
lēas wēna: ne nān thing
sōthlīce be gewyrde ne
gewyrth, ac ealle thing thurh
Godes dōm bēoth geende-
byrde, sē the cwaeth thurh
his wītegan, ›Ic āfandige
manna heortan, and heora
lendena, and ǣlcum sylle
aefter his faerelde, and aefter
his āgenre āfundennysse.‹
Ne talige nān man his yfelan
dǣda tō Gode, ac talige ǣrest
tō thām dēofle, the mancyn
beswāc, and tō Adāmes
forgǣgednysse; ac thēah
swīthost tō him sylfum, thaet
him yfel gelīcath, and ne
līcath gōd.

They who do not believe
refuse through their own
choice, not through fate,
because fate is nothing but a
false notion; nor does any-
thing truly come to pass by
fate, but all things are
ordered by the judgment of
God, who said by his pro-
phet, ›I try the hearts of
men, and their reins, and
give to every one according
to this conduct, and according to his own device.‹ Let
no man impute his evil deeds
to God, but let him impute
them first to the devil, who
deceived mankind, and to
Adam's transgression; but
chiefly to himself, in that
evil is pleasure to him and
good pleases him not.

4. Trotz der zahlreichen lateinischen, keltischen und skandinavischen Wörter, welche die englische Sprache aufgenommen hatte, war sie in ihren Grundzügen doch seit fünfhundert Jahren ihrem Wesen treu geblieben. Das änderte sich entscheidend, als im Jahre 1066 die Normannen von der Insel Besitz ergriffen. Die Eroberer, ursprünglich nordischer Herkunft, kamen aus der französischen Normandie (= Land der Nordmänner). Dort hatten sie sich der lateinischen Kultur des ihren Herrschaftsbereich umgebenden Frankenlandes gebeugt und brachten nun einen weitgehend lateinisch geprägten Wortschatz nach England, der mit ihrer skandinavischen Heimatsprache nichts mehr gemeinsam hatte.

Durch die Missionierung und die vorausgegangenen Einflüsse waren, wie wir hörten, insgesamt nur einige Hundert lateinische Wörter in die englische Sprache eingedrungen. Nunmehr aber sah sich das Angelsächsische einer Sprache gegenübergestellt, welche sich wie das Französische direkt vom Latein ableitete. Die Normannen sprachen einen französischen Dialekt, der sich dann in England mehr oder weniger selbständig weiterentwickelte.
Kein Ereignis der britischen Geschichte hat auf die englische Sprache und Kultur einen solchen Einfluß ausgeübt wie die

normannische Eroberung. Denn nun sollte sich England in einem ungeahnten Ausmaße den politischen und kulturellen Ideen der lateinischen Welt öffnen, hatten sich doch auch die neuen Herren selbst weitgehend der überlegenen romanischen Kultur gebeugt. Erleichtert wurde die Synthese nicht zuletzt dadurch, daß beiden Sprachen lateinische Fermente, wenn auch in sehr unterschiedlicher Dosierung, eigen waren. Weniger dürfte dagegen das gemeinsame skandinavisch-germanische Element der Annäherung gedient haben; denn die Unterworfenen hatten zunächst wohl oder übel die Rolle der Hörigen zu spielen. Immerhin waren sie selbstbewußt genug, sich nicht auch sprachlich unterjochen zu lassen. In Walter Scotts Roman *Ivanhoe* und in C. F. Meyers Novelle *Der Heilige* sind wir Zeugen des erbitterten Ringens zwischen den beiden Sprachen als Ausdruck des gespannten Verhältnisses zwischen Eroberern und Besiegten. Lange Zeit war es so, daß die herrschende Klasse Normannofranzösisch und Latein sprach, das einfache Volk aber Altenglisch, d. h. Angelsächsisch, die rein germanische Sprache Alfreds des Großen.

Doch verfolgen wir nun im einzelnen die verschiedenen Etappen dieser Auseinandersetzung bzw. Angleichung, insbesondere im Hinblick auf die bei dem Verwandlungsprozeß so bestimmende Einflußnahme des Latein.
Während der Jahrhunderte, die der normannischen Eroberung folgten, ergoß sich ein beständiger Strom französisch-lateinischer Wörter nach England, davon viele in demselben Gewand, in dem sie bei den alten Römern in Mode gewesen waren. Hunderte dieser Wörter wurden direkt durch Angehörige der gelehrten Berufe aus dem Latein entlehnt, die weitaus größere Zahl fand über das Französische Zugang. Mehr denn je erwies sich in diesen Jahrhunderten das lateinische Vokabular als nicht versiegendes Reservoir für die Neuprägung und Ableitung englischer Wörter. Diese unvoreingenommene Tendenz der Angelsachsen zur Latinität ist durchaus nicht als Verbeugung vor der romanischen Sprache der Eroberer zu verstehen, vielmehr steht dahinter die Tatsache, daß Latein bereits seit Jahrhunderten die Sprache der Gebildeten war und in Wort, Schrift und Lied universellen Charakter hatte.
Zwar konnten die Normannen die tiefverwurzelten Wörter »King« und »Queen« nicht verdrängen, doch davon abgesehen, sind bis zum heutigen Tage fast alle Wörter der englischen Sprache, die sich auf die Regierung und Verwaltung beziehen, französischen und damit auch lateinischen Ursprungs (*crown, state, government, realm-royaume, country, power, chancellor, authority, parliament, people, public, nation*).

In einigen Fällen dauerte es lange, bis die alten Begriffe ausstarben. So war für »Heer« noch bis zum 15. Jahrhundert das angelsächsische »here« in Gebrauch, bis sich *army* durchsetzte. Es kam jedoch auch vor, daß das angelsächsische Wort den Zweikampf gewann, so *window* (*wind-eage* – Windauge – Fenster) gegenüber dem normanno-lateinischen Wort *fenester.* Und bemerkenswerterweise hielten auch *Lord* und *Lady* ihre Stellung. Oft genug aber blieben bis zum heutigen Tage beide Kontrahenten im Sinne der Koexistenz im Rennen. Oder es kam zu einer friedlichen Synthese: *Gentle|man, Common|wealth, beauti|ful, nobl|est, grand|father,* wobei das erste Element lateinisch-normannischer und das zweite angelsächsischer Herkunft ist. Gelegentlich diente man auch der Verständigung, indem man die gleichbedeutenden Wörter der beiden Sprachen nebeneinanderstellte wie in: *olde* und *auncient* (franz. *ancien*) *doctors.* Dieser Vorgang kann als frühes Beispiel für die englische Tugend der Kompromißbereitschaft angesehen werden.
Aus der Machtstellung der normannischen Oberschicht ergab sich auch, daß die meisten Rechtsbegriffe französischen Ursprungs sind (*justice, judge, court, summon, session, accuse, crime, heritage, privilege*). Angelsächsische Worte wie *thief* (Dieb) und *steal* (stehlen) waren allerdings zu populär, um von französischen Begriffen verdrängt zu werden.

Häufig traten die lateinischen Wörter während ihrer französischen oder auch englischen Gastrolle in wechselnder Gewandung auf. Interessant ist z. B. die Geschichte des lateinischen Wortes *fides.* Im Vulgärlatein war die vorherrschende Form dieses Wortes der Akkusativ fidem. In der Umgangssprache ging die Endung verloren, der Vokal i verwandelte sich zu -ei- und das -d- am Ende des Stammes zu dem aspirierten Laut th, so daß das Wort um 1100 die Form *feith* hatte. In dieser Gestalt ging es mit den Normannen nach England. Unterdes erlebte das in Frankreich zurückgebliebene Stammwort jedoch eine weitere Verwandlung, indem es die konsonantische Endung abwarf. Man sagte fortan »par ma fay« (bei meiner Treu). Diese Wendung fand später auch in England Eingang, so daß das ältere *feith* gleichbedeutend neben *fay* existierte. Im Französischen erfuhr das Wort eine nochmalige Abwandlung, so daß uns das alte lateinische *fides* heute in der Gestalt *foi* begegnet. Im Englischen aber hat dieses eine lateinische Wort zu zahlreichen Ableitungen geführt, die untereinander kaum erkennen lassen, daß sie demselben Stamm zugehören: *fidelity, faith* und *fay.* Entsprechend ist das Verhältnis von *fact* (direkte spätere Entlehnung) und *feat* (früher aus dem Französischen über *fait* entnommen).

Interessant ist auch die zweigleisige Entwicklung des lateinischen Wortes *monasterium,* das schon vor 1066 in die englische Sprache überging und im volkstümlichen Gebrauch der Form nach zu *minster* abgewandelt wurde. Es bedeutete zunächst das mit einem Kloster verbundene Gotteshaus, später große Kirche im Sinne von Kathedrale. Als dann der Zusammenhang zwischen *monasterium* und *minster* nicht mehr erkennbar war, konnte *monasterium* neu entlehnt werden; daraus wurde dann *monastery.* Dieses Wort hat nicht nur seine frühe Form, sondern auch ursprüngliche Bedeutung bewahrt. Denn je später die Entlehnung, desto getreuer die Bewahrung des lateinischen Stammes und damit der lateinischen Schreibweise.

So wurde das englische Vokabular lateinischer Herkunft jahrhundertelang aus verschiedenen Kanälen gespeist. Entweder handelte es sich um gelehrte Entlehnungen, die direkt vom lateinischen Stamm ausgingen, z. B. *fidelity, regal, gentile.* Oder aber die Wörter wurden zu verschiedenen Zeiten und damit in unterschiedlichen Entwicklungsstadien aus dem Französischen übernommen.

Zur ersten Invasionswelle gehören jene Wörter, die aus dem Französischen der Normandie und der Pikardie stammen und die von den normannischen Eroberern nach England gebracht wurden. Als dieses normannische und pikardische Französisch, das man auch das Anglofranzösische nennt, in England ausstarb, bedeutete dies jedoch nicht das Ende des französischen Einflusses auf die englische Sprache. Es folgte eine zweite und sogar noch stärkere Welle, die hauptsächlich auf die Stellung von Paris als kulturellem und literarischem Zentrum der mittelalterlichen Welt zurückging. Um 1250 lehrte dort z. B. der Hauptvertreter der Scholastik, Albertus Magnus, um den sich neben französischen, italienischen und deutschen Theologiestudenten auch zahlreiche englische Hörer scharten. Die Vorlesungen und Disputationen wurden in lateinischer Sprache abgehalten. Kein Wunder, daß die englischen Scholaren z. B. das lateinische *caritas* dort aus dem Munde der einheimischen Professoren als zentralfranzösisches »tscharitas« hörten und als solches nach England importierten (s. S. 126).

Diese Lehnwörter der zweiten Invasionszeit von etwa 1250 bis 1400 tragen deutlichere französische Merkmale im modernen Sinne des Wortes als die früheren aus dem normannischen Bereich übernommenen Wörter. Andererseits hat das moderne Französisch viele alte Wörter verloren, die im Englischen noch weiterleben, z. B. *able* (fähig), *mischief* (Unheil), *pledge* (Gelübde), *plenty* (Überfluß), *remember* (sich erinnern). Englisch ist in dieser Beziehung ein Museum, in dem wir Überreste aus dem Alt- und Mittelfranzösischen finden, die im Neufranzösischen verschwunden sind (29, 283).

Halten wir nochmals fest: Englische Vokabeln lateinischen Ursprungs können entweder aus dem Schriftlatein direkt, d. h. ohne Zwischenwirt, entlehnt sein (stammgetreu ohne Abnutzungsspuren) oder aber zu verschiedenen Epochen etwa zwischen 1066 und 1450 aus dem Französischen übernommen worden sein, und zwar bis etwa 1250 vornehmlich aus dem Normannischen und später fast ausschließlich aus dem Pariser Sprachbereich.

Neben der oben angeführten *fides*-Variation *fidelity — faith — fay* zeugen zahlreiche Drillinge dieser Art von der Fruchtbarkeit und Wandlungsfähigkeit lateinischer Stämme: *regal — real — royal*; *gentile — genteel — gentle*; *capital* (von *caput*) — *cattle* (Vieh von *capitale* als Hausbesitz) — *chief*. Noch häufiger sind Zwillinge oder Dubletten wie: *radius — ray*; *supervise — survey*; *separate — sever*. Das erste Wort ist jeweils direkt aus dem Lateinischen entlehnt, während das zweite meist ein älterer Abkömmling desselben lateinischen Stammes ist, der jedoch im Laufe vieler Jahrhunderte über den französischen Volksmund abgeschliffen wurde. Bedeutungsunterschiede liegen bei diesen Beispielen im Gegensatz zu den auf S. 127 näher erläuterten Dubletten nicht vor. Bei *cattle* und *chief* sowie *catch* und *chase* (beide vom lateinischen *captare*) fällt übrigens der unterschiedliche Anlaut auf. Dieser Wechsel von -c- zu -ch- ist häufig darauf zurückzuführen, daß die Worte den oben bereits erwähnten unterschiedlichen französischen Dialektbereichen entnommen wurden. Während für das Nordfranzösische die Aussprache -k- vor -a- (Schreibweise -c- wie in *cattle*) eigentümlich war, ist für das Zentralfranzösische die Aussprache mit dentalem Verschluß = tsch (Schreibweise -ch- wie in *chief*) typisch. Dieser sch-Laut mit t-Vorschlag hat sich im Englischen und auch Italienischen bis zum heutigen Tage erhalten (vgl. *chance, change* usw.), während er im Französischen schon im Laufe des 13. Jahrhunderts aufgegeben wurde (vgl. auch die heutige Aussprache von franz. *chemise, cheval* usw.).

Wie bereits früher festgestellt, geht die von der normannischen Bevölkerung in England gesprochene anglonormannische Mundart (mit der Aussprache -k-) der zentralfranzösisch orientierten (mit -ch- = tsch) zeitlich voraus. Wir dürfen also schließen, daß *cattle* im Englischen schon länger heimisch ist als *chief* oder *change*. Gelegentlich kam es sogar vor, daß ein Begriff zunächst in seiner normannischen Form übernommen wurde, um dann später die Aussprache des Zentralfranzösischen anzunehmen: so lesen wir *cariteth* im Englischen um

1150, während es ein Jahrhundert später als *charitee* (heute *charity* von *caritas*) erscheint. Allgemein läßt sich sagen, daß der zentralfranzösische Einfluß nach 1204 bestimmender wurde. Seit diesem Zeitpunkt nämlich waren die anglonormannischen Könige nicht mehr Herren der Normandie.
Eine weitere Folge der Tatsache, daß dieselben lateinischen Wörter und Begriffe im Englischen oft eine andere Entwicklung durchmachten als im Französischen, ist, daß sie nicht nur in ihrer äußeren Form, sondern auch in ihrer Bedeutung oft erhebliche Unterschiede aufweisen. Davon möge folgende Zusammenstellung zeugen:

englisch		*französisch*	
abbot	Abt	abbé	Priester
advice	Rat	avis	Meinung
concurrence	Vergleich	concurrence	Wettbewerb
defend	verteidigen	défendre	verbieten
journey	Reise	journée	Tagewerk
noun	Hauptwort (Subst.)	nom	Name
rest	ruhen	rester	bleiben

Wir hatten gehört, daß die normannischen Eroberer tonangebend waren für das Vokabular des Verwaltungs- und Gerichtswesens. Dasselbe trifft auch für den kirchlichen Bereich zu, der weitgehend von normannischen Baronen und Bischöfen kontrolliert wurde. Von allen angelsächsischen Bischöfen, die 1066 amtierten, überlebten nur zwei Wilhelm den Eroberer: Wulfstan von Worcester und Giso von Wells. Ihre Diözesen lagen ziemlich weit westlich und waren deshalb den neuen Strömungen weniger ausgesetzt. So war es diesen Bischöfen möglich, weiterhin in angelsächsischer Sprache zu predigen (52, 34). Im übrigen aber bestimmte romanisches Vokabular die Sprache der Geistlichen (z. B. *service, clergy, parish, sermon*).
Nicht minder waren die Franzosen die Lehrmeister der Engländer im Bereich der Kunst (*beauty, colour, image*), Architektur (*arch, tower, pillar, vault, porch, column, aisle, choir, chapel, cloister*) sowie Mode (*dress, costume*).
Bemerkenswert ist auch, daß die meisten Tiere angelsächsische Bezeichnungen haben (*ox, cow, calf, sheep, swine*), sich aber französischer Gewandung erfreuen dürfen, sobald sie als Braten serviert werden. Dann rücken die *cows* zu *beef*, die *sheep* zu *mutton* und *swine* zu *pork* auf. Und so ist es bis zum heutigen Tage geblieben.
Überhaupt dürfen wir allgemein die Feststellung treffen, daß die neuen Herren des Landes das Vokabular für den Schweiß des Alltags den angelsächsischen Untergebenen beließen, während sie für sich selbst die gehobenen und erfreulicheren Le-

bensbereiche reservierten. Dazu gehört auch der Sport, ein französisches Wort lateinischer Herkunft. Ursprünglich schrieb es sich *disport* vom lateinischen *disportare* (auseinandertragen), altfranzösisch *se disporter*. Als Substantiv verkürzte es sich zu *sport* und bedeutete zunächst jede Art von Zerstreuung, um dann erst im 19. Jahrhundert die uns geläufige Bedeutung anzunehmen und über die ganze Welt zu verbreiten.

Während in den ersten Jahrzehnten nach der normannischen Invasion die Angelsachsen noch sehr darauf bedacht waren, die ihnen eigene Sprache zu behaupten, gehörte es später zum guten Ton, die aus Frankreich importierten Manieren der gebildeten Schicht nachzuahmen. So siedelten sich in der englischen Sprache immer mehr französische Vokabeln auch aus Bereichen an, die sich nicht auf Kunst, Mode, Verwaltung oder Religion beziehen. England war, wie Ernst Robert Curtius formuliert, für Jahrhunderte ein Annex der französischen Kultur geworden. Französisch wird die Sprache der Literatur und des Staatslebens, Lateinisch die der höheren Bildung. Paris aber ist lange Zeit die literarische Hauptstadt Englands. In diese Zeit fällt etwa die Hälfte aller Entlehnungen.
Die angelsächsische Volkssprache wurde in den Jahrhunderten nach 1066 eigentlich nur noch mündlich weitergegeben, d. h. gesprochen, dagegen kaum noch geschrieben. Die Gebildeten waren an der Pflege der Volkssprache nicht mehr interessiert, da die Geistlichen Latein und die Herren Französisch sprachen. Wenn nun eine Sprache kaum noch geschrieben wird und für die Gebildeten uninteressant geworden ist, dann entzieht sie sich der Kontrolle der Grammatiker und paßt sich im Munde der einfachen Leute schnell den Bedürfnissen und Gewohnheiten des Alltags an. So verlor die englische Sprache in den drei Jahrhunderten, da sie nur noch ein Bauerndialekt war, ihre umständlichen Deklinationsendungen sowie die komplizierte Einteilung in Geschlechter, um die Anmut, Geschmeidigkeit und Anpassungsfähigkeit zu gewinnen, die heute noch zu ihren wesentlichen Vorzügen gehören. Während dieser drei Jahrhunderte, da die angelsächsische Sprache sich eine neue Form gab, war sie in zahlreiche regionale Dialekte aufgeteilt. Das Westsächsische (Wessex) war zur Zeit König Alfreds (um 800) die Hofsprache gewesen. Doch nicht sie, sondern die Sprache des östlichen Mittellandes (Midlands) wurde der Vorfahr des modernen Englisch. Dieser Dialekt triumphierte über die anderen Mundarten, weil er in den geistigen Hochburgen London, Oxford und Cambridge gesprochen wurde; zudem aber wurde er durch Chaucer (1346–1400), den ersten repräsentativen Dichter Englands, hoffähig gemacht. Dieser gewandte Diplomat und Autor sprach Französisch und

Italienisch. Seine bedeutenden Gedichte schrieb er jedoch in englisch. Dabei setzte er allerdings bei seinen Lesern Vertrautheit mit der französischen Sprache voraus. Viele von Haus aus französische Vokabeln wie *composition, poetry, triumph, beauty* wurden durch ihn im Londoner Dialekt angesiedelt. In all seinen Werken gebrauchte er über achttausend verschiedene Wörter, von denen mehr als viertausend romanischen Ursprungs sind. Er nahm damit die zukünftige Entwicklung insofern voraus, als auch das moderne englische Vokabular, soweit es ausgesprochenen Fachcharakter hat, etwa zur Hälfte germanisch (angelsächsisch oder skandinavisch) und zur anderen romanisch, d. h. lateinischer Abkunft ist.
Natürlich hatte sich der eigentliche Verschmelzungsprozeß der ursprünglich so wenig verwandten Sprachen schon früher angebahnt. Chaucer aber darf man als den großen Virtuosen, wenn nicht Baumeister der englischen Sprache ansehen, insofern als ihm eine gültige, d. h. weithin anerkannte Synthese des Jahrhunderte hindurch so unverträglichen Sprachmaterials gelang. Durch seine Dichtung gab er dem Londoner Dialekt das noch fehlende literarische Prestige, etwa vergleichbar der Bedeutung Dantes für die italienische und Luthers für die deutsche Sprache. Chaucers Werk wurden die Wege geebnet durch die auch politisch geförderte Annäherung der beiden Sprachen zu seinen Lebzeiten. Die Schranken zwischen normannischem Adel und angelsächsischer Bevölkerung fielen nämlich in dem gemeinsamen Kampf gegen Frankreich und seine Könige. Dieser sogenannte Hundertjährige Krieg ließ naturgemäß auch den Kurswert der französischen Sprache sinken. So wurde das Angelsächsische seit 1350 als Schulsprache und seit 1362 als Gerichtssprache anerkannt und ein Jahr vor Chaucers Tod (1400) zum erstenmal von einem König im Parlament gesprochen.

Die Verschmelzung der beiden Sprachen war also bereits 1362 zu einem gewissen Abschluß gekommen. Das Angelsächsische, das sich, wie wir hörten, inzwischen durch Hunderte von normannisch-lateinischen Lehnwörtern der Sprache der zahlenmäßig weit unterlegenen Eroberer angenähert hatte, war nunmehr, wenn auch noch nicht hoffähig, so doch als Schul- und Gerichtssprache legalisiert worden. Henry Bolingbroke, der von 1399 bis 1413 als Heinrich IV. regierte, sollte der erste König nach 1066 sein, dessen Muttersprache Englisch war und nicht wie bisher Französisch. Trotz der Tatsache, daß Normannofranzösisch über einen Zeitraum von drei Jahrhunderten die Sprache der Aristokratie, der Schulen und der Gerichtshöfe gewesen war, siegte doch schließlich Englisch als Nationalsprache. Allerdings würden die alten Angelsachsen dieses

Englisch kaum noch wiedererkannt haben, hatte sich doch sein Charakter durch weitgehende Entlehnungen aus der Sprache der Eroberer wesentlich gewandelt. Immerhin war der Versuch der normannofranzösischen Aristokratie und Geistlichkeit, England ein völlig gallisch-romanisches Gepräge zu geben, letztlich gescheitert. Im Verfolg dieses Strebens waren zwar einige bedeutende und auch dauerhafte Ergebnisse erzielt worden; doch ließ sich angesichts der rassischen Gegebenheiten eine radikale Romanisierung nicht erreichen. Ähnlich wie ein Jahrtausend zuvor die relativ kleine römische Besatzungsmacht ihre Sprache gegenüber der einheimischen keltischen Bevölkerung nicht durchgesetzt hatte, war auch die normannische Oberschicht zahlenmäßig nicht stark genug, um ihrem Französisch auf angelsächsischem Boden weite Verbreitung zu verschaffen.

Im übrigen ist zu bedenken, daß die Könige von England noch bis zum Ende des 12. Jahrhunderts Herzöge der Normandie waren und über ausgedehnte Besitzungen in Frankreich herrschten. Erst als die normannischen Machthaber ihre Besitzungen auf dem Festland aufgeben mußten, begannen sie, sich mehr als Engländer zu fühlen, und damit konnte auch das Angelsächsische wieder an Boden gewinnen. Die aus dieser beiderseitigen Annäherung hervorgegangene Mischsprache Englisch sollte sich als das vorbildliche Ergebnis einer fruchtbaren Kompromißbereitschaft erweisen. Für unseren lateinischen Aspekt des Themas aber bleibt bemerkenswert, daß während der sogenannten mittelenglischen Periode fast zehntausend romanische Wörter übernommen wurden, entweder direkt aus dem Lateinischen oder aber mittels des Französischen. Von diesen sind noch etwa 75 Prozent in Gebrauch.

5. Obwohl nun das Englisch seine Position als Sprache volkstümlicher Literatur nachhaltig gefestigt hatte, blieb doch die besondere Bedeutung des Lateins für alle Wissensbereiche unangetastet. Diese Tradition wurde bestärkt durch die Renaissance, welche sich, von Italien ausgehend und dann über Frankreich auch England erreichend, noch nachdrücklicher als zuvor den klassischen Autoren und Künsten zuwandte. Denn Griechisch und Latein boten nicht nur den Schlüssel zu einem universalen Wissen, sondern waren auch die Sprachen, in denen poetische und philosophische Äußerungen in ansprechender Form dargeboten wurden. Dabei kam dem Latein besondere Bedeutung zu, da es ja den Vorteil einer weiten Verbreitung, d. h. internationale Bedeutung hatte, so daß die Gebildeten in ganz Europa regen Gedankenaustausch pflegen konnten in einer Sprache, die ihnen gemeinsam war. Gegen-

über der Perfektion der klassischen Sprachen schienen die Landessprachen geradezu unfertig, nicht elegant genug und in ihrem Ausdrucksvermögen beschränkt. Man fühlte, daß die alten Sprachen weitaus fähiger waren, abstrakte Ideen und gedankliche Tiefe zum Ausdruck zu bringen.

Durch diese verstärkte Hinwendung zu den alten Sprachen in der Renaissance des 15. und 16. Jahrhunderts erhielten auch die Entlehnungen aus dem Latein neuen Auftrieb. Diese Freude an den neu entdeckten Schätzen in der klassischen Literatur weckte den Ehrgeiz, auch die englische Sprache zu befähigen, dem antiken Gedankengut einigermaßen adäquaten Ausdruck zu verleihen. Entsprechend haben die im Verfolg dieser Bestrebungen neu aufgenommenen Lehnwörter einen mehr abstrakten und wissenschaftlichen Charakter (in Frankreich werden sie *mots savants* genannt) als die mehr der Umgangssprache dienenden früheren Entlehnungen (*mots populaires*).

Auch in anderen Ländern machte sich diese Tendenz der Latinisierung der Schriftsprache bemerkbar, jedoch wohl nirgendwo entschiedener als in England. Das ist weniger darauf zurückzuführen, daß die Engländer sich etwa mit noch größerem Eifer als andere Nationen den klassischen Studien zuwandten. Vielmehr ist es wohl die Tatsache, daß die englische Sprache gegenüber den fremden Eindringlingen weit weniger immun war als etwa die deutsche Sprache, denn das Angelsächsische hatte, wie wir hörten, in den voraufgegangenen Jahrhunderten bereits Tausende von romanischen Wörtern eingegliedert. Dieser Import vornehmlich französischer Wörter hatte den Weg für die ihnen verwandten lateinischen Vokabeln weitgehend geebnet. Gleichzeitig waren Kraft und Energie erlahmt, aus dem heimischen Material neue Wörter zu prägen. Ging im übrigen nicht auch Frankreich denselben Weg, indem es aus dem lateinischen Brunnen schöpfte, um das eigene Vokabular zu bereichern?

So kann man vielen der damals geprägten Wörter überhaupt nicht ansehen, ob sie über Frankreich importiert wurden oder in England selbst das Licht der Welt erblickten, z. B. *client, solid, formal, grave, position.* Oft genug wurde sogar ein früher übernommenes französisches Wort, das den lateinischen Stamm nicht mehr deutlich erkennen ließ, auf klassisches Maß umgearbeitet. Chaucer benutzte z. B. *descrive,* eine Form, die dann im 16. Jahrhundert durch das stammgetreuere *describe* (so noch heute) abgelöst wurde. Ähnlich wurde *egal* durch *equal, parfet* durch *perfect* und *dout* durch *doubt* reguliert.

Daß die englische Sprache vielfach die ursprünglich lateinische

Schreibung noch getreuer respektiert hat als das Französische, geht unter anderem auch aus den Monatsnamen hervor. Man vergleiche nur das englische *april* (lat. *aprilis*) und französisch *avril* oder englisch *august* (lat. *augustus*) und französisch *août*. Nun gibt es andererseits, wie uns bereits bekannt, viele Wörter lateinischen Ursprungs, die während ihres jahrhundertelangen Umlaufs in Frankreich sehr strapaziert wurden. Sie sind oft so unscheinbar geworden, daß man ihr lateinisches Gesicht nicht mehr durchschimmern sieht. Nehmen wir z. B. *to rule*, wer würde als Ahnherrn *regulare* darin wiederentdekken? Die Autoren der Renaissancezeit aber waren in der Regel noch weniger als wir darin geschult, die Abstammung der einzelnen Vokabeln, die ihnen begegneten, herzuleiten. Und so bildeten sie, um bei dem Beispiel *to rule* zu bleiben, in ihrer Schöpferfreude nach dem lateinischen Modell *regulare* das neue englische Wort *to regulate*. Dabei machte man sich wenig Kopfzerbrechen darüber, ob diese Neuschöpfung bedeutungsmäßig etwa mit *to rule* in Konflikt kommen könne. Der Sprachgebrauch aber wußte sich zu helfen. *To regulate* nahm die ursprüngliche Bedeutung seines lateinischen Stammwortes im Sinne von »regulieren« an, während bei *to rule* die Bedeutung »herrschen« Boden gewann.
Weitere Beispiele für Doppelformen dieser Art sind:

Latein	Englische Wörter aus dem Französischen		Englische Wörter direkt aus dem Latein	
conceptu	conceit	— Einbildung	concept	— Begriff
computare	count	— zählen	compute	— berechnen
defecto	defeat	— Niederlage	defect	— Mangel
dominio	dungeon	— Kerker	dominion	— Herrschaft
factione	fashion	— Mode	faction	— Partei
seniore	Sir	— Herr	senior	— Ältere
stricto	strait	— eng	strict	— streng
traditione	treason	— Verrat	tradition	— Überlieferung

(29, 282)

In der linken Spalte wird jeweils die lateinische Form des Ablativs Singular angegeben. In der täglichen Umgangssprache des spätrömischen Reiches war nämlich das Kasussystem zerrüttet, und so ist der Ablativ oder Dativ oft die literarische Kasusform, die dem umgangssprachlichen Singular am nächsten kommt. Die obige Liste gibt im übrigen einen Begriff davon, wie relativ zahlreich auch *die* Wörter im englischen Vokabular sind, deren lateinische Abstammung wir kaum noch ahnen. Dennoch stammt die große Mehrzahl der englischen Wörter romanischen Ursprungs unmittelbar von lateinischen Wurzeln ab.

Wenn wir eben betonten, die im Verlaufe der Renaissance eingeführten Lehnwörter hätten vornehmlich wissenschaftlichen Charakter gehabt, so trifft das nur für die damalige Zeit zu. Nach Jahrhunderten des Gebrauchs haben sich die meisten dieser Wörter so eingebürgert, daß viele von ihnen zu den gängigsten Vokabeln der Alltagssprache gehören. Man vergleiche nur die nachfolgende Liste direkter Entlehnungen und beachte zugleich die über zweitausend Jahre bewahrte Übereinstimmung mit der altrömischen Schreibweise:
admiration, appropriate, contempt, disrespect, education, emancipate, excursion, exist, external, history, include, insane, necessary, polite, popular, prevent, private, quiet, submit, testify.
Zahlreiche Entlehnungen bewahrten die lateinische Form sogar ohne jede Veränderung: *appendix, climax, exterior, generator, gratis, index, inferior, integer, item, memorandum, minor, pauper, prior, senior.*
Noch heute ist die Zahl der englischen Wörter, welche die lateinischen Stämme buchstabengetreu erhalten haben, überraschend groß (nach Feststellung des Verfassers etwa 25 Prozent der sechstausend gebräuchlichsten englischen Vokabeln jeglicher Herkunft).

In welcher Weise ging nun die Angleichung der klassisch lateinischen Vokabeln an englische Wortformen vor sich? Oft wurde die Endung abgeschliffen wie bei *extract* von *extract-us, exclusion(em), consult(are)*, oder man brachte das Wort in Einklang mit den üblichen englischen Formen. So wurden z. B. die Endungen der Substantive auf *-antia* und *-entia* abgeändert zu *-ance, -ence* oder *-ancy, ency* wie in *countenance, confidence, constancy,* und die Endung *-tas* zu *-ty* wie in *vicinity, dignity, variety, society, difficulty.* Die adjektivische Endung *-us* bzw. *-osus* wurde zu *-ous* abgeändert (*conspicuus* zu *conspicuous, curiosus* zu *curious*) oder wurde durch *-al* ersetzt (*externus* zu *external*); die substantivische Endung *-o* wird zu *-e*, z. B. *fortitude, latitude; -io* wird zu *-ion*, z. B. *nation, opinion, occasion, religion.* Aus *-bilis* wurde *-ble* (*tolerabilis* zu *tolerable*). Bei den meisten dieser Angleichungen dienten die entsprechenden Vorgänge im Französischen als Muster.
Viele englische Verben, die in dieser Zeit direkt aus dem Lateinischen entlehnt wurden, enden auf *-ate* (*anticipate, associate, congratulate, consolidate, create, dedicate, exaggerate, exonerate, illustrate, translate*). Ausgangsform für diese Neubildungen ist jeweils das Partizip Perfekt (Supinstamm) des entsprechenden lateinischen Wortes. Die französischen Entlehnungen dieser Art gehen jedoch meist von dem lateinischen Infinitiv aus: *exterminer* von *exterminare, créer* von *creare.* Die eng-

lische Praxis hielt sich an die Tatsache, daß die Form des lateinischen Partizips Perfekt oft der eines Adjektivs entspricht, und es war im Englischen durchaus üblich, Verben aus Adjektiven zu bilden. Den obengenannten Beispielen könnte man unter anderem auch noch *instruct* oder *subtract* hinzufügen; die Neubildung von *destruct* aber erübrigte sich, da die Bedeutung »zerstören« bereits durch *destroy* über altfranz. *destruire* vertreten war. Ebenso deuten *receive, claim* etc. auf französischen Ursprung. Gelegentlich kam es allerdings auch vor, daß derselbe Begriff sowohl direkt aus dem Lateinischen wie auch aus dem Französischen entlehnt wurde (*prejudicate* vom lat. *praeiudicatum* bzw. *prejudge* vom franz. *préjuger*).

Bei den Verben diente oft auch der Stamm der französischen Pluralform des Präsens als Basis für die Neubildung. So erklärt sich die häufige Endung *-ish* (*punish, finish*) durch Anlehnung an *puniss*(*ons*), *finiss*(*ons*) usw. Im übrigen hat auch der lat. Präsensstamm bei einigen Ableitungen Pate gestanden, so der von *solv-* und *viv-* bei *to resolve* bzw. *survive*.

Auffallend ist, daß die englische Sprache gerade bei den Adjektiven so viele lateinische Anleihen macht. Z. B. hat das angelsächsische Wort *mouth* kein zugehöriges Adjektiv (wie *mündlich* zu *Mund*), so daß das lateinische *oral* einspringen muß. Entsprechend: *nose — nasal*; *eye — ocular*; *mind — mental*; *house — domestic*; *book — literary*; *moon — lunar*; *town — urban*; *man — human* usw.

Eine besondere Bedeutung für die Bildung von Adjektiven hat die Endung *-able* gewonnen. *Able* selbst führt sich auf lateinisch *habilis* von *habere* (leicht zu handhaben) zurück. Als adjektivische Endung ist es schon im 14. Jahrhundert nachweisbar (*honorable* zuerst belegt 1330) und hat sich seitdem als außerordentlich beliebtes Anhängsel erwiesen: *agreeable, drinkable, variable, portable, tolerable, understandable.* Fast ebenso häufig sind die entsprechenden Substantiva auf *-ability*. Eine weitere sehr ergiebige Endung ist *-ation*. Dieses lateinische Suffix erweist sich als sehr nützlich bei der Bildung von Substantiven, welche eine Handlung ausdrücken, da das für solche Zwecke verwandte angelsächsische *-ing* die Aktion nicht eindeutig genug bezeichnet.

Es läßt sich gar nicht ermessen, wie vieler Ausdrucksmöglichkeiten die englische Sprache beraubt wäre, wenn ihr nicht die lateinischen Präfixe *con-, de-, dis-, ex-, in-, prae-, re-, sub-* oder *trans-* zur Verfügung ständen. *Extra* war im klassischen Latein als Präfix ziemlich selten, erfreut sich aber, zumal in jüngster Zeit, immer größerer Beliebtheit in verschiedenen Zusammenhängen, wie *extraordinary, extra pay* usw. Beson-

ders ergiebig sind die Präfixe als Vorspann so gängiger Verben wie *agere, cedere, currere, premere* usw.
So hat allein der Stamm *ced-* mit seiner Partizipialform *cess* und der verwandten französischen Form *cease* in Verbindung mit Prä- und Suffixen nicht weniger als etwa hundert Zusammensetzungen hinterlassen. Ja, es läßt sich nachweisen, daß ein paar Dutzend besonders ergiebiger lateinischer Stammwörter (wie z. B. *agere, facere*) mit ihren Verwandten (*redigere, efficere* u. a.) tausendfach in der englischen Sprache weiterleben.
Es sei noch einmal betont, daß sich zu der gleichen Zeit, da in England eine weitgehende Bereicherung der Sprache aus klassisch lateinischen Beständen vor sich ging, in Frankreich eine ähnliche Entwicklung vollzog. Deshalb ist es, wie bereits im Hinblick auf frühere Epochen betont, oft nicht einfach zu entscheiden, ob das betreffende Wort in England selbst seinen Zuschnitt erhielt oder aber via France importiert wurde. Nun, die Sprachwissenschaftler mögen sich für diese Feinheiten interessieren, zu deren Unterscheidung wir oben einige Hinweise gegeben haben. Für uns ist die Feststellung von entscheidender Bedeutung, daß all die lateinischen Wörter, die in der Renaissance in die französische und englische Sprache übernommen wurden, ihre lateinischen Stämme (nicht die Endungen) – fast ohne Ausnahme – bis zum heutigen Tage buchstabengetreu beibehalten haben. Je später ein Wort übernommen wurde, desto weniger historische Veränderungen machte es durch. So kann man mit ziemlicher Sicherheit sagen, daß nahezu alle Wörter, die ihren lateinischen Stamm beibehalten haben, während der Renaissance oder später übernommen wurden. (Ausnahme z. B. *figure, nature,* die beide schon 1250 erstmalig belegt sind.)
Diese vielfach gelehrten Wörter, die insbesondere in der Literatur, nicht zuletzt in der technischen Fachliteratur, eine große Rolle spielen, spiegeln also das lateinische Vokabular aus der Zeit Cäsars, Ciceros und Augustus' getreu wider.
Halten wir noch einmal fest: Die ausgedehnte Einführung von Wörtern direkt aus dem Latein während der Zeit des Humanismus war angeregt bzw. erleichtert worden durch die voraufgegangene jahrhundertelange Praxis, lateinische Wörter sozusagen aus zweiter Hand, nämlich über das Französische, zu übernehmen. Nunmehr aber wurde die Einführung ungewöhnlicher Wörter aus dem Lateinischen zu einem bewußten Stilmittel erhoben. Jedenfalls steigerte sich die englische Sprache in den zwei Jahrhunderten von Chaucer bis Königin Elizabeth I. zu immer größerer Ausdruckskraft, indem sie mit den lateinischen Wörtern die ganze Freude und Gelehrsamkeit der Renaissance in sich einsog.

Die weitaus meisten dieser lateinischen Wörter fanden über das Schrifttum Eingang in die englische Sprache, wobei sich natürlich nicht immer genau feststellen läßt, wem die Einführung des jeweiligen Wortes zuzuschreiben ist. In einzelnen Fällen läßt sich die Autorschaft jedoch ermitteln. Zum Beispiel verdanken wir Sir Thomas More (gest. 1535) so geläufige Vokabeln wie *absurdity, anticipate, compatible, contradictory, detector, exact, exaggerate, explain, fact, indifference, pretext* und andere.

6. Die durch die Renaissance verstärkt aufgenommene Tendenz, die englische Sprache zu latinisieren, war nun nicht mehr aufzuhalten. So brachte der Aufschwung der Wissenschaften in den letzten drei Jahrhunderten und die ständige Ausweitung des technischen Vokabulars immer wieder neue Wortprägungen lateinisch-griechischer Herkunft in Umlauf. Die folgenden Beispiele mögen diese Entwicklung verdeutlichen. Die Daten geben jeweils an, wann das betreffende Wort im Englischen erstmalig nachweisbar ist:
pollen 1523, *folio* 1533, *vacuum* 1550, *species* 1551, *radius* 1597, *specimen* 1610, *series* 1611, *apparatus* 1628, *focus* 1644, *pendulum* 1660, *maximum, minimum* 1663, *nucleus* 1704, *propaganda* 1718, *ultimatum* 1731, *prospectus* 1777, *international* 1780, *omnibus* 1829, *sanatorium* 1840, *referendum* 1882, *bacillus* 1883 (52, 49).
Von den Wörtern auf *-ism* und *-ist* läßt sich sagen, daß sie fast ausnahmslos im 19. Jahrhundert geprägt wurden: *classicism, individualism, realism; scientist, socialist, dentist.*

Daß das lateinisch-griechische Reservoir auch in unserem Jahrhundert der englischen Sprache stetig neue Vokabeln zuführt, ist unbestritten und läßt sich leicht nachweisen, denken wir nur an: *television, radio, computer, supersonic* usw., ganz zu schweigen von dem Vokabular der Weltraumforschung, wovon an anderer Stelle die Rede ist.
Als Marconi das Radio erfand, wurde es in England zunächst unter dem Namen »wireless telegraphy« bekannt. Zwei rein angelsächsische Wortelemente (*wire* und *less* = *draht-los*) verbanden sich mit zwei griechischen (*telos* und *graphos* = Fern-schreiber) zu einer neuen Einheit. Als Abkürzung *wireless* hatte sich das Wort fortan mit der Konkurrenz von *radio* (vom lateinischen *radius* = Strahl) auseinanderzusetzen (ähnlich wie zur Normannenzeit etwa das angelsächsische *window* und das lateinische *fenester*). Dieser Kampf um die Vorherrschaft ist in Großbritannien und Australien noch nicht entschieden. In Amerika hat jedoch *radio*, als das lateinische Wort, bereits einen klaren Sieg errungen. Andererseits mußte

sich das lateinische *diffuse* (senden) gegenüber dem angelsächsischen *broadcast* geschlagen geben. *Television* (Fernsehen) aber hat dem Übergewicht moderner Wortbildung mit Hilfe antiker Wortelemente (hier eines griechisch-lateinischen Gespanns) wieder sehr deutlich Nachdruck verliehen.
Bemerkenswert ist, daß, wie Leisi (46, 49) anführt, die Engländer bei diesen modernen Neubildungen lateinfreudiger sind als die Deutschen. So stehen sich z. B. gegenüber: *subsidy* — Zuschuß; *instructional film* — Lehrfilm; *malnutrition* — Unterernährung; *virgin aluminium* — Rohaluminium; *explosives expert* — Sprengmeister; *percussionist* — Schlagzeuger.
Häufig werden Ausdrücke z. B. aus dem Deutschen nur als Begriff übernommen und in einheimische, meist latinisierende Formen gekleidet (Lehnübersetzung), z. B. *inferiority complex* für Minderwertigkeitskomplex, *inhibition* für Hemmung. Daß sich das lateinische Element im Englischen viel breiter gemacht hat, geht auch daraus hervor, daß im Englischen das lateinische Wort allein existiert, während es im Deutschen wohl da ist, aber ein einheimisches zur Seite hat: *botany* — Botanik/Pflanzenkunde; *object* — Objekt/Gegenstand; *series* — Serie/Reihe. »Auch die englische Verwaltungssprache ergeht sich in Latinismen, z. B. *rodent exterminator* für *rat catcher* (Rattenvertilger — Rattenfänger)« (46, 54).
Wir erwähnten bereits, daß selbst »sport« ein Wort lateinischen Ursprungs ist. Es wird also nicht verwundern, daß die Latinismen des Humanismus auch in den Spalten der Sportberichte Einzug gehalten haben. So finden wir in der *Reportage* des Sunday *Express* über das Fußballendspiel (*final*) der Weltmeisterschaft vom 31. Juli 1966 unter anderem folgende Zeilen: »And in the last *pulsating minutes* of that *extra* time the Germans were fighting *desperately* for a *second miracle equaliser* ...« und der Spielverlauf wird durch folgende Überschriften charakterisiert: *convinced — exhaustion — controversial — gratitude — magnificent*.
Am Rande sei vermerkt, daß auch die englische Bezeichnung *soccer* für Fußball lateinischer Abstammung ist, da das Wort *socius* darin steckt. Und wer würde vermuten, daß sich das Wort *fan* ursprünglich auf religiösen Fanatismus bezieht (von lat. *fanum* = Tempel).

Bezeichnend ist auch, was die Literaturkritik, vertreten durch den Nobelpreisträger T. S. Eliot († 1965) in diesem Zusammenhang bemerkt: »Wenn alle geschichtlichen Wirkungen Roms beseitigt würden, alles, was wir von der normannisch-französischen Gesellschaft, von der Kirche, vom Humanismus, von jedem direkten und indirekten Kanal erhielten, was würde übrigbleiben? Einige wenige teutonische Wurzeln und

Hülsen — *England ist ein lateinisches Land* —, und wir brauchen unsere Latinität nicht von Frankreich zu beziehen« (3, 45).
Wir glauben, die von Eliot vertretene Ansicht durch unsere Darlegungen über den lateinisch beeinflußten Charakter der englischen *Sprache* bestätigt zu haben. Darüber hinaus aber ist die englische *Literatur* durch alle Jahrhunderte hindurch weitgehend vom klassischen Erbe geprägt worden, nicht nur in der Form, sondern auch dem Inhalt nach. Auch Shakespeare hatte Latein und Griechisch gelernt. Jedenfalls war er wie auch die übrigen zeitgenössischen Dramatiker in der Welt der Römer so zu Hause, daß er mit einer Fülle von Anspielungen aus dem Bereich der römischen Geschichte und Mythologie in seinen Dramen aufzuwarten wußte. Und sicher war auch das Publikum mit diesen Zusammenhängen vertraut. Königin Elizabeth selbst sprach fließend Latein und Griechisch, und sooft sie die Universitätsstädte Oxford oder Cambridge besuchte, ließ sie sich durch von Studenten aufgeführte lateinische Dramen erfreuen.
Diese Verehrung Roms und seiner Sprache hat nicht zuletzt darin ihren Ursprung, daß die Briten noch bis ins 17. Jahrhundert hinein der festen Überzeugung waren, Britannien sei von Nachfahren des Äneas, des berühmten Ahnherrn Roms, besiedelt worden. So fühlte sich z. B. König Jacob I. höchst geehrt, als man ihn in einem prunkvollen allegorischen Festspiel als einen würdigen Nachfahren des »Pius Aeneas« feierte (56).

Welche Rolle die lateinische Sprache und Tradition auch im Bereich der Wissenschaften spielte, wird an anderer Stelle näher dargelegt. Hier sei nur auf den Naturwissenschaftler Newton hingewiesen, der all seine Entdeckungen in lateinischer Sprache veröffentlichte. Noch heute ist Großbritannien das Land, in dem einzelne hervorragende Schulen die klassischen Studien auf einem Niveau halten, das in der ganzen Welt seinesgleichen sucht. In einigen Vorschulen lernen die Jungen schon mit acht Jahren Latein. Diese frühe Vertrautheit mit der lateinischen und griechischen Sprache führt in den Primajahren (*sixth forms*) zu Leistungen der Art, daß die Schüler sich im Abfassen lateinischer Aufsätze und Gedichte messen. Insgesamt wird der Wert der humanistischen Bildung in England immer noch hoch eingeschätzt. So wurde bis vor kurzem der Nachweis gehobener Lateinkenntnisse (Latinum) seitens der Universitäten Oxford und Cambridge von *allen* dort eintretenden Studenten verlangt. In Oxford wird die Laudatio bei der Verleihung von Ehrendoktorwürden noch heute vorwiegend in lateinischer Sprache gehalten. (Vgl. S. 8.)

Die Bedeutung des romanischen Vokabulars sowie der lateinischen Syntax für die englische Sprache (Zusammenfassung).

Durch die Hilfestellung, welche das Normanno-Französisch dem Zustrom lateinischer Vokabeln leistete, ist das lateinische Element im englischen Vokabular bedeutend größer als in dem jeder anderen germanischen Sprache. Dieses lateinische Element ist so bedeutend, daß es ohne Schwierigkeiten möglich wäre, Hunderte von Seiten zu schreiben, in denen der Anteil von Wörtern angelsächsischen oder skandinavischen Ursprungs insgesamt kaum fünf Prozent ausmachen würde, wenn man von Partikeln, Pronomina und Hilfsverben absieht (42, 93).

Andererseits läßt sich die Rechnung auch umgekehrt aufmachen, indem man das genaue Gegenteil zu beweisen sucht durch die Behauptung, man könne Hunderte von Seiten mit einem fast ausschließlich germanischen Wortschatz sinnvoll füllen. So meint Schubel:

»Obgleich der Anteil der germanischen Wörter an der Gesamtheit des englischen Wortschatzes nur 35 Prozent beträgt [Anmerkung des Verfassers: nach anderen Berechnungen kaum 25 Prozent! s. u.], spielt er wegen der häufigen Verwendung eine erheblich größere Rolle als der romanische Anteil. So verwandte Shakespeare 86 Prozent, Tennyson 90 Prozent, Dickens und Ruskin 80 bis 85 Prozent germanische Wörter« (55, 256). Man müßte jedoch hinzufügen, daß diese Zählung nur dann zutrifft, wenn man die sich stetig wiederholenden Partikeln und Pronomina sowie Hilfsverben (z. B. *and, he, is* usw.) jeweils mit addiert. Es besteht kein Zweifel darüber, daß diese und etwa hundert weitere besonders oft vorkommende »Strukturwörter« wie *about, come* und *not* fast ausschließlich germanischen Ursprungs sind. Das bedeutet aber nicht, daß diese Wörter für das Verständnis eines Satzes von besonderer Wichtigkeit sind. Darauf weist McEvoy in seinem Lehrbuch *Latin for today* (48) mit Recht hin, indem er folgenden Abschnitt aus der Schulgesetzgebung zitiert:

»There shall be *provided* for every *school district* a *sufficient amount* of *accommodation in public elementary schools available* for all the children *resident in* such *district* for whose *elementary education efficient* and *suitable provision* is not otherwise made.«

Unverkennbar bilden die kursiv gedruckten Wörter lateinischer Prägung das eigentliche Sinngerüst des Satzes, während die übrigen Wörter nicht viel mehr als den Mörtel für den Zusammenhalt beisteuern. Gewiß, dieser Satz mag wegen seines geschraubten amtlichen Charakters etwas aus dem Rahmen fallen. Allgemein aber läßt sich wohl nachweisen, daß

PHILOSOPHIÆ
NATURALIS
PRINCIPIA
MATHEMATICA.

Autore *JS. NEWTON*, *Trin. Coll. Cantab. Soc.* Matheseos Professore *Lucasiano*, & Societatis Regalis Sodali.

IMPRIMATUR.
S. PEPYS, *Reg. Soc.* PRÆSES.
Julii 5. 1686.

LONDINI,

Jussu *Societatis Regiæ* ac Typis *Josephi Streater*. Prostat apud plures Bibliopolas. *Anno* MDCLXXXVII.

zumindest im Schriftenglisch durchschnittlich 50 bis 60 Prozent aller Substantive, Adjektive und Verben lateinischer Herkunft sind. Tatsächlich finden sich in dem Häufigkeitswörterbuch bei Klett (83) schon unter den zweitausend gängigsten Verben, Adjektiven und Substantiven (von den obengenannten Strukturwörtern abgesehen) etwa 27 Prozent lateinischen Ursprungs. Dieser Prozentsatz steigert sich stetig mit zunehmendem Umfang des Vokabulars. Diese Feststel-

lung gilt auch für das amerikanische Englisch, das wegen seiner Nachbarschaft zu Lateinamerika und zu Französisch-Kanada eher mehr als weniger zu Latinismen tendiert. Vokabeln wie *to contact* (Verbindung aufnehmen), *to respond* (antworten) oder *to labor* (arbeiten) setzen sich immer mehr durch und sickern sogar vom amerikanischen ins britische Englisch ein. Allerdings kommt es auch vor, daß umgekehrt britische *hard words* im amerikanischen Englisch vereinfacht werden (z. B. *cut* für brit. *reduction*).
Wir dürfen zusammenfassend also feststellen: Der literarische Wortschatz basiert überwiegend auf dem Lateinischen. Die Alltagssprache des einfachen Mannes gründet jedoch auf dem Angelsächsischen. Und auf dieses Angelsächsisch geht auch das zurück, was wir den Mechanismus der Sprache nennen: Zahlwörter, Pronomina, Präpositionen und Konjunktionen.

Die Vielschichtigkeit der englischen Sprache und der darin begründete außerordentliche Reichtum des Vokabulars verursacht einerseits manches Kopfzerbrechen (davon soll später die Rede sein), andererseits ermöglicht sie Schattierungen der Ausdrucksfähigkeit, wie sie wohl keiner anderen Sprache gegeben sind. Das häufige Nebeneinander des gleichen Begriffs in germanischer und lateinischer Gestalt gibt der Sprache einen außerordentlichen Reichtum an Synonymen. Viele dieser Synonyme differenzierten sich jedoch im Laufe der Zeit und ermöglichten so den Ausdruck feiner Bedeutungsunterschiede. Als Beispiel hierfür seien angeführt die beiden englischen Ausdrücke für Schlaflosigkeit: *insomnia* und *sleeplessness.* Für diese beiden Begriffe finden sich in *Hornby's Learner's Dictionary* folgende fein unterscheidende Definitionen:
insomnia: inability to sleep (usual as the result of *nervous trouble*); sleeplessness: the condition of being unable to sleep, *lack of sleep* (vgl. 52, 49).

Wenn zwei Synonyme überlebt haben, so läßt sich im allgemeinen sagen, daß das heimische angelsächsische Wort gefühlsbetonter ist. Es ist eben einfacher, volkstümlicher und deshalb tiefer verankert, während das lateinische Wort meist formeller, höflicher, zurückhaltender ist. *Cottage* ist gewählter als *hut. Help* gibt der Verzweiflung mehr Nachdruck als *aid.* In der Not ruft man: *God help me* und nicht: *God aid me. Hearty* rührt tiefer an als *cordial* (vgl. *a hearty welcome – a cordial reception*). *Brotherly love* ist stärker als *fraternal affection.* Die deutsche Sprache vermag in der Übersetzung die feinen Unterschiede nicht anzudeuten, da entsprechende Begriffspaare fehlen. In manchen Fällen besteht der hauptsächliche Unterschied zwischen dem Angelsächsischen und dem Romanischen darin, daß das eine mehr der Umgangssprache, das andere mehr der Schriftsprache zugehörig ist (vgl. *begin — commence; hide — conceal; hinder — prevent*). Gelegentlich geht der Reichtum der englischen Sprache an Synonymen so weit, daß ein Synonym für jede Stilebene zur Verfügung steht: volkstümlich, literarisch und gelehrt. Dies trifft z. B. zu bei *rise — mount — ascend; ask — question — interrogate; fire — flame — conflagration; holy — sacred — consecrated.* In jeder dieser Reihen ist das erste Wort angelsächsischer, das zweite französischer und das dritte lateinischer Herkunft. Weitere synonyme Wortpaare französischen bzw. angelsächsischen Ursprungs sind: *deed — act; foe — enemy; gift — present; weapons — arms; to bid — command; to end — finish; to go in — enter; room — chamber; wish — desire; ship — vessel.*

Im übrigen wissen die Dichter den Effekt zu nutzen, daß die meist mehrsilbigen lateinischen oder griechischen Wörter vielfach klangvoller sind als die durchweg kürzeren angelsächsischen. Außerdem haben sie, was die dramatische Wirkung anbelangt, den Vorteil, daß sie dem Leser oder Hörer eine gewisse Atempause und die Möglichkeit der Reflexion lassen. Unter diesem Aspekt geben die lateinischen Wörter den Affekten und Gefühlen mehr Spielraum als die sonst volkstümlicheren angelsächsischen Vokabeln.

Andererseits bedient sich Mark Anton in seiner berühmten Rede in Shakespeares *Julius Caesar* betont einsilbiger angelsächsischer Wörter. Er möchte nämlich dem Mob (von *mobile vulgus* = lenkbarer Haufen) einreden, daß er im Vergleich zu Brutus (*and his honourable men*) ein unbeholfener Redner sei, dem nur einfache Worte (»plain words«) zu Gebote ständen.

Diesem Streben nach einfacher Ausdrucksweise macht auch die sehr populär gewordene Bibelübersetzung König James' I., die sogenannte *Authorized Version* von 1611, einige Zugeständnisse. Gerade damals hatte nämlich die Überschwemmung der englischen Sprache mit gelehrten Ausdrücken klassischer Herkunft eine gewisse Gegenwehr ausgelöst. Und bis in unsere Tage lieferte die Mode, möglichst viele lateinische und griechische Vokabeln zu verwenden, reichlich Stoff für die Witzblätter. So schlägt *Punch* für das Sprichwort: »Viele Köche verderben den Brei«, folgende Paraphrase vor: »More confectioners than are absolutely necessary are apt to ruin the potage« (45, 148).

Auch der dänische Anglist Jespersen bringt in seinem Standardwerk *Growth and Structure of the English Language* (45,

149) zahlreiche Beispiele für diese gesuchte, sich vornehm dünkende latinisierende Ausdrucksweise, die er als undemokratisch bezeichnet:

einfacher Stil	*affektierter Stil*
to ring the bell	to agitate the communicator
a great fire	a disastrous conflagration
a man fell	an individual was precipitated

Doch auch Jespersen kann nicht vermeiden, selbst in den Strudel dieses Stils zu geraten. Nachdem er nämlich soeben erst dessen undemokratischen Charakter (45, 144) getadelt hat, fährt er fort: »While the composite character of the language gives variety and to some extent precision to the style of the greatest masters, on the other hand it encourages an inflated turgidity of style« (45, 150). Und wenn es noch eines weiteren Beweises bedarf, daß die lateinische Ausdrucksweise auch bei denen, die sich gegen ein Überhandnehmen wenden, üppig gedeiht, sei auch noch der folgende Satz aus dem gleichen Kapitel Jespersens zitiert: »Similar circumlocutions are consciously resorted to in conversation to obtain a ludicrous effect« (45, 148). Der Leser wird nicht ohne Schmunzeln vermerken, daß alle Wörter in diesem Satz (von den belanglosen *are*, *to* und *a* abgesehen) lateinischen Ursprungs sind.

Auf die Gefahr, daß der übertriebene Gebrauch von Latinismen zum Wegbereiter für die Aufrichtung von Klassenschranken werden kann, weist auch Leisi (46, 55) hin. Er betont, daß es für die häufige Verwendung von Latinismen im Englischen zwar keine Grenzen gebe, daß man jedoch damit rechnen müsse, belächelt zu werden, wenn man allzu betont ausgefallene Ausdrücke für einfache Dinge wählt mit dem offensichtlichen Zweck der sozialen Abhebung: z. B. *he assisted himself to soup* (statt *he helped himself*) oder *edifice* (für *building*) usw.

Manchmal wird in der literarischen und in der Amtssprache die Verwendung von Wörtern lateinischen Ursprungs so weit getrieben, daß die Ausdrucksweise sogar für einen Engländer schwer verständlich werden kann. In Carrolls *Alice in Wonderland* sagt Dodo: »In that case I move that the meeting adjourn for the adoption of more energetic remedies« (In diesem Fall schlage ich vor, daß sich die Versammlung vertage, um sofort energischere Maßnahmen zu ergreifen), worauf Eaglet sie unterbricht: »Speak English! I don't know the meaning of half those long words, and what's more, I don't believe you do either!« (54, 7).

Im übrigen: Nicht nur für Dodo und Eaglet sind derartige Wörter schwer verdaulich. Bis zum heutigen Tage ist für viele

Engländer und Amerikaner, die keinen Lateinunterricht genossen haben, der richtige Gebrauch der Latinismen ein gewisses Problem geblieben, und »die ganze Geschichte der englischen Lexikographie läßt sich weitgehend aus dem Bemühen erklären, mit diesen sogenannten ›hard words‹ zurechtzukommen« (46, 56). Ein Gradmesser für diese Schwierigkeiten ist auch die seit Jahren in *Reader's Digest* erscheinende Seite »Enrich your word power«. Diese lehrhafte Bereicherung des muttersprachlichen Vokabulars bezieht sich fast ausschließlich auf Latinismen (vgl. »Der Abusus von Fremdwörtern soll nach Possibilität auf ein Minimum reduziert werden«).

Wie man seine Lateinkenntnisse für den Umgang mit der englischen Sprache nutzbar machen kann

Um noch einmal die Bedeutung der Latinismen für den englischen Wortschatz zu unterstreichen, sei auf folgende Untersuchung F. Bodmers (29, 3) verwiesen: Eine Auszählung der ersten tausend Seiten des *Concise Oxford Dictionary* ergab:

53,6 Prozent Wörter romanischen Ursprungs (Lateinisch, Französisch, Italienisch, Spanisch),
10,8 Prozent Wörter griechischen Ursprungs,
31,1 Prozent Wörter germanischen Ursprungs (Altenglisch, Skandinavisch, Holländisch, Deutsch).

Selbst unter den zehntausend am häufigsten in der englischen Sprache vorkommenden Vokabeln sind nach Ayers (Univ. of Arizona 1965) mehr als die Hälfte lateinisch-griechischen Ursprungs. Dieses Übergewicht der Antike im englischen Vokabular wird noch eindrucksvoller, wenn man die Vielfalt technischer Ausdrücke hinzunimmt, die in den üblichen Wörterbüchern gar nicht angeführt sind. So erfaßt das große *Oxford English Dictionary* insgesamt etwa vierhunderttausend Wörter, während sich der heute noch gängige rein angelsächsische Wortschatz auf kaum mehr als zwanzigtausend Vokabeln beläuft (nach Bryant). Leisi bemerkt (46, 61/2) zu Recht, daß die Beschäftigung mit den klassischen Sprachen, die einstmals die Ursache der englischen Latinismen war, heute zu einer Konsequenz geworden ist, nämlich zu einer Notwendigkeit für denjenigen, der die Wortfamilien der eigenen Sprache in ihrer Ganzheit besitzen und durchschauen will. In den modernen lateinischen Lehrbüchern (z. B. *Latin for Americans*) werden diese Verbindungen zwischen dem lateinischen und englischen Vokabular übrigens systematisch nutzbar gemacht.

Einen treffenden Kommentar zu diesem Thema, der zugleich

ein humorvoller Nachtrag zu dem Kapitel »hard words« ist, steuert George Mikes bei. In seinem amüsanten Buch *How to be an alien* (50), gibt er seinen Lesern Ratschläge, wie man sich als Ausländer in England verhalten sollte, um möglichst wenig als Fremdling aufzufallen. Für unseren Zusammenhang ist besonders bemerkenswert, was Mikes über die nutzbringende Anwendung der Lateinkenntnisse schreibt: »Many foreigners who have learnt Latin and Greek in school discover with amazement and satisfaction that the English language has absorbed a huge amount of ancient Latin and Greek expressions, and they realise that

a) it is much easier to learn these expressions than the much simpler English words;
b) that these words as a rule are interminably long and make a simply superb impression when talking to the greengrocer, the porter and the insurance agent« (50, 28).

In Übersetzung: Viele Ausländer, die in der Schule Latein und Griechisch gelernt haben, entdecken mit Staunen und Befriedigung, daß die englische Sprache eine Unmenge lateinischer und griechischer Wörter absorbiert hat, und sie haben dann auch bald heraus, daß diese Ausdrücke

a) viel leichter erlernbar sind als die weit schlichteren englischen Wörter (angelsächsischer Herkunft); und
b) endlos lang sind und einen einfach überwältigenden Eindruck machen, wenn man sie im Gespräch mit Gemüsehändlern, Portiers oder Versicherungsagenten verwendet (53, 28).

Mit einem schlichten »Please don't bully me!«, »Aber lassen Sie mich doch gefälligst in Ruhe!«, meint Mikes dann weiter, könne man dem Mann auf der Straße nicht imponieren. Mit Vokabeln wie »I repudiate your petulant expostulations!«, »Ich refüsiere Ihre impertinenten Allusionen!« (53, 30) erziele man jedoch durchschlagende Wirkung.

Und wenn man sich in guter Gesellschaft als »tough guy« (hartgesottener Bursche) bezeichne, werde man als ungehobelt und anmaßend angesehen. Empfehle man sich jedoch mit so nebulösen Vokabeln wie »inquisitorical and peremptory homo sapiens«, so seien diese zwar unverständlich, aber eben deshalb um so eindrucksvoller, da eine solch erlesene Wortwahl unbedingt auf eine ebenso einmalige Persönlichkeit schließen lasse.

Im übrigen verliert die oft schwierige englische Rechtschreibung viel von ihren Schrecken, wenn man sich ganz einfach nach der Schreibweise der lateinischen Stämme richtet (z. B.: *committere* wird im Lateinischen mit Doppel-m und -t geschrieben, also Englisch: *committee*). Diese Entsprechung gilt für nahezu alle Latinismen, die seit etwa 1400 in die englische Sprache übernommen wurden. Ihre Zahl – Ableitungen einbegriffen – geht jetzt schon weit über hunderttausend und nimmt immer noch zu.

Doch abgesehen von der weitreichenden Übereinstimmung des Vokabulars wirkt sich die Verwandtschaft der beiden Sprachen auch im Bereich der Syntax (des Satzgefüges) nachhaltig aus. Diese Beziehungen sind vielleicht sogar noch enger als bei den romanischen Sprachen, die sich direkt vom Latein herleiten. Es wäre wohl lohnend, hierüber einmal vergleichende Untersuchungen anzustellen. Allerdings läßt sich der lateinische Einfluß auf die Syntax naturgemäß weniger leicht verfolgen als die entsprechende Einwirkung auf das Vokabular. Immerhin gehen zahlreiche syntaktische Erscheinungen im Englischen unzweifelhaft auf das lateinische Modell zurück:

1. Die unverbundene Konstruktion des *absoluten Partizips* (Partizipialsatz mit eigenem Subjekt, z. B.: *This done* we went home) ist im Englischen schon sehr früh nachweisbar, und zwar eindeutig in Nachahmung der entsprechenden lateinischen Konstruktion (z. B. *hoc facto*). Der schon im Angelsächsischen spürbare Einfluß wurde nach 1066 durch die französische absolute Partizipialkonstruktion verstärkt. »Aus ursprünglichen absoluten Partizipien sind die Präpositionen *during* (während), *failing* (mangels) und *notwithstanding* (trotz) entstanden« (51, 73). Ganz allgemein dürfte die häufige Verwendung von Partizipien im Englischen durch die Fülle der lateinischen Vorlagen beeinflußt sein.

2. Auch das *Gerundium* (als verbale Funktion der *-ing*-Form) ist auf lateinischen Einfluß zurückzuführen. Man vergleiche nur: *Ars bene dicendi difficilis est* mit: The art of speaking well is difficult. Französischer Einfluß und die Vermengung der Formen des Partizipiums, des Infinitivs und des Verbalsubstantivs im Mittelenglischen haben diese Entwicklung gefördert (51, 55).

3. Der a.c.i. (accusativus cum infinitivo wie in: I know *him to be* a good man) wurde im Altenglischen allgemein nach gewissen Verben gebraucht wie *hātan* (hassen) und *hīēran* (hören); im späteren Englisch wurde die Zahl der Verben, nach denen er angewandt wird, erheblich ausgedehnt. Entsprechend der lateinischen Praxis folgte er auch unpersönlichen Ausdrücken. So finden wir in Wyclifs (14. Jahrhundert) Bibelübersetzung (Mt 17, 4): *It is good us to be here*. Zur Verdeutlichung des Dativs wurde später »for« hinzugefügt (51, 90). So erklären sich moderne Konstruktionen wie: *It is impossible for me to understand him*. Insgesamt läßt sich sagen, daß sich die dem Lateinischen nachgebildete a.c.i.-Konstruktion einer immer noch zunehmenden Beliebtheit erfreut.

4. Die älteste Vorstufe der *Verlaufsform* (Progressive Form) ist im Altenglischen die Umschreibung *beon* + Partizip Präsens auf *-ende*. Sie ist in Übersetzungen aus dem Lateinischen viel häufiger als in Originalwerken (51, 19). So finden wir für *erant comedentes* die Übertragung *waron etende* = sie aßen gerade. Diese und andere Belege weisen auf den lateinischen Ursprung dieser Ausdrucksweise.
5. Das lateinische *Gerundivum* in dem Beispielsatz: *Mihi domi manendum est* würde seine englische Entsprechung finden in der Version: *I am to stay at home.* In frühen Übersetzungen aus dem Latein gibt diese Ausdrucksweise (Form von *to be* + Infinitiv) fast durchweg das Gerundivum wieder: altenglisch – *he is to gehyrenne* für lateinisch *audiendus est* (51, 88).
6. Auch die Bildung des englischen *Passivs* mit Hilfe einer Form von *to be* deutet auf lateinischen Ursprung. »So gibt Aelfric, der Meister der angelsächsischen Prosa, in seiner Lateingrammatik die lateinischen Passivformen ausschließlich mit *beon, wesan* (bin, war) wieder: *amabar* (Spätlatein auch *amatus eram*) – *ic waes gelufod*« (51, 99). Diese Umschreibung mit »sein« verdrängte schließlich das weniger vom Latein abhängige Hilfsverb *weorthan* (werden) völlig. Sicher hat später auch die auf dem Latein fußende französische Bildungsweise des Passivs zu dem Sieg über das germanische *weorthan* beigetragen. Das Deutsche hat jedoch seine ursprüngliche Selbständigkeit bewahrt, indem es seine Passivformen weiterhin mit Hilfe von »werden« (ich *werde* geliebt, sie ist geliebt *worden*) bildet.
7. Auch mit seinen *artikellosen Abstrakta* wie *love, life, death, history* ist das Englische dem Latein, das ja weitgehend ohne Artikel auskommt, sehr nahe geblieben. Vielen dieser artikellosen abstrakten Begriffe ist die Herkunft aus der mittelalterlichen Lateinschule noch anzusehen (57).
8. Bei Abstrakta richtet sich das *Geschlecht* meist nach demjenigen des entsprechenden lateinischen Wortes, d. h. nach der allegorischen Vorstellung. So ist *love* entsprechend *amor* maskulinum, *peace* (*pax*) femininum usw. Die Neutralität erlaubt diesen Wörtern, sich nach Belieben der lateinischen Allegorietradition anzuschließen. Davon abweichend ist im Deutschen »Liebe« weiblich, »Friede« männlich, »Sonne« wiederum weiblich, während das Englische auch hier »sun« entsprechend dem lateinischen Geschlecht »he« nennt und »moon« »she«.

Zusammenfassend sei im Hinblick auf die Einwirkung lateinischer Syntax auf das Englische folgendes festgestellt: »Sicher ist der lateinische Satzbau weitgehend Vorbild für klassisch gebildete Engländer gewesen. Dies beginnt bereits in der altenglischen Prosa. Vor allem lernte man vom Lateinischen die feineren Ausdrucksmöglichkeiten neben- und untergeordneter Sätze« (44; 149, 153). Dieser Einfluß wurde bis zum heutigen Tage gefördert durch den Rang, den man dem Lateinischen im englischen Erziehungssystem einräumt. Bis gegen Ende des 17. Jahrhunderts galt sogar die Meinung, Latein sei ehrenwerter als Englisch. Inzwischen aber ist die englische Sprache längst mündig geworden und hat einen Siegeszug angetreten, der nur mit der Verbreitung des Latein im Mittelalter vergleichbar ist. Es besteht kein Zweifel, daß Englisch heute die meistgesprochene Sprache der Welt ist (als Muttersprache allerdings hinter dem Chinesischen). In der Sowjetunion gibt es heute mehr Kinder, die Englisch lernen, als in Großbritannien selbst. Der verstorbene indische Ministerpräsident Nehru nannte die englische Sprache »India's window on the world«, weil so viele Fachausdrücke englisch sind und so viele Bücher in dieser Sprache geschrieben werden. »Der Sieg des Englischen nach dem Zweiten Weltkrieg war überraschend leicht. So paradox es klingt: Das Zerbrechen des Empire hat ihm den Weg zur ersten Weltsprache geebnet. Aus nationalen Gründen braucht – bis auf stammesbewußte Waliser oder zornige Iren – niemand mehr *nicht* Englisch zu sprechen« (W. Ross in *FAZ*, 13. April 1968).

Auch in Afrika setzt sich Englisch immer mehr als *die* Unterrichtssprache durch. Ebenso ist der Vorrang des Englischen in der Handelskorrespondenz unumstritten. Nach Statistiken des Weltpostvereins sollen 80 Prozent des gesamten Briefwechsels, 60 Prozent aller Radiosendungen und 70 Prozent aller Zeitschriften der Erde englisch sein. Der gesamte Sprechfunk auf internationalen Flugplätzen vollzieht sich auf englisch. Die in englischer Sprache verfaßten Schriften und, was nicht minder wichtig ist, die in allen Ländern als Grundlage dienenden wissenschaftlichen Publikationen nehmen eine immer bedeutendere Stellung ein.

Fragt man nach den Gründen für diese außerordentliche Verbreitung, so waren sicher in erster Linie politische Gegebenheiten bestimmend. Doch ist auch die Struktur des Englischen, insbesondere der gemischte Charakter seines Vokabulars, nicht zu unterschätzen. Durch die großzügige Einbeziehung des Französischen und Lateinischen hat sich das Englische, wie wir oben darlegten, einen ungewöhnlichen Reichtum des Wortschatzes erworben. Dadurch nun, daß ein Teil seines Vokabulars den germanischen, ein anderer den romanischen Völkern vertraut und zugänglich ist, befand sich das Englische nach dem Abschluß des Mischprozesses in einer einzigartigen Ausgangslage für eine weltweite Anerkennung (46, 52).

Mit einiger Kenntnis der Entwicklung des Englischen selbst, der verwandten germanischen Sprachen und der heutigen

Tochtersprachen des Lateins besitzen Engländer wie Amerikaner einen Schlüssel zu zehn lebenden europäischen Sprachen. Niemand außerhalb der angloamerikanischen Sprachgemeinschaft erfreut sich einer solchen Sonderstellung (29).

Der lateinische Einfluß auf die deutsche Sprache und Literatur

Die Verbindung zum Lateinischen reicht im deutschen Sprachraum weit zurück. Für Cäsar kämpften bei Alesia germanische Söldner (s. Caesar, *b.g.* VII, 70, 1). Kaiser Augustus hatte bis zur Schlacht im Teutoburger Wald eine germanische Leibwache. Arminius, Fürst der Cherusker, diente in seiner Jugend im römischen Heer und erhielt von Augustus das römische Bürgerrecht sowie die Ritterwürde. Daß er, wie auch sein Bruder Flavus, mit der lateinischen Sprache wohlvertraut war, ergibt sich aus dem Rededuell der beiden später verfeindeten Brüder, über das Tacitus (*Ann.* II, 10) berichtet (89, 433).
Die in den ersten Jahrhunderten der Kaiserzeit längs der Süd- und Westgrenze Germaniens aufblühende römische Provinzialkultur übte auch auf die Sprache und die Lebensgewohnheiten der angrenzenden Germanenstämme nachhaltigen Einfluß aus. Vor allem waren es Dinge des täglichen Bedarfs, welche die Germanen kennenlernten und mit den betreffenden Bezeichnungen übernahmen. So kannten sie bis dahin nur den Holzbau; einen um so größeren Eindruck machte auf sie die neuartige Technik des Steinbaues. Das zeigt die Fülle der Ausdrücke, die sie aus der römischen Handwerkersprache entlehnten: Mauer (*murus*), Fenster (*fenestra*), Ziegel (*tegula*) usw. Da die Ausdrücke im täglichen Sprachgebrauch weniger im Nominativ als in den anderen Kasus vorkommen, haben sich hauptsächlich aus diesen die Lehnwörter entwickelt, z. B. Kalk von *calcem* = Akkusativ zu *calx* (vgl. S. 118).
Vom römischen *caupo*, dem unser Kaufmann seine Berufsbezeichnung verdankt, übernahm das Deutsche u. a. folgende Ausdrücke: Markt (*mercatus*), Münze (*moneta*), Sack (*saccus*), Kiste (*cista*), Korb (*corbis*). Zu den von den Römern eingeführten Hausgeräten gehören: Fackel (*facula* = Verkleinerungsform von *fax*) und Spiegel (*speculum*).
Daß auch die germanische Kochkunst aus der römischen Nutzen zog, zeigt die Übernahme von lat. *coquere* (althochdeutsch *kochōn*). Im übrigen war der Tisch der Germanen unter dem römischen Einfluß reichhaltiger gedeckt als früher. Das läßt sich aus zahlreichen Wortableitungen im Bereich der Garten- und Obstkultur entnehmen: Frucht (*fructus*), pflanzen (*plantare*), Birne (*pirus*), Kirsche (*ceresia*), Pfirsich (*malum persicum*), Rettich (*radix*), Kohl (*caulis*), Senf (*sināpis*), Wein (*vinum*), Most (*mustum*), Kelter (*calcatura*), eichen (*aequare*) (vgl. auch S. 119).

Ebenso sind unsere Vorfahren bei den Römern auf dem Gebiete der Schiffahrt in die Lehre gegangen, besonders an Rhein und Nordsee. Das Lehnwort Anker (*ancora*) weist nach, daß man lernte, die Schiffe mit dem zweiarmigen Anker und nicht mehr in urtümlicher Weise mit Steinen zu befestigen. In diesen Zusammenhang gehören auch: Kette (*catena*), Riemen (*remus* = Ruder) (58, 74).

Aus anderen Bereichen seien noch genannt: Straße ([*via*] *strata* = geebneter Weg), Pacht (*pactum* = Abmachung), Meile (*milia* [*passuum*] = tausend Doppelschritt), und als ältestes Lehnwort: Kaiser (*Caesar*). Daß das Wort »Kaiser« eine den Germanen wirklich schon früh geläufige Bezeichnung ist, läßt sich aus der anlautenden k-Aussprache entnehmen, die typisch für die älteren lateinischen Lehnwörter ist. Bei diesen nämlich tritt lateinisches c vor hellen Vokalen (in diesem Falle ae) als k in Erscheinung, aus dem dann erst später (seit dem 5. bis 7. Jahrhundert) ein z (ts) wird, wie in Zelle von *cellam* und Kreuz von *crucem*. Frühere Lehnwörter sind neben Kaiser auch Kirsche (*ceresia*), Kiste (*cista*), Kelch (*calicem*), Keller (*cellarium*).

»Manche Entlehnungen weisen ihr Alter auch dadurch aus, daß ihnen lateinische Wörter zugrunde liegen, die im Französischen keine Entsprechung haben, weil sie später im gallischen Provinziallatein aufgegeben worden sind. So wurde z. B. lat. *caseus*, das ahd. *chasi* lieferte, im Französischen verdrängt durch *formaticum* (franz. *fromage*)« (58, 72).

Die Anzahl der Germanen, die im 4. Jahrhundert im Bereich des Imperiums lebten, wird auf einige Millionen geschätzt. Man findet sie in allen Bevölkerungsschichten: angefangen bei den Sklaven auf den Feldern bis zu den Befehlshabern bedeutender Divisionen der römischen Armee. Mit der Vernichtung des Imperiums verlor das mit den Kaufleuten und Legionären nach Germanien importierte Latein jedoch wieder an Einfluß, um allerdings schon bald mit den christlichen Missionaren – meistens von den britischen Inseln her – mit neuer Kraft zurückzukehren. Nachdem bereits vor der Völkerwanderung die Germanen, die in der römischen Einflußzone ansässig waren, etwa sechshundert Lehnwörter aus dem Lateinischen übernommen hatten, drangen lateinische Bezeichnungen mit den Missionaren auch nach Innerdeutschland vor. So brachten die Einführung des Christentums und die Klosterkultur seit dem 8. Jahrhundert der deutschen Sprache neben Ausdrücken für Einrichtungen und Gebräuche der Kirche und der Klöster auch viele Wörter des kulturellen Lebens. Zu den bereits erwähnten Wörtern Kreuz und Zelle gesellten sich: Messe (*missa*), Kloster (*claustrum* von *claudere* schließen), Segen (*signum* = Zeichen des Kreuzes). Neben *signum*, das

zu Segen wird, zeigt auch *missa* durch den Übergang zu Messe den vulgärlateinischen Wandel von lat. *i* zu *e*.
Weitere Lehnwörter in diesem Zusammenhang sind: predigen (*praedicare* = rühmen), Pein (*poena* = Strafe), Tinte (*tincta* [*aqua*] von *tingere* färben), schreiben (*scribere*), Meister (*magister*), Brief (*brevis* [*libellus*] = kurzes Schreiben).
Es gibt aber auch zahlreiche Lehnwörter, deren lateinische Abstammung nicht auf den ersten Blick erkennbar ist. So stellt das Wort »Propst« die Kontraktion eines lateinischen Viersilbers dar. Zugrunde liegt das Hauptwort *praepositus*, unter dem wir bei den Römern einen einfachen Vorgesetzten zu verstehen haben. Im Kirchenlatein aber ist es der Leiter eines Klosters. Man merkt, wie sehr der Volksmund auf Kürze hält, denn der viersilbige »*prae-po-si-tus*« wurde zum einsilbigen »Propst« verkürzt. Auch die ihm zustehenden »praeben-da« wurden zur »Pfründe« reduziert. Ähnlich wie »Propaganda« (was verbreitet werden soll) ist auch *praebenda* grammatisch gesehen eine Gerundivform, deren Bedeutung sich im Deutschen nur umschreiben läßt, etwa: »was jemandem (an Lebensmitteln) gewährt oder geliefert werden muß« (60).
Bereits in einem früheren Kapitel hörten wir von den Bildungsreformen Karls des Großen. Sie hatten eine Erneuerung des Lateinstudiums in Rechtschreibung und Grammatik zum Ziel, also die Überwindung des verwilderten Lateins der fränkischen Vergangenheit (58, 146). Durch die Gründung von Schulen an Bischofssitzen und in den Klöstern seines Reiches förderte Karl die Verbreitung der lateinischen Sprache. Andererseits verfügte er die Benutzung fränkischer Monatsnamen statt lateinischer (z. B. *Heiligmond* für Dezember). Auch verlangte er, daß in der Muttersprache der Gläubigen gepredigt werde.
Das Wort »deutsch« ist übrigens erstmals in lateinischer Form belegt, und zwar als *theodiscus*. In dem betreffenden Beleg von 786 heißt es, die Beschlüsse einer englischen Synode seien erst »latine«, dann »theodisce« verlesen worden, »damit es alle verstehen können«. Der Ausdruck wird also zur Abgrenzung der fränkisch-germanischen Volkssprache gegenüber dem gelehrten Latein gebraucht und heißt soviel wie volkstümlich (von gotisch *thiuda* = Volk). Von dorther wird auch die Wendung klar: mit einem »deutsch reden«, d. h. mit jemandem so reden, daß er es versteht – mit ihm ohne Umschweife verhandeln (66, 42).
Für Karl den Großen aber wird *theodiscus* in der lateinischen Form der offiziellen Amtssprache zum »Programm- und Fahnenwort der deutschen Politik« (61, 46). Und wenn Karl im *Frankfurter Kapitular* von 794 das gegen die Landesspra-

chen gerichtete kirchliche Vorurteil bekämpft und für die Verwendung des Deutschen eintritt, so ist das sicher mit dem Erstarken des Volksempfindens in Zusammenhang zu bringen: »quod nonnisi in tribus linguis Deus orandus sit; quia in omni lingua Deus adoratur, si iusta petierit« (58, 167). Damit will Karl also sagen: Man sollte sich nicht nur in den sogenannten drei heiligen Sprachen Hebräisch, Griechisch und Lateinisch, in denen nach Joh. XIX, 20 die Inschrift am Kreuze Christi abgefaßt war, an Gott wenden. Entscheidend sei der Inhalt des Gebetes, nicht die Sprache, in der es vorgetragen werde. In gleichem Sinne schrieb Otfried, ein Dichter des 9. Jahrhunderts (I, 1, 33 ff.): Wanana sculun Frankon einon thaz biwankon, ni sie in frenkisgon biginnen, si gotes lob singen? Nist si so gisungan, mit regulu bithuungan, si habet thoh thia rihti in sconeru slihti. »Dennoch hat dieser Stolz auf die eigene Sprache nicht vermocht, die Herrschaft des Lateinischen abzuschütteln. Hier sind die Angelsachsen glücklicher gewesen, die schon im 8. bis 10. Jahrhundert eine blühende Dichtung und ein bedeutsames Prosaschrifttum in heimischer Sprache besaßen« (58, 167).

Mit Karls des Großen entschiedenem Eintreten für eine Bereinigung der lateinischen Amtssprache, zugleich aber auch für die Entwicklung der fränkisch-germanischen Volkssprache zu einer christlichen Kultursprache setzte ein langwieriger Wachstums- und Reifeprozeß ein: die Arbeit an der deutschen Sprache begann. »Mit ungeheurer Anstrengung wurde in den ersten drei Jahrhunderten der deutschen Sprachgeschichte, vornehmlich in den Klöstern, an der sprachlichen Rezeption der lateinischen Begriffs- und Gedankenwelt gearbeitet« (61, 52).

Eine volkstümliche Verbreitung des lateinischen Bildungsgutes war nur mit Hilfe von Übersetzungen möglich, und so mußte die erste Aufgabe der gelehrten Mönche darin bestehen, die antik-christliche Begriffswelt so adäquat wie möglich in die muttersprachliche Ausdrucksweise zu übertragen. Welche Schwierigkeiten dabei zu überwinden waren, möge folgendes Beispiel erläutern: Daß wir heute in unseren Lexika für das lateinische Wort *misericors* die Bedeutung »barmherzig« finden, erscheint uns ganz selbstverständlich. Den Mönchen des frühen Mittelalters aber standen keine Wörterbücher zur Verfügung; sie mußten vielmehr die Wörter erst prägen, und das war um so schwieriger, wenn der heidnischen Vorstellungswelt ein Begriff wie *misericors* überhaupt fremd war. Von den zahlreichen Versuchen hat sich die Lehnübersetzung *armaherz*, woraus später *barmherzig* wurde, schließlich durchgesetzt. In ähnlicher Weise mußten Hunderte von neuen Begriffen muttersprachlich erfaßt werden.

Die althochdeutsche Literatur war also zunächst vorwiegend Übersetzung aus dem Lateinischen, die alle Grade von primitiver Glossierung bis zu freier dichterischer Bearbeitung umspannte. Das erste deutsche Buch, das wir kennen, der *Abrogans*, ist ein lateinisch-deutsches Wörterbuch, das wohl der Initiative des Freisinger Bischofs Arbeo zu verdanken und in den sechziger Jahren des 8. Jahrhunderts entstanden ist. Dieses Buch nimmt einen wichtigen Platz in der Geschichte unserer Sprache ein und wirft ein helles Licht auf die vielseitige Bereicherung, die sie vom Lateinischen her erfahren hat (63, 176).

Wir haben bisher vornehmlich von der Bedeutung der Lehnwörter gesprochen, die wir auch als lautlich eingedeutschte Fremdwörter bezeichnen können, obwohl sie im lebendigen Sprachbewußtsein nicht mehr als Fremdlinge empfunden werden. Wer denkt z. B. daran, daß »Pfalz« sich vom lateinischen *palatium* ableitet oder daß »Zins« auf *census* zurückgeht? Noch weniger aber wird uns die Abhängigkeit vom Lateinischen bewußt bei den sogenannten Lehnübersetzungen, deren Zahl kaum überschaubar ist. Das Wort »Gewissen« z. B. ist eine getreue Übersetzung des lateinischen »con-scientia«. Von »miseri-cors« war bereits die Rede; analog tritt »bene-ficium« im althochdeutschen Gewand als »wola-tat« auf. Ähnlich ist »Ausstellung« eine Zusammensetzung nach dem Muster von lat. »ex-positio«. Bei der Lehnübersetzung sind also beide Bestandteile zwar Originalwörter der eigenen Sprache, aber die Zusammensetzung wurde nach fremdem »Modell« vollzogen. Für den Umfang dieser Erscheinung möge folgende Beispielsammlung sprechen:

ab|lassen von *de|sinere*; ab|wägen — *de|liberare* (*libra* Waage); an|fangen — *in|cipere*; an|kommen — *ad|venire*; Aus|schreitung — *ex|cessus*; den Sieg davon|tragen — *victoriam de|portare*; ein|schließen — *in|cludere*; um|geben — *circum|dare*; un|ausweichlich — *ne|cessarius*; unter|gehen — *inter|ire*; unter|sagen — *inter|dicere*; unter|schreiben — *sub|scribere*; Vor|urteil — *prae|iudicium*; Wider|spruch — *contra|dictio*.

Neben Einzelwörtern werden sogar ganze Wendungen »lehnübersetzt«, z. B. »es fällt mir ein« nach »id mihi incidit (in mentem)«.

Schließlich seien noch die freien Nachbildungen erwähnt, wie Vaterland nach *patria*, Halb|insel nach *paen|insula*, Gegen|d nach *contra* (eigentlich Gelände, das »gegenüber« liegt — vgl. engl. *country*).

Das hochentwickelte lateinische Konjugationssystem führte, um eine adäquate Wiedergabe im Deutschen zu ermöglichen, zur Bildung der mit Hilfszeitwörtern zusammengesetzten Verbalformen. Auch die Fähigkeit, die Satzgefüge periodisch zu gliedern, durch Konjunktionen und Partikeln logisch zu gestalten und damit dem wissenschaftlichen Denken den Weg zu ebnen, ist ein »schwer erworbenes ... römisches Erbe« (63, 176).

Zusammenfassend läßt sich sagen, daß Männer wie Otfrid und Notker, um nur einige dieser Pioniere zu nennen, durch die sprachliche Aneignung der abendländischen Kultur entscheidend dazu beitrugen, daß aus den verschiedenen Dialekten die deutsche Sprache entstand. Sie blieb germanisch in dem äußeren Gewande ihrer Wörter, wurde aber latinisiert, indem sie den ganzen Reichtum der antik-christlichen Geistigkeit in sich aufnahm. Damit aber waren zugleich auch die Voraussetzungen geschaffen für die Eingliederung in die große europäische Spracheinheit, die durch die gemeinsame Ausrichtung nach dem lateinischen Muster im Begriffs- und Vorstellungsschatz bis heute fortbesteht (61, 217/8).

Wir gingen aus von den Anstößen, die Karl der Große im Hinblick auf diese Pionierarbeit an der deutschen Sprache gab. Dieser erste Frühling aber darf nicht darüber hinwegtäuschen, daß sich schon unter Ludwig dem Frommen (814–40) wieder die strengere geistliche Richtung durchsetzte, die nur das geheiligte Latein gelten ließ. Aus diesem Schweigen wurden Literatur und Sprache erst etwa 150 Jahre später durch Notker erlöst, der zum ersten Male wieder in deutscher Sprache zu schreiben wagte (61, 190). Diese Anfänge einer bescheidenen deutschen Literatur aber stehen weiterhin im Schatten der Westeuropa beherrschenden mittellateinischen Prosa.

Das Mittellatein war, wie Bickel (2) betont, zu einer Sprache ausgebildet worden, die zum Mutterboden des Denkens und Fühlens neuer Völker wurde. In diesem Zusammenhang seien das *Waltharilied* Ekkehards, das Epos von Walther und Hildegunde sowie der Versroman *Ruodlieb* genannt, »der erste frei erfundene Roman der deutschen, ja sogar der europäischen Literatur« (63, 178). Auch Hrotsvitha, eine Nonne des Benediktinerklosters Gandersheim, machte sich als lateinische Schriftstellerin einen Namen (um 1002).

Und wie lückenhaft wäre unser Bild von Karl dem Großen, wenn nicht Einhard seine *Vita* über den Kaiser geschrieben hätte. Nicht weniger eindrucksvoll ist die anonyme Lebensbeschreibung Kaiser Heinrichs IV. »Sie nimmt dadurch einen hohen Rang ein, daß sie das tragische Geschick dieses Herrschers durch die Wärme ihrer inneren Anteilnahme, durch die Kunst ihrer Komposition und durch die meisterhafte Behandlung der lateinischen Sprache zu einem tiefen Nacherlebnis werden läßt« (63, 180).

Was wüßten wir überhaupt von der Geschichte unseres Volkes ohne diese mittellateinischen Geschichtswerke, ohne die

Fülle der lateinischen Chroniken, Annalen und Urkunden? Wie aus dem Quellenwerk zur deutschen Geschichte, den vom Freiherrn vom Stein ins Leben gerufenen *Monumenta Germaniae historica* hervorgeht, stehen den bisher publizierten zweiunddreißig Bänden der lateinischen *scriptores* nur neun Bände mit deutschen Chroniken gegenüber. Bezeichnend ist auch, daß in dem doch sonst durch Neuansätze gekennzeichneten Zeitalter der Ottonen und der frühen Salier, also im 10. Jahrhundert und in der ersten Hälfte des 11. Jahrhunderts, kein einziges Literaturdenkmal in deutscher Sprache entstanden ist. Dennoch darf man die zahlreichen lateinisch abgefaßten Werke dieser Zeit als vollgültige Leistungen des deutschen Geistes ansehen (63; 177, 180/1).
Die Ausstrahlungskraft der lateinischen Sprache und Literatur erreichte im 12. und 13. Jahrhundert selbst so entlegene Räume wie Finnland, Island oder Palästina. Dieser internationale Charakter der mittellateinischen Literatur geht so weit, daß es bisweilen nicht möglich ist, einzelne anonyme Stücke, namentlich der Lyrik, in dem einen oder anderen Land zu lokalisieren.
Die Hochblüte der lateinischen Lyrik des 12. und 13. Jahrhunderts ist auf deutschem Boden mit dem Namen des *Archipoeta* sowie der Sammlung der *Carmina Burana* verknüpft (63, 178). Der *Archipoeta* gehörte zum Gefolge des Kölner Erzbischofs Reinald von Dassel (um 1165). Sein Entdecker Jacob Grimm hielt die Gedichte des Kölner Erzpoeten für Höhepunkte der mittellateinischen Literatur. Von den *Carmina Burana* (sie heißen so, weil sie im Kloster Benediktbeuern gefunden wurden) sei nachstehend die erste Strophe eines Willkommensgrußes an den Frühling wiedergegeben:

Ecce gratum	Auf, zu grüßen
et optatum	Lenz, den süßen!
ver reducit gaudia.	Freude hat er wiederbracht.
Purpuratum	Blumen sprießen
floret pratum,	auf den Wiesen,
sol serenat omnia.	und die liebe Sonne lacht.
Iamiam cedant tristia!	Nimmer sei des Leids gedacht!
aestas redit,	Von dem jungen
nunc recedit	Lenz bezwungen,
hiemis saevitia.	weicht des Winters grimme
	Macht.
	[Übertragen von L. Laistner]

Während des ganzen Mittelalters ist im Verlauf der Entfaltung der alt- und mittelhochdeutschen Sprache und Literatur Wortgut aus dem Lateinischen entlehnt worden. In diesem

Zusammenhang sei auf Begriffe wie Erlösung, Segnung, Beschützung hingewiesen, die sich vor allem im 11. Jahrhundert in Anlehnung an die im Kirchenlatein so zahlreichen Abstrakta auf *-io* herausbildeten (*redemptio, benedictio, protectio*) (63, 177).

Wie die Sprachen anderer Länder, nahm auch die deutsche den stärksten Zustrom an lateinischen Vokabeln während der Renaissance auf. Unter dem Einfluß des Humanismus erlebte das Latein zumal im Bereich der Wissenschaften eine neue Blüte. Die Beherrschung der lateinischen Sprache wurde wieder das Kennzeichen der Gebildeten; das Latein wurde die Sprache des Rechts, der Heilkunde und der Schulen. Leute, die etwas gelten wollten, übersetzten ihren Familiennamen ins Lateinische oder versahen ihn wenigstens mit einer fremden Endung. Schmied wurde zu *Faber*, Müller zu *Molitor*, und das »arme Schneiderlein« nannte sich jetzt selbstbewußt *Sartor*.

Darüber hinaus wird auch die Dichtung wieder zunehmend lateinisch, ganz abgesehen von den lateinisch abgefaßten Streitschriften und Briefen der Humanisten (vgl. 10). Wie in England, so entsteht auch in Deutschland die lateinische Schulkomödie, die Terenz zum Vorbild nimmt.

Luther formulierte seine berühmten fünfundneunzig Thesen in lateinischer Sprache. Im übrigen wehrte er sich bewußt gegen eine lateinische Überfremdung in Satzbau und Wortschatz und war bemüht, seine Rede der lebendigen Sprache anzunähern. Zu den wenigen Fremdwörtern seiner Bibelübersetzung gehören: *Pestilenz, Firmament, Majestät* und *Person* (58, 288/9). Die bis in seine Zeit fortgesetzte Anstrengung, das christliche Gedankengut im deutschen Vokabular heimisch zu machen, trug nun ihre Früchte.

Die Überschwemmung mit lateinischen Vokabeln erreichte ihren Höhepunkt gegen Ende des 16. Jahrhunderts. Damals erschien das erste deutsche Fremdwörterbuch *Teutscher Dictionarius* (Augsburg 1571), in dem etwa zweitausend Fremdwörter meist lateinischer Herkunft aufgeführt wurden. Verfasser war der Neuöttinger Schulmeister Roth. Noch heute beträgt der lateinisch-griechische Anteil am Wortschatz unserer Fremdwörterbücher etwa 75 Prozent; zu diesem hohen Anteil haben das 15. und 16. Jahrhundert wesentlich beigetragen. So wurden aus der Kirchensprache z. B. übernommen: *Reliquie, Prozession, Tonsur, Brevier, Hostie, Monstranz, Requiem* (58, 284).

Im Zusammenhang mit dem Rechtsleben sei vermerkt, daß das erste deutsche Reichsgesetz, welches neben der lateinischen auch eine deutsche Fassung bringt, auf das Jahr 1235 zurückgeht. Auf den zunehmenden Gebrauch lateinischer Fachausdrücke unter den deutschen Juristen wurde an anderer

Stelle bereits hingewiesen. Doch sei hier noch eine Anmerkung zur Herkunft des »Advokaten« beigefügt. Diese Bezeichnung stellt nämlich eine Besonderheit dar, weil sie als Dublette zu dem älteren »Vogt« anzusehen ist. Beide gehen auf das Wort (*ad*)*vocatus* zurück, das der Volksmund im Laufe der Jahrhunderte zu »Vogt« verkürzte (vgl. Propst aus *praepositus*). In der Renaissance wurde *advocatus* erneut aufgenommen, blieb jedoch Fremdwort. Die gleiche Feststellung konnten wir ja auch im französischen und englischen Sprachbereich treffen. Übrigens sind auch die Verben »dichten« und »diktieren« ein gutes Beispiel für die Gattung der Dubletten. Beide Wörter gehen auf lat. *dictare* (hersagen, abfassen) zurück. Das erste ist frühes Lehnwort im Sinne von »singen und sagen«, das zweite späteres Fremdwort in der uns noch heute geläufigen Bedeutung. Sowohl mit der kirchlichen wie mit der humanistischen Wissenschaftspflege hängt es zusammen, daß bis ans Ende des 17. Jahrhunderts in Unterricht und Vortrag fast ausschließlich das Latein die Sprache des höheren Schulwesens und der Universitäten gewesen ist. Bis auf den heutigen Tag sind Ausdrücke wie *Akademie, Auditorium, Aula, Examen, Fakultät, Ferien, Sexta, Professor* lebendig geblieben.
Auf die kirchliche Musikpflege weist die Tatsache, daß auch die älteren Fachausdrücke der Musik lateinischer Herkunft sind: *Terz, Quarte, Quinte, Note, Takt, Pause* (58, 285).

»Die fremden Substantiva wurden in der Regel mit ihrer vollen Endung übernommen und entsprechend den lateinischen oder griechischen Regeln abgewandelt, ein Brauch, der erst seit dem Ausgang des 18. Jahrhunderts zurücktritt, uns aber noch geläufig ist in Ausdrücken wie: *Kommata, Examina, Tempora,* vor *Christi* Geburt. Das war natürlich nur möglich, solange die Substantiva ihre fremden Endungen bewahrten; diese sind bei den einzelnen Wörtern zu verschiedener Zeit abgestoßen worden. So wird *Oceanus* schon vor 1650 zu *Ocean* verkürzt« (58, 285).
Lateinischer Einfluß ist auch in zahlreichen weiteren Lehnübersetzungen lebendig: Gegner (14. Jahrhundert) für *adversarius,* Machtvollkommenheit für *plenipotentia* (15. Jahrhundert), Durchlaucht für *illustris* im Titel fürstlicher Personen (16. Jahrhundert), Eierstock für *ovarium* (16. Jahrhundert), Meerbusen für *sinus maritimus* (17. Jahrhundert) (58, 286).
Auch im Satzbau nahm das Latein Einfluß auf die deutsche Sprache. So gewann schon im Althochdeutschen die Unterordnung (an Stelle der noch bei Wulfila bevorzugten Beiordnung) unter lateinischem Einfluß an Raum. Ferner begegnete man gelegentlich einer Entsprechung des lateinischen Ablativus

Absolutus, z. B. *gote helphante* für *deo iuvante* (58, 156). Ebenso fand die Konstruktion des Akkusativ mit dem Infinitiv ihre Nachahmer: »Nym zu dir den gesellen dein, den du weist verschwiegen zu sein« (*Theuerdank*) (58, 286).
Diese Konstruktionen, die sich aus der lateinisch-deutschen Übersetzungsliteratur erklären, haben sich z. B. im Englischen weitgehend behauptet. Der deutsche Sprachgebrauch hat sie jedoch nicht eingebürgert, wenn es auch noch bei Schiller heißen kann: »Dieses Geschäft berichtigt, eilen alle Statthalter nach ihren Provinzen« (58, 286). Hier handelt es sich um eine Art von absolutem Nominativ in Nachahmung des lateinischen Ablativus Absolutus. Auch die Neigung, langatmige Schachtelsätze zu bauen, entstammt der Einwirkung des Lateins. »Gefördert wurde diese Einwirkung auf den Satzbau durch die Formular- oder Titulbüchlein, die Artes dictandi, also durch Schriften, die die Stilformen der antiken und mittellateinischen Rhetorik für deutsche Schreiber fruchtbar machen wollten. Fast alle Prosaschriftsteller der Zeit sind im Grunde zweisprachig, denken in zwei Sprachen und schulen ihr Deutsch immer wieder am Lateinischen. In vielen Fällen wird das Werk erst lateinisch entworfen und dann mehr oder weniger frei ins Deutsche übertragen« (58, 287/8).
Die Latinität der Gelehrten wirkte bis in die bäuerlichen Laienschichten hinein als die Sprache von Gebet, Brevier und Meßbuch, von Hymnus und Liturgie, als Rechtssatz und Sinnspruch, als die Devise von Häusern, Wappen, Grabsteinen und Denkmälern; und auch die Sondersprachen von Handwerkern, Zünften, Gilden, Hansen, Bursen, Heerbannen sind mit offener oder versteckter Latinität wie imprägniert (Seel).

Um 1600 treten zahlreiche Befürworter der Muttersprache auf. Man fand, daß das Deutsche ebenbürtig neben dem Griechischen und Lateinischen seinen Platz habe, den romanischen Sprachen aber überlegen sei: diese nennt man Bastarde des Lateins. So spottet der Jesuit Jakob Balde in lateinischen Versen: »Würde Rom vom Spanischen oder Französischen die entliehenen Federn zurückfordern, so müßten diese Sprachen wie nackte Krähen dastehen.«
Nach dem Dreißigjährigen Krieg war die deutsche Sprache verwildert. Wer sich modisch ausdrücken wollte, mischte seine Rede mit lateinischen, spanischen, italienischen und französischen Brocken zu einem kaum verständlichen Kauderwelsch. In einem Privatbrief aus den Kriegsjahren heißt es: »Sein geliebtes Schreiben habe ich recht akzeptiert und daraus seine Gesundheit vernommen, welche mich sehr delektiert. Mich betreffend so bin ich, Deo sit gratia, in perfekter Gesundheit

und prosperitet. Gott wolle uns länger darinnen beiderseits conservieren.«
Die deutschen Schriftsteller des 18. Jahrhunderts zeigen in der Regel die gleiche Abneigung gegen das Fremdwort, die viele Dichter des 17. Jahrhunderts auszeichnet. Allerdings war Goethe kein ausgesprochener Feind des Fremdwortes.

Der deutsche Buchdruck stand zunächst vorwiegend im Dienste der lateinischen Sprache. 1518 erschienen in Deutschland nur hundertfünfzig deutsche Bücher; 90 Prozent waren lateinisch abgefaßt. Dieses Verhältnis verschob sich natürlich immer mehr zugunsten deutschsprachiger Bücher. Immerhin waren noch zu Beginn des 18. Jahrhunderts 30 Prozent der in Deutschland erschienenen Bücher lateinisch geschrieben. In der Dichtung überwog bis 1680 das Lateinische, und in der Medizin herrschten deutsche Schriften erst am Anfang des 18. Jahrhunderts vor. »Am längsten hat sich die Rechtswissenschaft gegen das Deutsche gesträubt« (58, 309). Als im Jahre 1688 Thomasius als erster deutscher Philosoph in Halle eine Vorlesung in deutscher Sprache hielt, kam es zu einem Skandal. Und noch hundert Jahre später wurden erregte Mißfallenskundgebungen laut, als Maria Theresias Sohn, Kaiser Joseph II., in der gesamten Monarchie an Stelle des Lateins Deutsch als Verwaltungssprache einführte.
Mochten die Wissenschaften auch noch so konservativ auf der Beibehaltung der Fremdwörter beharren, so setzten sich doch die muttersprachlichen Bestrebungen weitgehend durch. Selbst im Bereich der besonders konservativen Rechtswissenschaften haben sich viele Eindeutschungen eingebürgert, z. B. »Letzter Wille« für Testament, »Vertrag« für Kontrakt, »Vollmacht« für Plenipotenz. Das ist nicht nur dem schon geschilderten Einfluß der Dichter zuzuschreiben, die z. B. »passieren« durch »geschehen«, »Profit« durch »Gewinn« und »Moment« durch »Augenblick« ersetzten. Gegen den Verderb der Sprache wandten sich vielmehr auch Sprachgesellschaften, die es unternahmen, die Reinheit des Deutschen zu schützen und wiederherzustellen. In ihrem »Purismus« gingen sie oft so weit, daß sie selbst alte Lehnwörter wie z. B. »Nase« und »Mantel« durch neue Ausdrücke wie »Gesichtserker« ersetzen wollten. Das erschien vielen unbegreiflich, hatte doch selbst der »treudeutsche« Vater Jahn keinen Anstoß daran genommen, dem von ihm erweckten Bewegungssport die Bezeichnung »Turnen« zu geben, die sich vom lateinischen *tornare* (drechseln, drehen) ableitet.
Was den heutigen Sprachgebrauch anbelangt, so ist auffallend, daß manchmal die Umgangssprache mehr zum fremden, die Amtssprache dagegen mehr zum einheimischen Wort

neigt. Entsprechende Beispiele sind: Kino — Lichtspielhaus, Sekt — Schaumwein, Adresse — Anschrift (46, 55).
Doch alle amtlichen Bemühungen, die Flut der Fremdwörter einzudämmen (das vollständigste deutsche Nachschlagewerk dieser Art zählt nicht weniger als hundertfünfundzwanzigtausend auf), werden ihren Vormarsch nicht aufhalten können. Unsere moderne Welt rückt eben immer mehr zusammen und fördert deshalb die sprachliche Uniformierung auf vielen Gebieten, insbesondere im Bereich der Wissenschaften und der internationalen Werbung. Diese Tendenz, sich zunehmend neutraler lateinisch-griechischer Vokabeln zu bedienen, wächst in den USA ebenso wie in Großbritannien und anderen Ländern. Und Deutschland macht dabei keine Ausnahme. Das beweisen Vokabeln wie *Supermarkt, Extraklasse, Dorminoct, Infarkt, Inflation.*
Im übrigen glauben wir im Verlauf dieses Kapitels nachgewiesen zu haben, in welchem Ausmaß unsere Sprache auch ohne Berücksichtigung der Fremdwörter lateinisch imprägniert ist. »Die Erhebung der deutschen Sprache zur Kultursprache hat eben deren Anpassung an abendländisches Kulturgut notwendig gemacht« (37, 32). Für diese Tatsache, daß verschleierte Einflußnahme lateinischer Ausdrucksweise bei vielen unserer alltäglichen Wendungen zugrunde liegt, mögen abschließend noch einige Beispiele sprechen: So ist unser »Lebenslauf« eine Anlehnung an den *curriculum vitae*; »meine Wenigkeit« geht auf *mea parvitas* zurück; die lästigen »Mitesser« sind Ableger von *comedae*, während das nicht weniger

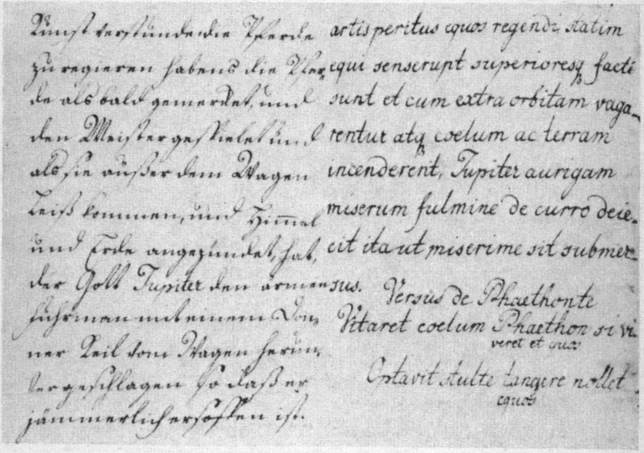
artis peritus equos regendi statim equi senserunt superioresq facti sunt et cum extra orbitam vagarentur atq coelum ac terram incenderent, Jupiter aurigam miserum fulmine de curro deiecit ita ut miserime sit submersus. Versus de Phaethonte
Vitaret coelum Phaethon si viveret et quos
Optavit stulte tangere nollet equos

Aus Goethes Lateinheft (1758)

unangenehme »Hühnerauge« seine sprachliche Fixierung dem *oculus pullinus* verdankt. Unser Zeichen für Pfund = ℔ geht auf lat. *lb* = *libra* zurück, und das Zeichen für Pfennig = ₰ ist der deutsche Buchstabe ϑ = *denarius.*

Und die ursprünglichen Berufsbenennungen wie »Münzer«, »Müller« sind Verkleinerungsformen der lateinischen Ahnherren *monetarius* bzw. *molinarius,* wobei sich das lateinische Suffix *-arius* zu *-er* verkürzte.

Bleiben wir also bescheiden bei der Feststellung: Auch die deutsche Sprache ist dem lateinischen Erbgut verpflichtet. Sie ist erst gewachsen in der Auseinandersetzung mit dem Latein.

Latein in der Sowjetunion und im slawischen Sprachbereich

Von den modernen indogermanischen Sprachen stehen dem Lateinischen das Neugriechische und die slawischen Sprachen mit Ausnahme des Bulgarischen typologisch am nächsten. So hat das Russische wie das Lateinische weder einen bestimmten noch unbestimmten Artikel. Beide Sprachen haben ein ausgeprägtes Kasussystem mit einem 5. Fall (Ablativ), weichen allerdings im Verbalsystem erheblich voneinander ab. In der Wortbildung fehlt ihnen das bequeme Mittel der einfachen Zusammensetzung; man vergleiche Sonnenfinsternis mit lat. *solis defectio* und russ. *solnecnoje zatmenije.*

Im übrigen aber hat das Lateinische bei den Ostslawen nie die Rolle gespielt wie etwa bei den Polen oder Tschechen. Für die ältere Literatur der Ostslawen sind vielmehr die Volkssprachen oder das Kirchenslawische maßgebend. Aber mit der im 16. Jahrhundert beginnenden Aneignung abendländischen Bildungsgutes breitete sich zwangsläufig auch die Kenntnis des Lateins aus. »So wurde in der berühmten, 1685 gegründeten Moskauer Slavo-Graeco-Lateinischen Akademie seit 1700 ausschließlich Lateinisch gelehrt und eine an der römischen Antike ausgerichtete Bildung vermittelt« (78, 20).

Später jedoch stellte Danilewskij, der Vorkämpfer des Panslawismus, die These auf, daß die bedeutendste Scheidewand, die es zwischen den Völkern Europas gebe, durch den tiefgreifenden Unterschied zwischen den slawischen und den westlichen Sprachen gebildet werde. Diesen Ideen folgend, schaffte dann Rußland zur Betonung seines Eigenlebens die humanistischen Studien ab, die es an Europa banden (37, 119).

Die Sowjetunion aber hat 1948 dem Fach Latein im Lehrplan der Mittelschule wieder einen Platz eingeräumt. In diesem Zusammenhang heißt es in dem Lehrbuch der Lateinischen Sprache für die 8.—10. Klasse der Mittelschule, Moskau 1954, (Verfasser: S. P. Kondratjev und A. I. Wasnezow): »Auch in unserer Zeit ist die Bedeutung der lateinischen Sprache eine vielfältige, und ihre Kenntnis ist unumgänglich für jeden gebildeten Menschen. Wer Latein lernt, kann sich besser neue Sprachen aneignen, insbesondere die romanischen. Nicht zuletzt aber gibt die Kenntnis des Lateinischen den Schülern die Möglichkeit, die zahlreichen Wörter mit lateinischer Wurzel zu erkennen, die in die Grundschicht unserer Muttersprache eingegangen sind (in der Industrie, im Funk-, Transport- und Flugwesen usw.).«

So ist es nicht verwunderlich, daß auch die Sowjetunion bei dem Latinisten-Kongreß in Bukarest 1970 mit einer größeren Delegation vertreten war, unter ihnen Prof. N. Fedorov, Moskau. Er wurde von einem deutschen Teilnehmer gefragt, ob es nicht inkonsequent sei, einer so »unproduktiven« Wissenschaft wie der der klassischen Philologie zu dienen. Darauf antwortete Prof. Fedorov in lateinischer Sprache: Wie kommen Sie zu der Meinung, wir befaßten uns nur mit »produktiven« Gegenständen? (»Cur nos tantum rebus ›productivis‹ studere putas?«) Das trifft keineswegs zu. Wir halten vielmehr die geistige Kultur für überaus wichtig, da sie wesentlich zur Erziehung und Bildung beiträgt (». . . ad humanitatem augendam«). Und deshalb können wir nicht an der lateinischen Sprache und der klassischen Philologie vorbeigehen. Im Gegenteil, diese Disziplinen finden bei uns immer mehr Interesse. Fast alle klassischen Autoren sind nach dem Kriege in Neuauflage erschienen, und nicht nur in Moskau und Leningrad, sondern auch an anderen Universitäten gibt es Seminare für klassische Philologie. (nach *Vox Latina*, XXIII/ 1971)

»Polen, Tschechen, Slowaken, Kroaten und Slowenen haben ebenso im Bereich der abendländisch-römischen Kultur gelebt wie die romanischen und germanischen Völker. Ihre mittelalterliche Literatur ist mit wenigen Ausnahmen lateinisch geschrieben, und vor allem in Polen blieb die lateinische Sprache bis ins 18. Jahrhundert lebendig.

Das goldene Zeitalter der polnischen Kultur, das 16. Jahrhundert, brachte nicht nur eine neulateinische Dichtung, sondern auch eine am Vorbild Ciceros gebildete Prosa, vorwiegend wissenschaftlichen und philosophischen Inhalts hervor. Im 17. Jahrhundert blühte, wie in Deutschland, das lateinische Schuldrama der Jesuiten auf. Unter diesen gelangte der an Horaz geschulte Lyriker Matthias Sarbiewski durch seine lateinischen Oden zu Weltruhm. Fast die gesamte staatstheoretische Literatur der Polen ist bis weit ins 18. Jahrhundert hinein lateinisch geschrieben, und als Staatssprache diente das Latein bis zur ersten Teilung des polnischen Staates im Jahre 1772« (78, 19). Ja, sogar bis weit ins 19. Jahrhundert hinein fanden alle Debatten im Polnischen Parlament in lateinischer Sprache statt. In Fortführung dieser Tradition gibt es im modernen Polnisch zahlreiche lateinische Benennungen wie *Orbis* (Informationsbüro) oder *Capella Bydgostiensis pro Musica Antiqua* (vgl. S. 45).

»Auch die Kultur der Tschechen und Slowenen erschließt sich ganz nur dem Lateinkundigen. Die Hauptquelle für die frühtschechische Geschichte, die Chronik des Cosmas von Prag, ist lateinisch verfaßt, ferner ein großer Teil der Schriften des

Johannes Hus. Auch für Johann Amos Comenius, den großen Pädagogen des 17. Jahrhunderts, dient das Latein als bevorzugte Sprache. In der wissenschaftlichen Literatur der Tschechen kommt es bis ins 19. Jahrhundert, ja vereinzelt bis ins 20. Jahrhundert zur Anwendung, also noch länger als in den Ländern Mittel- und Westeuropas« (78, 19).
Der Prager Kongreß der Lungenfachärzte versandte seine Einladungen mit folgendem Briefkopf:
CONGRESSUS PNEUMOLOGICUS CECHOSLOVACUS
cum participatione internationali
PRAGA, 5—10 OCTOBRIS 1970
Secretarius generalis . . .
Inscriptio telegraphica . . .

Einige Bemerkungen über Ungarn seien hier angefügt, auch wenn dieses Land, genaugenommen, nicht zum slawischen Sprachbereich gehört.
Im Ungarischen Parlament wurden die Debatten noch bis 1840 ausschließlich in lateinischer Sprache geführt. Als 1740 Preußen Schlesien besetzte und bayerische Truppen auf Prag marschierten, entschloß sich die österreichische Kaiserin Maria Theresia in höchster Not, bei den Ungarn Hilfe zu suchen. In Trauerkleidung gehüllt, die Krone des heiligen Stephan auf dem Haupt, trat sie in Preßburg vor den Ungarischen Reichstag und empfahl sich, ihre Kinder und das Königreich der »Treue und altberühmten Tapferkeit« der Madjaren. Sie errang einen großen moralischen Sieg. Das Mitleid mit dem Schmerz der Königin, ihre Anmut und ihr Charme rissen die Versammelten hin. Von vielen Hundert Stimmen erklang der Zuruf: »Vitam nostram et sanguinem consecramus!« (Wir weihen unser Leben und Blut!) (84, III 94).
Daß die lateinische Sprache in Ungarn auch heute noch gepflegt wird und als Mittlerin zu dienen vermag, geht aus einem Brief hervor, den kürzlich Dr. K. Kovacs, Budapest, an die Bibliothek der Medizinischen Fakultät Paris richtete, um Auskunft über einen in Ungarn nicht greifbaren Fachaufsatz zu erhalten. Dieses Schreiben vom 22. März 1967 ist in lateinischer Sprache wie folgt datiert: »Datum Budapestini die vicesimo secundo mensis Martii a. D. 1967.« Die Adresse lautet:

Bibliotheca Facultatis Medicinae
Universitatis Scientiarum
LUTETIAE PARISIORUM Gallia

Im Nachsatz heißt es dann: »Ignoscite me lingua Latina scripsisse, sed — quamquam intellego linguam Gallicam — recte loqui aut scribere nequeo. Eius rei causa scripsi Latine.«

P. S. Entschuldigen Sie bitte, daß ich lateinisch geschrieben habe. Ich verstehe zwar Französisch, kann es aber nicht richtig sprechen und schreiben. Deshalb habe ich lateinisch geschrieben (95, Dezember 1967, S. 88/89).
Die Veröffentlichungen der Ungarischen Akademie der Wissenschaften erscheinen noch heute mit dem lateinischen Titel, z. B.: *Acta Mathematica Academiae Scientiarum Hungaricae*, Tom. XVII, Budapest 1966. Auch die Apotheke der Medizinischen Universität Budapest führt die alte lateinische Bezeichnung: *Universitas Scientiarum Medicinae de Semmelweis nominatae Apotheca Universitaria.*

Bemerkenswert ist ein Vortrag, den Prof. Terencsényi von der Universität Budapest am 17. November 1964 in Weimar gehalten hat, anläßlich der Arbeitskonferenz über »Die ideologischen Grundlagen des Altsprachlichen Unterrichts in der DDR«. Er sagte »zur Frage der Humanistischen Bildung in der Sozialistischen Kultur« u. a.: Engels verteidige den griechischen und lateinischen Sprachunterricht, und zwar im Sinne eines völkerverbindenden Humanismus als »einen der Hebel, die in der heutigen Welt die Gelegenheit zur Erhebung über den beschränkten nationalen Standpunkt bieten: die Kenntnis der Alten Sprachen, die wenigstens den klassisch gebildeten Leuten aller Völker einen gemeinsamen erweiterten Horizont eröffnet . . .« Der Referent fragt dann: »Wer ist also gegen den Altsprachlichen Unterricht?« Und er gibt die Antwort: »Ein konsequenter Marxist kaum.«
Im weiteren Verlauf des Referates hieß es dann: »Ich kann mich noch gut daran erinnern, daß eine Hüttenstadt in Ungarn einige Jahre nach der Befreiung des Landes zum erstenmal ein Gymnasium erhielt. Man wollte es damals ohne Latein einrichten, jedoch der Elternrat, überwiegend Arbeiter aus den Eisenhütten, erhob Einspruch mit der sehr bemerkenswerten Begründung: ›Als nur Kinder der herrschenden Klasse oder des Mittelstandes Gymnasien besuchten, hatte man Latein unterrichtet. Warum soll man das unseren Kindern vorenthalten?‹ Und tatsächlich wird hier noch heute Latein gelehrt und gelernt, und zwar mit gutem Erfolg« (76, 244 ff.).

Vom Klepper zum Kavalier

Verehrte Damen, Señores und Gentlemen, diese und andere Anreden enthalten kulturkundlich und sprachgeschichtlich so viel Wissenswertes, daß es sich lohnen dürfte, ihnen ein besonderes Kapitel zu widmen. Zuvor aber wollen wir Zeuge eines Verwandlungsaktes sein: aus *caballus*, dem Klepper, wird nämlich *Chevalier*, der Kavalier.

Schon in den vorchristlichen Jahrhunderten der Latinität (Lucilius, Varro) erhielt *equus* in dem vulgären *caballus* ein Konkurrenzwort. Dieses Wort dürfte durch die Vermittlung des Griechischen (*kaballes*) aus einer Balkansprache stammen. Es bezeichnete ursprünglich das gemeine Pferd, das als Tragtier oder zum Ziehen von Wagen Verwendung fand, während die Benennung *equus* dem vornehmen Reittier vorbehalten blieb. Die rasche Verbreitung des neuen Wortes, das in seinem ursprünglichen Wert dem französischen *rosse*, spanischen *rocin*, italienischen *ronzino* und dem deutschen *Gaul* entspricht, dürfte durch Troßknechte und den »sermo castrensis« erfolgt sein. Während *equus* noch lange dem gehobenen Stil der Schriftsprache angehörte, wurde *caballus* früh zum allgemeinen Ausdruck der Umgangssprache: ital. *cavallo*, rumän. *cal*, rätorom. *chavagl*, franz. *cheval*, span. *caballo*, port. *cavalo* (38, 74/5).

Wie konnte sich nun *caballus* zu *cheval* umformen? Zunächst einmal verschob sich im Volksmund anlautendes *c* vor *a* gern zu *ch* (Aussprache *tsch*). Man spricht in diesem Falle von einer präpalatalen Stellung, d. h., der Laut wird mit Hilfe der Zunge im vorderen Gaumenbereich (*palatum* = Gaumen) gebildet. Das folgende *-a* ist dann in die Vorwärtsverlegung der Artikulation mit hineingezogen worden, indem es sich zu *-e* wandelte. Dieser Übergang von *ca-* zu *che-* spiegelt sich auch in *chemise* (von *camisia*), *chemin* (von *caminus*) wider. Der dentale Verschluß, d. h. der in der Aussprache dem *ch* (sch) vorangehende t-Vorschlag, wurde im Laufe des 13. Jahrhunderts aufgegeben, während sich die ältere Aussprache in den französischen Lehnwörtern des Englischen erhalten hat (vgl. *change, chapel, charity, Charles* — siehe auch S. 126).

Zum *caballus* gesellte sich sehr bald der *caballarius*. Seitdem nämlich aus dem vulgären Ackergaul ein hoffähiges »Reittier«

geworden war, durfte natürlich auch nicht der »Reiter« fehlen. Im Französischen entwickelte sich *caballarius* zu *chevalier*, im Italienischen zu *cavalliere* (= Reiter, Ritter). Seit etwa 1470 findet sich dann im Französischen das dem Italienischen entlehnte *cavalier* als Bezeichnung für Angehörige eines Ritterordens sowie Adlige. Es handelt sich also um eine Aufwertung, wie sie etwa in der deutschen Bezeichnung »Kavalier« zum Ausdruck kommt. Allerdings deckt sich die Bedeutung von franz. *cavalier* und deutsch »Kavalier« heute nicht mehr. Während *cavalier* im Deutschen mit »Reiter, Kavallerist« wiederzugeben ist, muß das deutsche Wort »Kavalier« im Französischen von Fall zu Fall umschrieben werden, etwa: *un parfait gentilhomme, un homme galant* (der Kavalier am Steuer = *le conducteur courtois*).

In einer vermutlich aus dem 1. nachchristlichen Jahrhundert stammenden Inschrift von Augusta Emerita begegnen uns in einer Aufzählung von Tieren *mulos, mulas, asinos, asinas, caballos, equas*. Es ist also hier männliches *equus* durch den Vulgärausdruck *caballus* ersetzt, während weibliches *equa* weiter der alltäglichen Sprache angehört: Wir haben hier bereits jene lexikalische Scheidung, die noch heute für Portugal und Spanien charakteristisch ist: port. *cavalo-egoa*, span. *caballo-yegua*, katal. *cavall-egua*. Dadurch, daß *equa* nicht die gesamte Gattung, sondern nur das Geschlecht bezeichnete, war diesem Wort eine längere Lebensdauer beschieden (38; 10, 75). In der zoologischen Nomenklatur (s. S. 35) heißt das Hauspferd übrigens *equus caballus*, wobei *equus* die Gattung und *caballus* die Art bezeichnet.

Bei dem Begriffspaar *cheval – équestre* bekennt sich das Substantiv als dem ursprünglich vulgären Sprachgebrauch zugehörig, während das Adjektiv vornehmer tut und sich in klassischer Gewandung präsentiert (vgl. *Jeux Équestres Olympiques*; *Olympic Equestrian Games*; *Olympische Reiterspiele*).

In den englischen Zuchtbüchern der Rassepferde werden Vater und Mutter übrigens als Sire und Dame geadelt. Auch diese Bezeichnungen können auf eine interessante Ahnenreihe zurückblicken. Davon soll nun die Rede sein.

Von Frauen, Damen, Ladies und Gentlemen

Für den Begriff »Frau« hatte das Lateinische die Bezeichnungen *femina* (zur Betonung des Geschlechtsverhältnisses im Gegensatz zum Mann *vir*) und *mulier* (zur Bezeichnung der erwachsenen Frau im Gegensatz zu *puella*). Das feinere Wort war zweifellos *mulier*, da *femina* den Begriff des Tierweib-

chens in sich schloß (z. B. *canis femina* = die Hündin). Es war klar, daß eine fortgeschrittene Kultur an der doppelten Bedeutung von *femina* Anstoß nehmen mußte. Das südliche Italien (bis etwa zur Linie Rom—Ancona) und Sardinien mit seiner vorwiegend bäuerlichen Bevölkerung haben an dieser Geltung von *femina* bis heute nichts geändert: südital. *fémmina* und sardisch *fémina* bezeichnen noch heute die Frau und das Tierweibchen. Das Spanische und Portugiesische andererseits hat zur Benennung der Frau den Ausdruck beibehalten, der schon im klassischen Latein neben *femina* vorhanden war: *mujer* bzw. *mulher*. Diese Sprachen zeigen damit die Bewahrung eines sehr alten Sprachzustandes. Dagegen hat die italienische Schriftsprache für Frau zu der Bezeichnung *donna* gegriffen, die ursprünglich im Sinne von Dame nur der *femme de qualité* eignete. Das Französische ist bei *femme* geblieben, während das Rumänische eine ganz eigene Lösung gefunden hat. Es hat *femina* völlig aufgegeben. Für den Begriff Frau ist hier das aus »familia« hervorgegangene *femeie* eingetreten, indem die Frau als der Inbegriff der Familie aufgefaßt wird. Eigenartig ist auch *maschie* Weibchen in Friaul als weibliche Neubildung zu *maschio* (38, 79/80). Im Deutschen bezeichnete *Frau* ursprünglich Herrin (fem, zu althochdeutsch *frô* Herr — vgl. Fronleichnam) so wie *Fräulein* (mittelhochdeutsch *vrouwelin*) adliges Mädchen, Edelfräulein. Im Laufe der Jahrhunderte hat das Wort *Frau* dann seinen gehobenen Charakter mehr und mehr abgeschliffen, so daß diese Bezeichnung schließlich durch das höflichere Wort *Dame* ersetzt werden mußte.
Die ungewöhnliche Lautentwicklung von *domina* zu *Dame* beruht auf einer stark verkürzten Schnellsprechform in Verbindung mit einem folgenden Namen. Zunächst ergab sich durch Synkopierung (Zusammenziehung) die Konsonantenverbindung *mn* (domna), die dann im Französischen zu *m* (doma) assimiliert wurde (vgl. auch *femina* — *femme*). Im übrigen muß man sich die Entwicklung etwa so vorstellen: schnell gesprochenes »dome Marie« wird zu »d'me Marie« und dann zu »dame Marie« (39, 134). Das italienische *donna* entstand durch Assimilation von *mn* (domna) zu *n* (donna).

Wie steht es nun heute mit dem Ansehen der »Frau«, oder sollten wir nicht doch besser sagen der »Dame«? Wir stutzen — ist doch die Frau in den Geschäften oder beim Haarkünstler Dame. Denn dort spricht man ja nicht von Frauenkleidern oder Frauenwäsche, auch geht man nicht zum Frauenfriseur, sondern in den »Damensalon«. Andererseits aber gibt es keine Damenklinik und auch keinen Damenarzt — wohl Damenkränzchen und Damentoilette. Wirklich friedliche Koexistenz praktizieren einzig der Frauenschuh und der Damenschuh.

Allerdings haben sie auch keine Veranlassung, sich Konkurrenz zu machen, ist doch der Frauenschuh eine kostbare Orchidee, während der Damenschuh in einer ganz anderen Branche zu Hause ist.
Jedenfalls kann man nach diesem Ausflug in den Anwendungsbereich der beiden strittigen Vokabeln wohl nicht mehr davon sprechen, daß der »Frau« etwas Ordinäres anhänge, einer »Dame« aber unbedingt der Geruch des Feinen zukomme. Immerhin strömt der Frauenschuh ein sehr feines Parfüm aus, während eine Dame, wenigstens nach unserem heutigen Sprachgebrauch, nicht unbedingt in gutem Geruch stehen muß. So liest man in *Das Beste aus Reader's Digest* (Januar 1967) in der Reihe »Erweitern Sie Ihren Wortschatz«: »Striptease — Darbietung in Varietés usw., bei der sich eine Dame meist mit Musikbegleitung zu Nutz und Frommen der Anwesenden auszieht.«

In der höfischen Gesellschaft früherer Jahrhunderte war die gegenseitige Anrede zwischen Ehegatten: *Sire* (Herr) und *Dame* (Herrin). Auch heute noch haben diese Anreden (z. B. in England) einen guten Klang, obwohl (oder vielleicht auch gerade weil) sie nicht zuletzt in der Pferdezucht zu Ehren gekommen sind. So wird, wie wir oben hörten, bei Rassepferden der Zuchthengst in den amtlichen Gestütbüchern, Turnierlisten usw. als *Sire* bezeichnet, während das Muttertier *Dam* (Abkürzung für *Dame*) genannt wird. Wenn wir eingangs sagten, daß eine fortgeschrittene Kultur an der doppelten Bedeutung von *femina* (einerseits Gegensatz zu Mann, andererseits Tierweibchen) Anstoß nahm, so ist auch in dieser Hinsicht England eigene Wege gegangen. Denn dort wird die »Dame« durchaus nicht abgewertet dadurch, daß auch einer Rassestute diese Bezeichnung zukommt. Und hatte sich in Spanien und Portugal nicht auch das vornehmere Wort *equa* für Stute behauptet? Es hat seinen alten Adel bewahrt, während der Stammbaum des männlichen Reiters, des Chevalier oder Kavaliers, wohl oder übel mit einem Klepper als Ahnherrn vorliebnehmen muß.
Auch in der Bezeichnung *Sire* versteckt sich ein lateinisches Wort. *Senior* war zunächst der »Ältere« im Gegensatz zum »Jüngeren«. Aber schon im Lateinischen wurde *seniores* bereits zu einer Respektbezeichnung für die ältere Generation im Gegensatz zur jüngeren, weniger erfahrenen Altersklasse. Die Form *Sire* geht wahrscheinlich auf die Schnellsprechform *sejor* zurück (vgl. *peior* schlechter zu *pire*) (39, 117). Verwandt hiermit ist natürlich *Seigneur* u. a.: *don* dagegen ist aus *dominus* kontrahiert.

Während *Lady* und *Lord* angelsächsischer Herkunft sind, kann sich der *Gentleman* – von dem Anhängsel »man« abgesehen – wiederum auf lateinischen Adel berufen. Ja, Adel im wörtlichen Sinne. Lat. *gentilis* bedeutete eigentlich zu einer bestimmten *gens*, d. h. einer der angesehenen römischen Familien gehörig, dann später »von guter oder vornehmer Abstammung«. Wie wir bereits in dem Kapitel »Claudius« ausführten, hat jedoch auch dieses mit vielen traditionellen Werten angereicherte Wort eine gewisse Abwertung erfahren, da es ähnlich wie das Wort *Dame* vornehmlich zur Unterscheidung vom anderen Geschlecht dient.

Fröhliches Latein

Lateinische Sprachspielereien

In der langen und vielseitigen Geschichte der lateinischen Sprache kommt natürlich auch die fröhliche Kurzweil zu ihrem Recht. In seiner Sammlung *Bella Bulla* veröffentlichte H. Weis (68) lateinische Sprachspiele aus vielen Jahrhunderten. Hier einige Kostproben komischer Übersetzungen:

classis Romana	Eine flotte Römerin
tanta mea gratia est	Meine Tante ist eine Grazie
amicus populi Romani	Ein Freund von populären Romanen
lactis audere est ante pericula	Der Milchwagen ist vorgefahren
rex pulex et multum in ut plus	Der König floh und fiel in das Meer
mors certa, hora incerta	Todsicher geht die Uhr falsch

Ich selbst ließ einmal in einer Klassenarbeit für Sextaner folgenden Satz übersetzen: *miseros curare pulchrum est* — es ist schön, Notleidende zu betreuen. Und was machten die Burschen daraus? Die miserable Kur ist schön! Und: Warum bist du so miserabel, du Schöne!

Juristische Deklination:

Nominativus	der Untersuchungsrichter
Genitivus	das Vormundschaftsgericht
Dativus	das Finanzamt
Accusativus	der Staatsanwalt
Vocativus	der Verteidiger
Ablativus	der Gefängniswärter

Das Kaffeekränzchen: Ut desint viri, tamen est laudanda voluptas.

Im Beschwerdebuch eines Gasthofs: Veni, vidi, wanzi.

Vater, was bedeutet eigentlich ›pro forma‹?

Wenn deine Mutter Morgengymnastik treibt!

Der Lehrer: Corrigo, ergo sum.

Die Ehrenjungfrau: Virgo h. c.

Die Ohrfeige: Auris ignava

Die Kanone: Potest sine

Die letzten Abendnachrichten: ultima radio.

Deutung einer Inschrift: M. AGERIS. TER · DIXI. (Mager ist er, dick sie.)

Mrs. Kelly in Irland taufte ihre beiden Hunde *Gem* (Schmuckstück) und *Mini*, weil sie Zwillinge (lat. *Gemini*) waren.

Ein lateinisch abgefaßter Brief endete mit dem rätselhaften Satz:

Mitto tibi navem prora puppique carentem

(Ich sende Dir ein Schiff, dem Bug und Heck fehlen).

Das bedeutet: Ich sende Dir einen herzlichen Gruß. Fehlt nämlich dem Schiff *navem* Bug und Heck, so bleibt *AVE* übrig.
In Hildesheim hing über dem Tor des Gymnasiums Josephinum an einer Stange der Heilige Geist in Gestalt einer Taube, und darunter stand der fromme Spruch: *Hic vos omnia docebit* (Dieser wird euch alles lehren). Mit der Zeit riß die Kette, an der das Sinnbild des Heiligen Geistes aufgehängt war, die Taube fiel herab und verschwand, und manches Jahr ragte nur noch der Stock über dem Eingang der Schule mit den Worten: *Hic vos omnia docebit* (31).

Vom Jägerlatein, von Zeitungsenten und anderen Spielarten des Lateins

Unvergeßlich bleibt mir die erste Lateinstunde in einer Sexta. Auf mein Befragen, weshalb man überhaupt noch Latein lerne, wurden alle möglichen Antworten gegeben. Am meisten Freude aber machte uns der kleine Thomas Wild, der stolz erklärte: »Ich lerne Latein, weil mein Vater Jäger ist!« – Wenn auch Latein als »Sprache« des Jägers für unsere Betrachtung nur eine untergeordnete Rolle spielt, so wollen wir doch unseren Sextaner und sein Jägerlatein ernst genug nehmen, um auch dieser Abart des Lateins und seinen Verwandten – dem Angler-, Tropenlatein usw. – eine kurze Würdigung zu widmen.
Es gibt sogar eine umfangreiche Literatur über diesen Bereich, und erst in jüngster Zeit hat A. Beurmann in seinem Buch *Jägerlatein* (64) vieles von dem zusammengefaßt und geordnet, was bisher zu diesem weltweiten Thema beigesteuert worden ist.

Im Kapitel 27 seines VI. Buches »Über den Gallischen Krieg« berichtet Cäsar von eigenartigen Elchen, die in den germanischen Wäldern vorkommen sollen. Diese Tiere hätten Beine ohne Gelenke und seien deshalb nicht fähig, sich hinzulegen. Um ausruhen zu können, lehnten sie sich deshalb an Bäume an. Die listigen Jäger aber, welche die Wechsel und Fährten der Tiere beobachteten, würden die betreffenden Bäume ansägen oder untergraben. Wenn sich dann die »Elche« gewohnheitsgemäß an diese anfälligen Bäume lehnten, rissen sie diese durch ihre Schwere um und stürzten selbst mit ihnen zu Boden, um dann eine leichte Beute der Jäger zu werden.
Diesem den meisten Lateinschülern wohlbekannten Bericht gibt Beurmann (64, 12) folgende Deutung: »Am nächsten liegt die Vermutung, daß ein germanischer Edeling bei einem

Umtrunk mit einem listigen Augenzwinkern zu seinen Kameraden dem auf Seltsamkeiten lüsternen Cäsar diesen Bären aufband. Der Uneingeweihte ist für Jägerlatein besonders empfänglich, und es war allgemein bekannt, daß Cäsar kein Zoologe oder Jäger war. Die landläufige Meinung, daß Jägerlatein von Jägern gesprochen werden müsse, wird durch die Geschichte Cäsars auf den Kopf gestellt. Verfehlt ist auch die so oft gehörte Behauptung, daß die Geschichte Cäsars das erste Jägerlatein der Weltliteratur sei. Allenfalls kann man sie als das erste Zeugnis germanischen Jägerlateins ansehen. Denn das Jägerlatein, auch das schriftlich geäußerte, ist viel älter als die etwa ein halbes Jahrhundert vor Christi Geburt der Welt verkündeten Verschrobenheiten Cäsars. Vielleicht hat aber die Geschichte Cäsars dazu beigetragen, daß man die Sprache für jägerische Phantasieerzeugnisse ›Latein‹ nannte. Näher liegt wohl die Vermutung, daß man diese Bezeichnung deshalb wählte, weil das Latein im Mittelalter zu einer geheimen Kunst- und Berufssprache geworden war, die vom einfachen Volk nicht mehr verstanden wurde.«

"Mrs. Canem . . .?"

Eine stark wuchernde Blüte im Paradies des Jägerlateins ist das »Tropenlatein«. So brachte Sparrmann von seiner Reise nach Afrika im Jahre 1784 folgende Geschichte mit: »Ein betrunkener Trompeter wurde nachts vor die Tür geworfen, um seinen Rausch auszuschlafen. Dort lauerte schon eine Hyäne, die ihn sich über den Rücken warf und wie ein totes Tier zum Tafelberg schleppte. Unterwegs erlangte der Musiker wieder die Besinnung, stieß erschreckt in sein Instrument – und siehe da, das Raubwild kam dadurch so aus der Fassung, daß es die

Beute fallen ließ. Schon Horaz hatte erprobt, daß die Musik das Leben retten kann. In jener berühmten Ode, die mit den Worten ›Integer vitae‹ beginnt, erzählte er, daß im Sabinerwalde vor ihm, dem Waffenlosen, ein Wolf floh, als er ein Lied von seiner geliebten Lalage anstimmte« (64, 206).
»Ein Tiroler Tell, den man ›Trefferkönig‹ getauft hatte, machte einmal eine Beute, ohne daß er zu schießen brauchte. Er schlug auf einen Auerhahn an, der auf dem höchsten Gipfel eines Zirbelbaumes balzte. Im gleichen Augenblick rief der Hahn von oben herab: ›Seid ihr nicht der Treffkönig?‹ Als der Jäger die Frage bejahte, sagte der Hahn: ›Dann braucht ihr nicht zu schießen, ich komme von selbst herunter!‹ Der Erzähler fragte nun einen Zuhörer: ›Was sagen Sie nun?‹ Dieser schüttelte den Kopf: ›Ich weiß nur nicht, in welcher Sprache der Hahn geredet haben soll.‹ ›Ch‹, lächelte der Erzähler, ›in welcher Sprache sonst als in der lateinischen!‹« (64, 226).
»Ja, die Tiere verstehen auch Latein! Darum schreien die Raben: ›Cras, cras!‹, so wie ein Sünder, der seine Bekehrung auf den nächsten Morgen verschiebt« (64, 202).

»Auch andere Berufe sprechen Latein. Es sind das meistens Sparten, die ebenso wie die Jäger ihr Leben in der freien Natur verbringen. Ein schneller Blick sei ihnen gegönnt. Die Fischerei steht der Jagd am nächsten. Der Angler übt in kühler Gelassenheit die schwere Kunst des Wartens mit der gleichen Beherrschung der Nerven wie ein auf dem Anstand in sich verharrender Jäger aus. Beide haben Zeit zum Nachdenken und Grübeln. Die mönchische Ruhe des Wartens weitet die Phantasie; das Wörterbuch des Lateinischen wird durch den Reichtum der Bilder, die das suchende Auge in sich aufnimmt, wunderbar vermehrt. Es ist kein Wunder, daß die Angler den Begriff des Lateins von den Jägern übernahmen: Auch sie sprechen von ›Anglerlatein‹ oder auch ›Fischerlatein‹, wie ja auch die Fangplätze bezeichnenderweise ›Fischwaid‹ genannt werden. Wie nahe das Latein beider Berufe verwandt ist, ergibt sich auch daraus, daß bisweilen nicht ergründet werden kann, welchem Berufsstand das lateinische Erzeugnis zu verdanken ist« (64, 25).

Journalisten machen sich gelegentlich einen Sport daraus, Zeitungsenten zu jagen. Die Herkunft dieser Ausdrucksweise wird unterschiedlich gedeutet. Im Hinblick auf das Lateinische scheint folgende Erklärung plausibel: Eine nicht unbedingt zuverlässige Pressemeldung mußte früher durch die Abkürzung n.t. (*non testatum*) unterschieden werden. Eine solche Mitteilung bezeichnete man also als n.t. (gesprochen wie »Ente«).

Warum heute noch Latein?

Latein als politischer Zankapfel

Im Herbst 1962 wurde in den Kommentaren der internationalen Presse die Frage laut: Nimmt Fanfani die Hürde Latein? Tatsächlich war die italienische Regierung durch einen Gesetzentwurf, welcher vorschlug, die allgemeine Schulpflicht über das elfte Lebensjahr hinaus bis zum vierzehnten zu verlängern, in eine schwierige Situation geraten. Im Gegensatz zu den Wünschen der Sozialisten hielt nämlich die Regierungsvorlage über die Reform der Mittelschule an der Schlüsselstellung des Lateins im italienischen Unterrichtswesen fest.
Nach dem inzwischen verabschiedeten Gesetz besuchen nun *alle* italienischen Jungen und Mädchen nach Absolvierung der fünfjährigen Elementarschule (scuola elementare) für weitere drei Jahre *gemeinsam* die sogenannte Einheits-Mittelschule (scuola media). Die Regierung Fanfani hätte nun gern dem Lateinunterricht auch für die neue Mittelschule eine zentrale Stellung eingeräumt. Die Regierungsvorlage konnte jedoch mit keiner genügenden Mehrheit rechnen. So mußte sich denn Fanfanis Christlich-Demokratische Partei, um sich die Zustimmung der Sozialisten zu sichern, zu folgendem Kompromiß bereit finden:
In der ersten Klasse der Einheits-Mittelschule wird kein Latein gelehrt; in der zweiten wird in Verbindung mit dem Italienischunterricht die Grundstruktur des Lateinischen vermittelt, so daß Ähnlichkeiten und Unterschiede der beiden Sprachen gegeneinander abgewogen werden können; in der dritten ist Latein Wahlfach; es wird nur für diejenigen zum Pflichtfach, die von dieser Klasse an das Humanistische Gymnasium (*liceo classico*) besuchen. Der Beginn des Studiums der lateinischen Sprache wird damit erheblich verzögert und im Grunde auf die fünf Jahre des klassischen Lyzeums beschränkt. Andererseits erhalten nunmehr *alle* italienischen Kinder (im zweiten Jahr der Mittelschule) eine Einführung in die lateinische Sprache. Die zu diesem Zweck von verschiedenen Verlagen herausgebrachten Lehrbücher berechtigen dank ihrer sehr anschaulichen Gestaltung zu der Hoffnung, daß bei vielen italienischen Kindern eine gewisse Neugierde wachgerufen wird, den so aufschlußreichen latein-italienischen Verflechtungen noch etwas gründlicher nachzuspüren, es also nicht bei einer einjährigen Einführung bewenden zu lassen.

Die kommunistischen und sozialistischen Abgeordneten hätten zwar am liebsten der Mittelschule den Lateinunterricht ganz genommen. Die Sozialisten aber trafen sich schließlich mit den Christlichen Demokraten auf halbem Wege, während die ein Maximum an Latein befürwortende Rechte den Kompromiß ablehnte. Die Tragweite der Zusammenhänge und Hintergründe der Schulreform geht schon daraus hervor, daß im Parlament tagelang leidenschaftlich debattiert wurde. Auch Presse, Fernsehen und Rundfunk schalteten sich vernehmlich in die Auseinandersetzung ein. Ja, in vielen größeren und kleinen Städten kam es sogar zu Demonstrationen der Lehrerverbände, die sich durchweg entschieden für Latein einsetzten. Denn im Mittelpunkt der Debatten stand immer wieder die Frage: Wie wirkt sich die Schulreform auf den Lateinunterricht aus?

Durch die freundliche Vermittlung der Italienischen Botschaft in Bonn war es uns möglich, die stenographischen Berichte über den Verlauf der Debatte in der »Camera dei Deputati« einzusehen (69). Die sich darauf beziehenden Protokolle umfassen einige hundert Seiten. Wir haben nun versucht, sine ira et studio eine Übersicht der Stimmen und Argumente zu bringen, die sich für bzw. gegen Latein äußerten, und zwar möglichst im Hinblick auf die allgemeinen Gesichtspunkte, d. h. unabhängig von Detailfragen der italienischen Schulreform. Die betreffenden Parlamentssitzungen fanden statt am 2. und 4. Oktober sowie 13., 14., 18., 19., 20. und 31. Dezember 1962.
Aus der Stellungnahme der Minderheit (Kommunisten und Sozialisten) seien folgende charakteristische Stimmen wiedergegeben:
»Seit vielen Jahren wird in Italien um das Problem einer besseren Organisation der Schule für Kinder zwischen 11 und 14 Jahren gestritten. Dieses Problem ist mit dem einer totalen Schulreform eng verbunden. Man versucht, die Schule zu modernisieren, indem man den Unterricht zeitgemäßer gestalten will. Wir glauben, daß wir einer Lösung näherkommen, wenn der Kampf gegen das Latein gewonnen ist. Die totale oder teilweise Reform der italienischen Schule hat sich mehr und mehr mit diesem Kampf gegen das Latein identifiziert. Die Herrschaft (›Imperialismo‹) des Lateins muß beendet werden, denn Latein ist ein Element sozialer Diskriminierung, politischer Reaktion und bürgerlicher Rückständigkeit.«
»Es besteht eine diskriminierende Schranke zwischen der regierenden Klasse, die ihren Nachwuchs vom klassischen Lyzeum erhält, und der Klasse derer, die technisch orientiert ist. Durch die Verteidigung des Lateins möchte jene Gruppe den

jungen Menschen eine Welt nahebringen, die zwar manch wichtige Lehre und Anregung enthalten mag, unsere moderne Welt jedoch zu wenig berücksichtigt. Im übrigen züchtet der Lateinunterricht Individuen, die nirgendwo zu Hause sind und einen antisozialen Sinn entwickeln. Diese Schranke zwischen den jungen Herren Lateinern und dem Plebs der Technischen Schule aber muß die neue Schule endlich beseitigen!«

Aus den Reihen der Rechten und der Christlichen Demokraten wurden dagegen folgende Meinungen laut:

»Der Widerstand gegen das Latein ist nur einer der Aspekte des Kampfes, den der Marxismus gegen den Begriff der zweckfreien Bildung führt (›la lotta contro il latino non è che uno degli aspetti della lotta condotta dal marxismo contro la concezione della cultura disinteressata‹). Die Polemik richtet sich weniger gegen das Latein an sich. Die Wahrheit ist, daß der Kreuzzug gegen das Latein rein politischen Charakter hat, weil das Latein eine Bildungsform darstellt, die sehr von der materialistischen Lebensauffassung abweicht.«

»Eine materialistische Weltanschauung hat keinen Platz in der Schule, die sich zum Ziel setzt, den geistigen Horizont des Menschen zu erweitern, nicht aber vorrangig das praktisch unmittelbar Verwertbare zu lehren. Denn die wahre Kultur ist immer eine ›unnütze‹ Angelegenheit gewesen, wenn man den unmittelbaren Nutzen in Betracht zieht (›la vera cultura è stata sempre una inutilità à se si guarda ai suoi effetti prossimi‹). Diese Kultur ist jedoch der einzige Boden, in dem die Pflanze der Wissenschaft und der Kunst gedeihen und wachsen kann.«

»Das Latein hat bildende Kraft und ist ein Gegengift gegen den Materialismus. Es erzieht zur Moral und Pflege der Tradition.

Für die Marxisten aber hat die Schule das Ziel, eine Gesellschaft der Techniker heranzubilden.«

»Die menschliche Persönlichkeit soll abgeschafft werden und die technokratische Macht des Molochs Staat an ihre Stelle treten.

Eine so einseitig und zweckhaft ausgerichtete Schule aber kann niemals in echtem Sinne frei sein.

Der Leningrader Professor Borowskij hat übrigens keine Sorge, daß das Latein im sozialen Sinne diskriminiert, weil alle Gelehrten, gleich welcher Nation oder Partei, die lateinische Sprache kennen und achten, da sie allen zugänglich ist und das beste Geistestraining darstellt« (vgl. Engels S. 166).

»Vergleicht man die Aufsätze von Schülern aus Lateinklassen mit denen anderer Klassen ohne Latein, so erkennt man die größere Gewandtheit der Schüler im Gebrauch ihrer Muttersprache. Die Logik des Lateins gewöhnt den Schüler an gedankliche und handelnde Disziplin. Das Latein öffnet Tore zu einer Welt, die unendliche und unvergleichliche Schätze der Wissenschaft und Kunst zu bieten hat.«

»Die Latinitas inspiriert alle Gedanken der Freiheit und des Lebens; das gilt sogar für die Französische Revolution. Auch die ›Magna Charta‹, von der alle Freiheiten in der Substanz herstammen, wurde auf lateinisch geschrieben. Und wir möchten nicht, daß jemals Landsleute, die nach London reisen, angesichts des Originaltextes der Magna Charta (s. u.) den Eindruck haben, sie hätten ein Dokument vor sich, das in Sanskrit oder gar Chinesisch geschrieben ist. Diese Gefahr aber besteht, wenn unsere Jugend durch die von der Linken geplante Pflichtschule technisiert wird!«
»Latein ist auch die Sprache der Humanitas. Es könnte und müßte das Esperanto der Menschen sein, wenigstens der gebildeten Menschen Europas und vielleicht auch der ganzen Welt! Vielen von ihnen wird es schon widerfahren sein, daß sie sich bei einer Begegnung mit Menschen aus den USA oder Deutschland auf lateinisch verständigt haben, falls es anders nicht möglich war.«

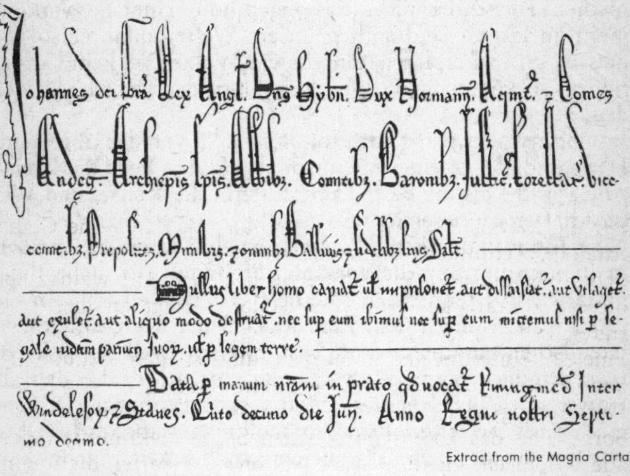
Johannes dei gra Rex Angl. Dns Hybn. Dux Normann. Aquit. & Comes Andeg. Archiepis Epis. Abbib3. Comitib3. Baronib3. Justic. Forestar. Vicecomitib3. Prepositis. Ministris. & omnib3 Ballivis & fidelib3 suis Salt.

Nullus liber homo capiat vel imprisonet. aut dissaisiat. aut utlaget. aut exulet. aut aliquo modo destruat. nec sup eum ibimus nec sup eum mittemus nisi p legale iudicium parium suor. vel p legem terre.

Data p manum nram in prato qd vocat Runingmed inter Windelesor & Stanes. Quinto decimo die Jun. Anno Regni nostri Septimo decimo.

Extract from the Magna Carta

»Diese humanistische Richtung der Kultur sucht die Forderung des Hier und Heute mit den ewigen Werten der Kultur zu verbinden. Die allein technisch orientierte Schule aber würde unseren Jugendlichen einen sehr engen Horizont geben.
Ohne Latein verflacht die menschliche Kultur und verliert ihre

Seele. Oder wollen wir, daß Beton und Atombomben höher in Kurs stehen als Vergil und Michelangelo?«

Aufsehen erregte der Abgeordnete Riccio, der seine Stellungnahme in lateinischer Sprache vortrug. Zuvor hatte er den Präsidenten um entsprechende Erlaubnis gebeten mit der Begründung, er wolle sich mit seiner lateinischen Rede der gesamten Welt verständlich machen; im übrigen werde es der Italienischen Kammer zur Ehre gereichen, wenn in ihr diese universelle Sprache erklinge.

Er sagte u. a.: »Sed quibus cordi sunt maxima humanitatis bona, quibus tot per saecula humanitatis thesaurum patres comparaverunt, ita consulant rebus technicis augendis, ut humana non amittant . . .

Audiatur vox Russici cuiusdam doctoris, nomine Borowskij, qui in universitate Petroburgensi anno transacto elegantem dissertationem Latino sermone habuit qua linguam ipsam Latinam litterarum et artium optimam magistram praedicavit . . .

Si filii nostri, astrali capsula spatia conlustraturi, eo insipientiae devenerint ut se dictitent deum supra nubes nullum invenisse, omne studium technicae artis vertetur in miserabilissimam humanitatis iacturam.«

Auch Riccio betonte also die Notwendigkeit, über allem technischen Fortschritt nicht das eigentliche Humane verkümmern zu lassen. Und sollten unsere Weltraumfahrer so vermessen sein zu erklären, jenseits der Wolken sei kein Gott zu finden, so könne die Technik zum Fluch der Menschheit werden.

Im übrigen verwies er auf Prof. Borowskij von der Universität Leningrad, der in einer lateinisch abgefaßten Rede die lateinische Sprache als die beste Lehrmeisterin der Künste und Wissenschaften gepriesen hatte.

Nach Riccios lateinischer Ansprache nahm dann der Präsident in italienischer Sprache wie folgt Stellung: »Ich habe Ihnen gestattet, in lateinisch zu sprechen, erstens weil ich kein Gesetz kenne, wonach dem Römischen Senat der Gebrauch der lateinischen Sprache untersagt ist, zweitens weil dieses kulturelle Bemühen Sie und die Kammer ehrt. Ich denke, daß alle Anwesenden Ihr elegantes Latein verstanden haben. Dennoch möchte ich Sie bitten, dem Protokoll eine authentische Übersetzung einzureichen, für diejenigen, die kein Latein können.«

Im Verlauf der Debatte kamen viele auf diese lateinische Rede zurück, z. B. der Abgeordnete de Grada (Kommunist), der u. a. folgendes erklärte: »Herr Präsident, ich werde nicht Lateinisch sprechen, auch deshalb nicht, weil bei uns der Ausdruck ›Lateinisch sprechen‹ nicht denselben Sinn hat wie z. B.

das Spanische ›hablar en castellano‹, d. h. klar und deutlich sagen, was man denkt. Bei uns hat der Ausdruck ›parlare in latino‹ eher ein wenig die Bedeutung gewonnen: den anderen nicht verstehen zu lassen, was man sagen will, d. h. die tote lateinische Sprache als Ausflucht und zur Verschleierung der eigenen Meinung zu benutzen.«

Der Abgeordnete Alicata will, obwohl selbst Latinist, im Parlament nicht Lateinisch sprechen, weil er den klassischen Humanismus zu hoch schätzt, um ihn zum Gegenstand lächerlicher Diskussionen zu machen und dadurch zu entwerten.

Ein anderer Abgeordneter zitiert eine Äußerung des Staatspräsidenten Senghor von Senegal (Afrika): »Die lateinische Kultur ist unabhängig von der Hautfarbe. Wir sind ein Kontinent, der seine eigene Einheit begründet sieht in der Freiheit und in dem Wissen um den gemeinsamen Ursprung: und das ist die lateinische Kultur und Zivilisation.«

Von grundsätzlicher Bedeutung waren ferner folgende Diskussionsbeiträge:

»Man sagt, das Latein sei unnütz. Doch ist nicht alles zugleich unnütz und nützlich, je nachdem, ob man als Kurzsichtiger oder als Weitsichtiger Stellung nimmt? Ein im Sinne von Engstirnigkeit kurzsichtiger Mensch sieht nur die ins Auge fallenden Dinge, für ihn gilt nur der Erfolg; der Mensch mit Weitblick aber zieht auch das Endziel in Betracht.«

»In einer Zeit, in der vorwiegend Genuß und Erfolg angestrebt werden, sind die sogenannten unnützen Disziplinen erzieherisch um so wertvoller, weil sie das notwendige Gegengift gegen unseren aufgeblähten Utilitarismus darstellen.«

»Man sagt, daß drei Jahre Latein vollkommen unnütz seien, etwa für einen Buchhalter oder für einen Landmesser. Doch entschuldigen Sie bitte, meine Herren Kollegen, ich bin Anwalt, und was hat mir jemals die Kramerregel genützt? Oder welchen praktischen beruflichen Wert hat für mich die Kenntnis der Härteskala von Moß?

CIVIS ROMANVS SVM! Ich bekenne mich mit Stolz zu all dem, was an Geistigkeit im Lateinischen beschlossen ist!« (69).

Grundsätzliche Erwägungen

Mit Recht fragt man nicht nur im Italienischen Parlament nach dem Sinn und Nutzen des Lateinunterrichts. Die folgende Erörterung soll sich mit dieser Frage – auf dem Hintergrund möglicher Einwände – noch etwas eingehender befassen.

Unbestreitbar bleibt, daß Latein die Muttersprache der Wissenschaften ist. Auch heute noch sind Lateinkenntnisse wichtige

Voraussetzungen für zahlreiche Studiengebiete, insbesondere in den Disziplinen der Sprachwissenschaft, der Philosophie, der Geschichte und Theologie. Ebenso wird der zukünftige Arzt, Biologe oder Apotheker auf Latein nicht gänzlich verzichten können. Für eine fundierte Kenntnis der romanischen Sprachen und auch des Englischen ist das Lateinische eine wesentliche Grundlage. Auch das Studium der Germanistik ist ohne Lateinkenntnisse nicht denkbar. Es gibt keine Geschichte der deutschen Sprache und Literatur ohne den Hintergrund des lateinischen Erbes.

Ein Verzicht auf die Erlernung des Lateinischen bedeutet also eine Beeinträchtigung der Berufswahl. Doch unabhängig davon, ob das sogenannte »Latinum« für diese oder jene Fachrichtung ausdrücklich gefordert wird oder nicht, Lateinkenntnisse werden letzthin jedem Studenten zustatten kommen, schon im Hinblick auf den internationalen Charakter der wissenschaftlichen Literatur, die weitgehend vom lateinischen Vokabular her bestimmt ist. Wer diese Kenntnisse mitbringt, versteht schneller und ist befähigt, selbst zur Erweiterung der wissenschaftlichen Nomenklatur beizutragen.

Doch unabhängig von wissenschaftlicher Betätigung sind Lateinkenntnisse von allgemeinem Nutzen, sei es mittelbar oder unmittelbar. Die Hinweise, die diesem Buch zu entnehmen sind, seien wie folgt zusammengefaßt: Latein ist bis in die Neuzeit hinein die Sprache der Diplomatie, der Kirche, der Wissenschaften gewesen. Überall hat es seine Spuren hinterlassen: in Wappen und Haussprüchen, Chroniken und Denkmälern. So vermitteln Lateinkenntnisse bei der Lektüre, auf Reisen usw. manch zusätzliche Erfahrung. In wohl keiner Sprache ist das Vokabellernen so ergiebig wie im Lateinischen, da die meisten Vokabeln zugleich den romanischen wie englischen Wortschatz erschließen; außerdem erfaßt man eine Fülle von im Deutschen lebenden Fremdwörtern. Aber auch der lateinische Satzbau mit den stilistischen Merkmalen des Infinitivs, Gerundiums und Partizips erleichtert den Zugang zu anderen Sprachen. »Wer einmal, wenn auch widerstrebend, lateinische Grammatik und Syntax gelernt hat, wird sein Leben lang wissen, was Konstruktion, Bau, Klarheit einer Sprache, des menschlichen Sprachausdrucks überhaupt bedeutet« (77, 171).

Nun könnte man sagen: es mag nützlich sein, lateinische Vokabeln zu lernen, und man wird auch noch zugestehen, daß die Beschäftigung mit der Formenlehre und Syntax sinnvoll ist, da hierdurch die allgemeine Spracheinsicht und -begabung gefördert wird. Doch wozu 5, 7 oder gar 9 Jahre Latein, wenn sich dieser Nutzeffekt als Grundlehrgang schon in 2 oder 3 Jahren erzielen läßt? Wozu dann noch Cäsar-, Horaz- oder

Cicero-Lektüre, die man mühselig mit Hilfe eines Kommentars zu bewältigen sucht, obwohl es gute Übersetzungen gibt?

Darauf läßt sich erwidern: Gewiß, es fehlt nicht an Übersetzungen der im althergebrachten Lektürekanon vertretenen »Klassiker«. Doch die lateinische Literatur erstreckt sich über einen Zeitraum von mehr als 2000 Jahren, und es gibt Hunderte von wertvollen Sprachdenkmälern, von denen keine gedruckte Übersetzung existiert. Im übrigen ist eine Beschäftigung mit einem Text gleich welcher Art nur auf Grund einer Übersetzung wissenschaftlich unbefriedigend.

Doch abgesehen vom inhaltlichen Gehalt und der künstlerischen Form ist die Übersetzung vom Lateinischen ins Deutsche eine hervorragende Geistesschulung. Worauf nun diese speziell dem Lateinischen eigene Kraft beruht, ist nicht ohne weiteres einsichtig. Weshalb soll z. B. die Übersetzung aus dem Englischen oder Französischen nicht dieselben Bildungswerte vermitteln?

Nun, unsere Schüler und Schülerinnen wissen sehr wohl, daß die Übersetzung aus den neueren Sprachen weniger Kopfzerbrechen verursacht, weil man mit wortwörtlichem Folgen und Sprachgefühl fast immer zurechtkommt. Das Latein aber ist als viel ältere Sprache seiner ganzen Struktur nach der Muttersprache weiter entrückt. Dieser Abstand von zweitausend Jahren erfordert also besondere Denkprozesse. Eine unmittelbare Erfassung des Inhalts wie etwa im Englischen oder Französischen ist meist nicht möglich. In den modernen Sprachen hat jedes Wort und jeder Satzteil eine bedeutend festere Stelle im Satz, als dies im Lateinischen der Fall ist. Hier ist die Zuordnung oft nur an den Endungen zu erkennen. Die formale Arbeit an lateinischen Perioden erfordert Genauigkeit und Gewissenhaftigkeit, Zurückhaltung im Urteilen, Geduld und Ausdauer im Kombinieren. Rationale Analyse muß von der Intuition des Sprachgefühls, Logik von Phantasie begleitet sein.

»Schon der kleine Lateinschüler muß sich geistig mit dem Gefüge eines Satzes auseinandersetzen. Subjekt, Prädikat, Objekt sind für ihn Schlüsselwörter, die dem gleichaltrigen Englischschüler noch nicht zu Gebote stehen. Jedesmal, wenn er z. B. die Formen *amicum* oder *feminam* liest oder bilden will, muß er den Unterschied zwischen Nominativ und Akkusativ wieder rational erfassen. Das braucht er nicht bei *the friend, l'ami, the woman, la femme, die Frau*. Beim englischen Adjektiv braucht er auch den Unterschied des Genus und Numerus nicht in sein Bewußtsein zu ziehen. Einen noch größeren Reichtum klar voneinander abgehobener Formen zeigt das lateinische Verbum« (70, 230).

So wird die Denkfähigkeit des Lateinschülers schon früh ge-

übt, indem der lateinische Text ihn dazu zwingt, nachzudenken, Wortbeziehungen zu finden und zu klären, sich die Unterordnung bzw. Zugehörigkeit von Satzteilen klarzumachen usw. Es ist eben der Beziehungsreichtum, welcher den lateinischen Satzbau auszeichnet, und gerade die kunstvolle Periode übt den Schüler im Erfassen größerer Zusammenhänge. All diese Übungen können sich durchaus mit den in der Mathematik und Physik geforderten messen. »Jedenfalls läßt sich an der lateinischen Sprache wie an keiner anderen lernen, was es heißt, seine Gedanken zu ordnen« (31, 8).
Diese Überzeugung vertritt auch der Anglist Emil Wolff, wenn er betont: »Die unbewußte Denkerziehung, die in dem noch erhaltenen Formenreichtum des Lateins liegt, der Zwang, die verschiedenen Sprachfunktionen und Denkbeziehungen durch feste, sichtbare Formänderungen auszudrücken und an ihnen zu erkennen, fehlt im Englischen so gut wie ganz« (Denkschrift der Universität Hamburg 1949).
Dieses Bemühen um eine möglichst getreue Übersetzung kommt auch der Muttersprache zugute, deren Wesen sich dem Schüler erst erschließt, indem das Gleiche und Verschiedenartige im Denkprozeß und den Ausdrucksmitteln der beiden Sprachen herausgearbeitet wird. Eine Übersetzung neusprachlicher Texte kann diesen Dienst nicht gleichwertig leisten, da sich die Ausdrucksmittel wegen des geringeren zeitlichen Abstands bereits angenähert haben.
Aber kommt nicht bei dem beträchtlichen Stundenaufwand für Latein die so notwendige Erlernung moderner Fremdsprachen zu kurz? Dazu läßt sich sagen: Die Erfahrung lehrt, daß der Englisch- oder Französisch-Unterricht unter dem ohnehin verminderten Lateinunterricht nicht zu leiden hat. Beide modernen Sprachen werden in der Regel bis zur Oberprima fortgeführt, während der Lateinunterricht oft schon mit Obersekunda abbricht. Selbst das Altsprachliche Gymnasium gibt den Fächern Englisch und Französisch im allgemeinen gebührend Raum. Im übrigen sei auch in diesem Zusammenhang wieder betont, daß der Lateinkundige eine Modellsprache erlernt hat, die ihm im Hinblick auf das Vokabular, aber auch das Gefüge vieler Fremdsprachen wertvolle Zubringerdienste leistet.
Was nun die Fähigkeit des Abstrahierens und die logische Schulung anbelangt, so wird gelegentlich eingewandt, daß die Mathematik in dieser Hinsicht den Lateinunterricht durchaus ersetzen könne. Dabei wird jedoch übersehen, daß sich das durch den Lateinunterricht mögliche Formaltraining in einem wesentlichen Punkt von der geistigen Schulung durch Mathematik oder durch die naturwissenschaftlichen Fächer unterscheidet. Bei der »Rechenaufgabe« der Übersetzung sind näm-

lich nicht nur die begrifflichen Momente, sondern auch die inhaltlichen und emotionalen zu erfassen. Mit anderen Worten: Bei der Begegnung mit einem Satz handelt es sich nicht wie bei der Mathematik oder Physik um die Auseinandersetzung mit einem Abstraktum oder einem Objekt, sondern um eine menschliche Aussage. Jedes menschliche Gegenüber erfordert eine besondere Art der Einstellung; mit einem Schema oder einer Formel komme ich nicht weiter. Die Besonderheit dieses Ich—Du-Verhältnisses hebt auch der Naturwissenschaftler C. F. von Weizsäcker hervor bei der Kennzeichnung des Unterschieds zwischen der Physik und der Philologie: »Wenn ich als Philologe den vom Verfasser gemeinten Sinn eines Textes aufzufassen suche, so trete ich als Ich mit einem Du in ein Gespräch ein ... Diese Art der Begegnung mit einem Gegenstand kennt die Physik nicht, weil ihr Gegenstand ihr nicht als Subjekt gegeben ist. Dieses persönliche Verstehen ist eine Weise der Erfahrung, die uns dem Menschen gegenüber offensteht, dem Stein, Stern und Atom nicht.« Mit anderen Worten: Die Übersetzung aus dem Lateinischen fördert das Einfühlungsvermögen und das Bemühen um Redlichkeit gegenüber der mitmenschlichen Äußerung. Diesen Dienst kann der naturwissenschaftliche und mathematische Unterricht nicht leisten; er erzieht vielmehr zur Sachlichkeit und zur Distanz vom Emotionalen. Damit ergänzt sich die durch den Mathematik- und Lateinunterricht vermittelte Geistesschulung in einer Weise, die beiden Hauptkomponenten unserer Umwelt gerecht wird: den mathematisch-physikalisch faßbaren Phänomenen und den vom Menschen bestimmten Einflüssen. Denn das gesellschaftliche, politische, rechtliche und geschichtliche Leben zeigt keine mathematische Eindeutigkeit, sondern ein Geflecht von Gedanken und Tatsachen, von Meinungen und Anschauungen, denen man nicht durch einige Grundbegriffe beikommen kann, sondern nur mit einer Fülle von Unterscheidungen, Varianten, Urteilen und Deutungen gerecht zu werden vermag. So schult der mathematisch-naturwissenschaftliche Unterricht die sachliche Distanz, der Lateinunterricht darüber hinaus das Einfühlungsvermögen. Beiden gemeinsam aber ist das Zusammenspiel von Phantasie und Logik.

Wir haben darzulegen versucht, daß der Lateinunterricht — abgesehen von sprachlichen Nutzeffekten — Intuition, Logik, Phantasie und Präzision fördert. In ähnlicher Weise vermittelt auch der Mathematik-Unterricht unmittelbar verwertbare Fähigkeiten, darüber hinaus eine vom Nutzwert her nicht faßbare geistige Schulung. Niemand aber wird den Mathematik-Unterricht beschneiden wollen, weil der praktische Nutzeffekt des Oberstufen-Lehrstoffes für die meisten Berufe unerheblich

ist. Und so sollte ebenso wie bei der Mathematik auch bei der Beurteilung des Lateinunterrichtes nicht der unmittelbar verwertbare Nutzen ausschlaggebend sein.
Mit vorstehenden Darlegungen sind die Aspekte, unter denen man Wesen und Wert des Lateinunterrichts beleuchten kann, gewiß nicht erschöpft. Zusammenfassend läßt sich sagen, daß Latein als Modellsprache linguistisch besonders ergiebig ist, zudem nützlich für das wissenschaftliche Denken und das Erlernen moderner Sprachen. Die inhaltlichen und künstlerischen Werte des uns in lateinischer Sprache überlieferten Schrifttums würden eine besondere Abhandlung erfordern.
Die geistige Schulung und alle Nutzeffekte, die der Lateinunterricht zu erschließen vermag, können erst dann wirksam werden, wenn der Lehrer es versteht, die Schüler in die ganze Weite der Latinitas einzuführen und ihnen den Sinn dieses Unterrichts nahezubringen. Die zeitbezogene Bedeutung sollte vor allem durch häufige Parallelen zu modernen Sprachen unterstrichen werden. Die Schüler müssen von der ersten Stunde an erfahren, daß Latein allenthalben in die Gegenwart hineinwirkt und viele Türen öffnet. Letztlich entscheidet die Schulpraxis darüber, ob Latein von den Schülern als »tote« oder als durchaus lebendige Sprache erlebt wird.

Wird Latein wieder Weltsprache?

So aktuell Lunareisen und -lexika bald sein mögen, so bleibt doch immer noch die Frage offen, ob sich nicht für unsere Erde eine gemeinsame Sprache der Verständigung finden läßt. In weiten Bereichen unseres Globus ist Latein jahrhundertelang die Sprache der Wissenschaft gewesen, im Raum der Katholischen Weltkirche ist sie immer noch universal, und die lateinische Schrift ist auf dem besten Wege, Weltverkehrsschrift zu werden. Angesichts dieser Tatsachen ist die Frage wohl berechtigt: Inwieweit eignet sich die lateinische Sprache auch heute noch als Mittel internationaler Verständigung? Folgende Überlegungen mögen einen Beitrag zur Beantwortung dieser Frage leisten:

1. Die englische Sprache mit ihrer stark romanischen Prägung und die eigentlichen Tochtersprachen des Lateins haben – global gesehen – den weitaus größten Anteil an den Bereichen der Handelskorrespondenz, Literatur, Presse, der Diplomatie sowie des Flug- und Fernmeldewesens. Das lateinische Vokabular ist also ohnehin die sprachliche Grundkomponente des internationalen Austausches.

2. Auch die nichtromanischen europäischen Sprachen (Deutsch, Dänisch, Schwedisch, Russisch) sind ihrer Struktur nach weitgehend dem Einfluß des Lateinischen verpflichtet, das für den europäischen Sprachausgleich als tragende Grundlage zu gelten hat. Man vergleiche etwa deutsch »Gewissen« – dän. *samtvittighed* – schwed. *samvete* – russ. *soznanie* nach lat. *conscientia*; dt. »Mitleid« – dän. *medlidenhed* – russ. *sostradánie* – franz. *compassion* – rumän. *compatimire* – engl. *compassion*, alle nach lat. *compassio*. Wenn heute Deutsche, Franzosen, Italiener, Engländer und Russen ihre Bücher wechselseitig übertragen können, so ist hierfür nicht zuletzt der dem Lateinischen zu verdankende Sprachausgleich verantwortlich zu machen, d. h. die Strukturen der meisten europäischen Sprachen bauen weitgehend auf dem lateinischen Modell auf.

3. In vielen Fakultäten der Wissenschaft verfügt das Latein bereits über eine jahrhundertealte Praxis (Jurisprudenz, Theologie, Biologie, Medizin, Astronomie, Mathematik). Daß das lateinische Vokabular auch für die meisten modernen Industriezweige und wissenschaftlichen Bereiche zu einem unent-

behrlichen Requisit internationaler Verständigung geworden ist, haben wir an vielen Beispielen nachzuweisen versucht. Wir erinnern nur an die lateinische Werbung der Autoindustrie oder an technische Begriffe wie *Motor*, die im Englischen, Russischen, Französischen, Italienischen und Spanischen fast gleich lauten. Das *Lexicon neolatinum* der Societas Latina (München) sowie das Lexikon des Kardinals Bacci, darüber hinaus zahlreiche lateinische Zeitschriften (vgl. S. 194) sorgen im übrigen dafür, daß moderne Begriffe und Funktionsbereiche immer umfassender für die lateinische Ausdrucksweise erschlossen werden, d. h. daß sich auch Vokabeln wie Dauerwelle, Filmspule oder Raumkapsel gut lateinisch wiedergeben lassen.
In Italien gibt es bereits Restaurants (schon das Wort selbst ist ja lateinischen Ursprungs), welche die Speisekarten lateinisch präsentieren, und in Rom macht ein Salon für Maniküre in klassischem Latein auf sich aufmerksam: *Magister hic manibus curandis.*

4. Latein als offizielle Weltsprache würde den Stolz keiner Nation kränken, da es den Vorzug der Neutralität hat und von keinem Volk als Nationalsprache in Anspruch genommen wird.

5. Die fortschreitende Übernahme der lateinischen Schrift dürfte auch eine weltweite Anerkennung der lateinischen Sprache erleichtern.

Gewiß, Latein ist keine einfache Sprache. Sein Formenreichtum, seine Differenzierung der Modi und Zeitstufen setzen eine erhebliche Konzentration voraus. Doch will man behaupten, Englisch, Französisch, Russisch oder gar Chinesisch seien wesentlich einfacher? Im übrigen hat Latein den Vorzug der leichten Aussprache, d. h. Schrift- und Lautbild stimmen weitgehend überein.

Ferner wird eingewendet, die Art, wie man vor zweitausend Jahren miteinander umging, könne für uns nicht mehr vorbildlich sein. Hierauf wäre jedoch zu erwidern, daß die lateinische Sprache ihre außerordentliche Anpassungsfähigkeit an die Gegebenheiten jeder noch so unterschiedlichen Epoche seit zwei Jahrtausenden glänzend unter Beweis gestellt hat. Sie hat komplizierte philosophische Gedankengänge ebenso beredt wiedergegeben wie feinste lyrische Stimmungen oder mathematisch-naturwissenschaftliche Erkenntnisse. Sie dient dem Preise Gottes, der »Gloria Dei«, ebenso wie sie der Bitte um Erbarmen im »Requiem« Ausdruck verleiht. Auch ist sie wendig und weitherzig genug, um dem »Struwwelpeter« oder »Max und Moritz« ihre Zunge zu leihen. Kurz, diese Sprache ist weder an die Zeit noch an den Ort gebunden. Sie setzt keine Patina an.

Als Schriftsprache hat sie ihre Bewährungsprobe zweifellos in allen Bereichen bestanden; als gesprochene Umgangssprache hat sie dagegen wegen ihrer Aufspaltung in die romanischen Dialekte und mangels entsprechender Praxis ihre Gängigkeit eingebüßt. Verschiedene lateinsprachige Institute, eine moderne Methodik an vielen Universitäten und Schulen sowie die internationalen Kongresse »Latinitatis Vivae«, in deren Verlauf ausschließlich lateinisch diskutiert wird, sind jedoch ein günstiges Omen für die Erwartung, daß Latein auch als Organ mündlicher Verständigung wieder in Übung kommt.

Literaturnachweis

In Anbetracht der weitläufigen Thematik kann hier keine umfassende Literaturübersicht geboten werden. Das Verzeichnis ist jedoch bemüht, alle Veröffentlichungen aufzuführen, die der Gestaltung dieses Buches dienlich waren. Außerdem sind Zeitschriften und Nachschlagewerke erfaßt, auf die Bezug genommen wird. Auch bei nicht wörtlichen, sinngemäßen Entlehnungen wird die Quelle näher bezeichnet. Und zwar benennt jeweils die erste Zahl in der Klammer Autor und Verlag entsprechend der Numerierung im Literaturverzeichnis, während die Zahl hinter dem Komma auf die Seite der betreffenden Veröffentlichung verweist. Gelegentlich beziehen sich die Seitenzahlen auf ältere Ausgaben. Im Hinblick auf neuere Auflagen können sich also kleine Abweichungen ergeben.

Den Verlagen und Autoren sei auch an dieser Stelle für freundlich gewährte Abdruckerlaubnis gedankt. Bei der Beschaffung der Literatur war mir die Hilfsbereitschaft der Universitätsbibliothek Düsseldorf sowie des Britischen Museums London sehr dienlich. Dank schulde ich auch der Biblioteca Engiadinaisa (Stiftung Silverberg) in Sils-Baselgia (Graubünden), deren beglückende Atmosphäre der Gestaltung des Buches sicher zugute gekommen ist.

Zur Geschichte der lateinischen Sprache

1. F. Altheim, *Gesicht vom Abend und Morgen — Von der Antike zum Mittelalter*, Fischer Bücherei Nr. 79, Frankfurt 1954
2. E. Bickel, *Lehrbuch der Geschichte der römischen Literatur*, Carl Winter Universitätsverlag, Heidelberg 1937 (2. Aufl. 1961)
3. E. R. Curtius, *Europäische Literatur und lateinisches Mittelalter*, Verlag Francke, Bern, 3. Aufl. 1961
4. J. Eberle, *Lateinische Nächte*, Deutsche Verlags-Anstalt, Stuttgart 1966
5. J. Eberle, *Viva Camena*, Artemis Verlag, Zürich 1961
6. H. Kusch, *Einführung in das lateinische Mittelalter*, Wiss. Buchges., Darmstadt 1957
7. K. Langosch, *Lateinisches Mittelalter*, Wiss. Buchges., Darmstadt 1963
8. J. Marouzeau, *Introduction au Latin*, deutsche Ausgabe, bearb. von A. Lampert & H. Haffter, Artemis Verlag, Zürich 1966
9. F. J. E. Raby, *The Oxford Book of Medieval Latin Verse*, Oxford 1961
10. H. C. Schnur, *Lateinische Gedichte deutscher Humanisten*, Verlag Reclam, Stuttgart 1966

Latein als Sprache der Wissenschaft

11. G. Ahrens, *Naturwiss. und medizinisches Latein*, Joh. Ambrosius Barth-Verlag, Leipzig 1963
12. H. Muschalek, *Gottbekenntnisse moderner Naturforscher*, Morus-Verlag, Berlin 1952
13. H. G. Reichert, *Urban und human — unvergängliche lateinische Spruchweisheit*, C. Bertelsmann Verlag, Gütersloh
14. R. Zander, *Handwörterbuch der Pflanzennamen*, Verlag Ulmer, Stuttgart 1964
15. *Zeitung für Gesunde*, Apothekenverlag Verunda, Ründeroth

Werbelatinum — Mit Latein durch die Welt

16. *Petrulus Hirrutus in sermonem Latinum translatus ab Eduardo Bornemann*, Rütten & Loening, Frankfurt 1956, mit Rezepten von E. Merck, Darmstadt
17. A. Cesana, *Felix Helvetia*, Prestel Verlag, München 1962
18. E. Hermes, *Studienfahrt nach Florenz*. Der altsprachl. Unterricht, Reihe VIII, Heft 4, Ernst Klett Verlag, Stuttgart 1965
19. Th. Mommsen, *Die Schweiz in römischer Zeit*, Artemis Verlag, Zürich 1966
20. K. Rauch, *Die beste Arznei*, Bechtle Verlag, Esslingen 1964
21. *Der Spiegel* 17. Januar 1966 (AUDI-Werbung)
22. M. Wagner, *Irland*, Prestel Verlag, München 1963
23. G. Wallner, *Automaton Populare* (Volkswagen) in: *Tiro*, 9. Okt. 1965, Beacon Verlag, Bad Dürkheim

Latein als Kirchensprache

24. J. Borucki, *Veterum Sapientia und ihre Gegner*, in: *Salesianum* XXVII/3, Rom 1965
25. Johannes XXIII., *Constitutio Apostolica de Latinitatis Studio provehendo »Veterum Sapientia . . .«*, Rom 1962
26. Chr. Mohrmann, *Die Rolle des Lateins in der Kirche des Westens*, Vortrag an der Univ. Münster am 15. 6. 1955
27. G. Podhradsky, *Lexikon der Liturgie*, Tyrolia-Verlag, Innsbruck 1967
28. Rundbriefe »UNA VOCE«, Berlin 1966—69

Das lateinische Alphabet

29. F. Bodmer, *Die Sprachen der Welt* (The Loom of Language), Verlag Kiepenheuer & Witsch, London/Köln 1964
30. W. Krenkel, *Pompejanische Inschriften*, Verlag Koehler & Amelang (VOB), Berlin
31. B. Snell, *Neun Tage Latein*, Verlag Vandenhoeck & Ruprecht, Göttingen 1955 (6. Aufl. 1968)
32. H. F. Wendt, *Sprachen*, Das Fischer Lexikon Bd. 25, Frankfurt 1961

Latein und die Romania

33. H. W. Klein, *Latein und Volgare in Italien*, in: *Münchener Romanist. Arbeiten*, 12/1957, Max Hueber Verlag, München
34. Klein/Plate, *Französische Wortkunde auf sprach- & kulturgesch. Grundlage*, Max Hueber Verlag, München 1962 (4. Aufl.)
35. H. Lausberg, *Romanische Sprachwissenschaft*, Band I, Sammlung Göschen Band 128/128 a, 2. Aufl., Walter de Gruyter & Co, Berlin 1963
36. *Merianheft* XIV 8, *Engadin*, Hoffmann & Campe Verlag, Hamburg
37. J. M. von Planta, *Unsere Sprachen und wir*, Verlag Huber, Frauenfeld 1957
38. G. Rohlfs, *Die lexikalische Differenzierung der romanischen Sprachen*, München 1954
39. G. Rohlfs, *Vom Vulgärlatein zum Altfranzösischen*, Max Niemeyer Verlag, Tübingen 1963
40. K.-H. Schroeder, *Einführung in das Studium des Rumänischen*, Erich Schmidt Verlag, Berlin 1967
41. W. von Wartburg, *Die Ausgliederung der romanischen Sprachräume*, Bibl. Romanica, Verlag Francke, Bern 1950

Latein im angelsächsischen Bereich

42. A. C. Baugh, *A History of the English Language*, Routledge & Kegon Paul Ltd., London
43. H. Bradley, *The Making of English*, Macmillan, London 1957
44. K. Brunner, *Die englische Sprache*, Max Niemeyer Verlag, Tübingen 1960
45. O. Jespersen, *Growth and Structure of the English Language*, Verlag Teubner, Leipzig 1912
46. E. Leisi. *Das heutige Englisch — Wesenszüge und Probleme*, Carl Winter Univ. Verlag, Heidelberg 1955 (4. Aufl. 1967)
47. M. M. Mathews, *Words — How to know them*, New York 1956
48. C. McEvoy, *Latin for today*, London 1934
49. G. H. McKnight, *English words and their background*, New York 1923
50. G. Mikes, *How to be an alien*, Wingate (André Deutsch), London 1957
51. R. Plate, *Zur historischen und psychologischen Vertiefung der engl. Schulsyntax*, Max Hueber Verlag, München 1934
52. S. Potter, *Our language*, Penguin, London 1954
53. W. Preusser, *England für Anfänger*, deutschspr. Ausgabe von »How to be an alien« (vgl. 50), Diogenes Verlag, Zürich 1964
54. G. Schad, *Neue Grammatik der modernen englischen Sprache*, Verlag Diesterweg, Frankfurt 1954
55. F. Schubel, *Methodik des Englischunterrichts*, Verlag Diesterweg, Frankfurt 1958 (4. Aufl. 1966)
56. C. Vossen, *Der Wandel des Aeneasbildes im Spiegel der engl. Literatur*, Diss. Bonn 1961
57. M. Wandruszka, *Das Paradox des Artikels*, in: *Die Neueren Sprachen*, Mai 1966, Verlag Diesterweg, Frankfurt

Der lateinische Einfluß auf die deutsche Sprache

58. A. Bach, *Geschichte der deutschen Sprache*, Verlag Quelle & Meyer, 8. erw. Aufl., Heidelberg 1965
59. W. Betz, *Deutsch und Lateinisch*, Bouvier, Bonn 1965
60. E. Dell, *Kirchlicher Wortschatz unserer Muttersprache*, in: *Kirchenzeitung für das Erzbistum Köln*, Dez. 1965
61. H. Eggers, *Deutsche Sprachgeschichte I*, Rowohlt, Reinbek 1970
62. K. Langosch, *Die deutsche Literatur des lateinischen Mittelalters in ihrer geschichtlichen Entwicklung*, Walter de Gruyter & Co., Berlin 1964
63. J. Schneider, *Die Bedeutung des mittelalterlichen Lateins für das deutsche Kulturerbe*, in: *Das Altertum*, Band 11, Heft 3, Akademie-Verlag, Berlin 1965

Wörter erzählen — Fröhliches Latein

64. A. Beurmann, *Jägerlatein*, Verlag Paul Parey, Hamburg 1960 (2. Aufl.)
65. Krüger-Lorenzen, *Das geht auf keine Kuhhaut*, Econ-Verlag, Düsseldorf 1966
66. H. Maas, *Wörter erzählen Geschichten*, Deutscher Taschenbuch Verlag, München 1965
67. E. Wasserzieher, *Woher? Ableitendes Wörterbuch der deutschen Sprache*, Ferd. Dümmlers Verlag, Bonn 1966 (17. Aufl.)
68. H. Weis, *Bella Bulla. Lateinische Sprachspiele*, Ferd. Dümmlers Verlag, Bonn 1968 (5. Aufl.)

Warum heute noch Latein?

69. *Atti Parlamentari — Camera dei Deputati*, Roma 1962
70. J. Borucki, *Englisch oder Latein?* in: *Die Höhere Schule* 8, S. 230, Düsseldorf 1955
71. A. Guthardt, *Sollen Ihre Kinder Latein lernen — und wann?*, Aschendorff, Münster 1970
72. *Gymnasium Helveticum Juni 1960*, Gymnasialreform — Typus C und Medizinstudium, Verlag Sauerländer Aarau
73. *Gymnasium* Band 64, Heft 5, 1967, *Über Humanismus und Methodenfragen*, Carl Winter Univ. Verlag, Heidelberg
74. K. Schulze, *Neue Möglichkeiten für den altsprachlichen Unterricht*, in: *Mitteilungsblatt des DAV* 1970/2, Heidelberg
75. A. Teske, *Warum heute noch Latein?*, Hirschgraben-Verlag, Frankfurt 1962
76. I. Terencsényi-Waldapfel, *Zur Frage der Humanistischen Bildung in der Sozialistischen Kultur*, in: *Das Altertum*, Band 13, Heft 4, Akademie-Verlag, Berlin 1967
77. C. Zuckmayer, *Als wär's ein Stück von mir*, S. Fischer Verlag, Frankfurt 1966
78. Philos. Fakultät I der Univ. Zürich, *Die Bedeutung des Lateins für die Geisteswissenschaften*, Zürich 1966

Lexika — Geschichtswerke

79. A. Bacci, *Lexicon eorum vocabulorum, quae difficilius Latine redduntur*, Rom 1965
80. *Volks-Brockhaus*, Verlag F. A. Brockhaus, Wiesbaden 1962
81. *Encyclopaedia Britannica*, Chicago, London, Toronto 1962
82. Gercke/Norden, *Einleitung in die Altertumswissenschaft*, Bd. 1, § 10 Geschichte der lateinischen Schrift, Teubner 1932
83. *Grund- und Aufbauwortschatz Englisch, Französisch, Italienisch, Spanisch*, Ernst Klett Verlag, Stuttgart 1966
84. *Grundzüge der Geschichte*, Verlag Moritz Diesterweg, Frankfurt 1966
85. Krefeld, *Res Romanae*, Hirschgraben-Verlag, Frankfurt 1960
86. *Lexikon der Alten Welt*, Artemis Verlag, Zürich 1966
87. *Propyläen-Weltgeschichte*, Berlin 1965
88. G. M. Trevelyan, *History of England*, London
89. *Wörterbuch der Antike* (Lamer, Bux, Schöne), Alfred Kröner Verlag, Stuttgart 1950 (7. Aufl. 1966)

Zeitschriften in lateinischer Sprache

90. *Acta Diurna*, Centaur Books Ltd., Slough Bucks., England
91. *Adhuc* (viget lingua Latina), Córdoba
92. *Latinitas*, Vatikan
93. *Palaestra Latina*, Zaragoza
94. *Tiro*, Beacon-Verlag, Bad Dürkheim
95. *Vita Latina*, Maison Aubanel, Avignon
96. *Vox Latina*, Hrsg. Dr. H. Werner, Ottobrunn

Namen- und Ortsverzeichnis

(Die bereits im Literaturnachweis benannten Autoren werden hier nicht nochmals aufgeführt.)

Stichwortverzeichnis

(als Ergänzung zu den Kapitel-Überschriften sowie den übrigen Namen-, Wörter- und Ortsverzeichnissen)

Wörterverzeichnis

Lateinisch

Englisch

Deutsch

Französisch

Bildnachweis

Die Ziffern bezeichnen die Buchseiten

12 Praeneste Fibel, nach einer Zeichnung (vgl. Lit. Verz. Nr. 29).
15 Bildnis des Cicero, Capitol. Museum, Rom, Tafel 16 in Voit-Bengl, *Römisches Erbe*, Bayerischer Schulbuch-Verlag, München.
30 Zwei Seiten aus dem Werk *Orbis Pictus* von J. A. Comenius, nach der Neuausgabe des Originals von 1658 von J. Kühnel, Leipzig 1910.
34 Heft 28 der Sowjetischen Akademie der Wissenschaften, Abt. Ural, S. 94.
46 Zeichnung aus *Tiro*, 9. Okt. 1965 (vgl. Lit. Verz. Nr. 94).
48 Das Kanadische Wappen.
58 Werdegang der Schriftzeichen, aus *Der Große Brockhaus*, 16. Aufl., mit freundlicher Genehmigung des Verlages F. A. Brockhaus, Wiesbaden.
61 Chinese beim Lernen des lateinischen Alphabets, aus dem Bildband der *Propyläen Weltgeschichte*, mit freundlicher Genehmigung der Bildstelle des *stern*, Hamburg.
70 Kopf des Caesar, Vatikan, Rom, Tafel 17 in Voit-Bengl, *Römisches Erbe*, Bayerischer Schulbuch-Verlag, München.
105 Kaiser Claudius, Lateranmuseum, Rom, Tafel 43 in Voit-Bengl, *Römisches Erbe*, Bayerischer Schulbuch-Verlag, München.
114 Boadicea, London, nach einer Postkarte.
117 Agricola, mit freundlicher Genehmigung von *Punch*, London.
140 Newton, Erstausgabe 1687 (Auktion Hauswedell, Hamburg).
161 Seite aus Goethes Lateinheft (1758), mit freundlicher Genehmigung des Goethe-Museums Düsseldorf.
171 Königin Elisabeth II. (Münze), nach einer Abb. in dem Lehrbuch *Latin for Americans*.
174 »Mrs. Canem«, mit freundlicher Genehmigung von *Punch*, London.
179 Auszug aus der *Magna Charta*.
186 Briefmarken mit lateinischem Motto.